Coleção Espírito Crítico

EXERCÍCIOS DE LEITURA

Coleção Espírito Crítico

Conselho editorial:
Alfredo Bosi
Antonio Candido
Augusto Massi
Davi Arrigucci Jr.
Flora Süssekind
Gilda de Mello e Souza
Roberto Schwarz

Gilda de Mello e Souza

EXERCÍCIOS
DE LEITURA

Livraria
Duas Cidades

editora 34

Livraria Duas Cidades Ltda.
Rua Bento Freitas, 158 Centro CEP 01220-000
São Paulo - SP Brasil livraria@duascidades.com.br

Editora 34 Ltda.
Rua Hungria, 592 Jardim Europa CEP 01455-000
São Paulo - SP Brasil Tel/Fax (11) 3816-6777 www.editora34.com.br

Copyright © Editora 34 Ltda., 2009
Exercícios de leitura © Gilda de Mello e Souza, 1980

A fotocópia de qualquer folha deste livro é ilegal e configura uma apropriação indevida dos direitos intelectuais e patrimoniais do autor.

Capa, projeto gráfico e editoração eletrônica:
Bracher & Malta Produção Gráfica

Revisão:
*Alberto Martins, Augusto Massi,
Mara Valles, Mell Brites*

1ª Edição - 1980 (Duas Cidades), 2ª Edição - 2009

CIP - Brasil. Catalogação-na-Fonte
(Sindicato Nacional dos Editores de Livros, RJ, Brasil)

Souza, Gilda de Mello e, 1919-2005
S696e   Exercícios de leitura / Gilda de Mello e Souza.
São Paulo: Duas Cidades; Ed. 34, 2008.
368 p. (Coleção Espírito Crítico)

ISBN 85-23500-43-6 (Duas Cidades)
ISBN 978-85-7326-436-4 (Editora 34)

1. Estética. 2. Literatura - Crítica e interpretação.
3. Artes plásticas - Crítica e interpretação. 4. Cinema - Crítica e interpretação. I. Título. II. Série.

CDD - B869.94

Índice

I. Estética

A Estética rica e a Estética pobre
   dos professores franceses 9
O banquete 43
O desenho primitivo 55

II. Literatura

Estrela da vida inteira 73
O vertiginoso relance 97
O avô presidente 113

III. Teatro

Teatro ao Sul 131
Machado em cena 141
Pascal e Samuel Beckett 149
A escolha de Antígona 155
As *Três irmãs* 161

IV. Cinema

Fellini e a decadência 171
O salto mortal de Fellini 177
Os deuses malditos 209

Diálogo e imagem n'*O desafio* 223
Terra em transe 229
Os inconfidentes 239
Paulo Emílio: a crítica como perícia 259

V. Artes plásticas

Pintura brasileira contemporânea: os precursores 273
Vanguarda e nacionalismo na década de 20 305
A retrospectiva de Milton Dacosta 345

    Sobre os textos 353
    Índice onomástico 355
    Créditos das imagens 363
    Sobre a autora 365

I.
Estética

A Estética rica e a Estética pobre dos professores franceses

O que me traz aqui, na presença de vocês, é na verdade um paradoxo. Pois não me sentindo a pessoa mais indicada para proferir a aula inaugural dos nossos cursos deste ano,[1] decidi dar uma *aula terminal*. E isso em mais de um sentido. Não apenas porque esta é a última vez que eu falo no Departamento como professor regular de seus quadros, mas porque o que vou dizer não representa uma abertura, e sim um *fechamento*; o arremate dum período arcaico e talvez artesanal da nossa história, porque sem especializações; período de que fui testemunha, protagonista, e sou hoje remanescente.

Será por isso uma dissertação voltada para o passado e evocará poucos nomes — três para ser exata. Nem todos estão ligados diretamente à filosofia, mas estão profundamente confundidos com uma primeira idade universitária, com um certo momento da vida cultural em São Paulo. E como aqueles que na minha geração se interessaram pelos problemas de arte devem muito a Jean Maugüé, Claude Lévi-Strauss e Roger Bastide, dedico aos três professores a homenagem desta evocação.

---

[1] Este texto é uma versão revista da aula inaugural dos cursos de 1972 do Departamento de Filosofia da FFLCH-USP.

Contudo não irei focalizá-los através dos livros, ou da atividade intelectual que desenvolveram posteriormente. Mas através dos escritos da época, artigos e ensaios às vezes de circunstância que, surgidos de 1934 a 1940 e poucos, em jornais ou em publicações de difícil acesso, permanecem esparsos e em geral desconhecidos. Não escolhi essa abordagem por *coquetterie*, mas para dar uma ideia da atmosfera intelectual em que vivíamos e a que iria referir-se, bem mais tarde e não sem ironia, aquele que se tornou o mais célebre dos três, Lévi-Strauss, em *Tristes trópicos*.

O nome de Jean Maugüé não deve significar nada para a maioria dos mais jovens que estão me ouvindo. No entanto, para os alunos que tiveram a ventura de assistir às suas aulas entre 1935 e 1944, o seu nome evoca todo um folclore. Maugüé não era apenas um professor — era uma maneira de andar e de falar, que alguns de nós imitavam afetuosamente com perfeição; era um modo de abordar os assuntos, hesitando, como quem ainda não decidiu por onde começar e não sabe ao certo o que tem a dizer; e por isso se perde em atalhos, retrocede, retoma um pensamento que deixara incompleto, segue as ideias ao sabor das associações. Mas esse era o momento preparatório no qual, como um acrobata, esquentava os músculos; depois, alçava voo e, então, era inigualável.

A impressão e a marca que deixou em nós foram extraordinárias e, mesmo agora, depois que o correr dos anos nos ofereceu tantas oportunidades de comparação, continuamos considerando-o como um dos maiores professores que já conhecemos. Da mesma geração que Merleau-Ponty e Sartre — de quem é amigo até hoje — não fez carreira universitária. Depois do período brasileiro, que permaneceu na sua memória como uma espécie de idade de ouro, alistou-se, fez a guerra desde o Norte da África com De Lattre de Tassigny, foi condecorado por bra-

A Estética rica e a Estética pobre dos professores franceses

O professor Jean Maugüé (1904-1985) foi um dos integrantes da Missão Francesa que, a partir de 1934, estruturou a Faculdade de Filosofia, Ciências e Letras da USP. Chegou à São Paulo no início de 1935, para lecionar Filosofia, permanecendo no Brasil até 1944.

vura; ensaiou uma aventura gorada na diplomacia e voltou a ser professor de Liceu, cargo onde se encontra até o momento.

Naquele tempo era o único professor de Filosofia e se encarregava da Ética, da História da Filosofia (Antiga e Moderna), da Psicologia. Suas aulas eram, acima de tudo, uma longa meditação que tomava frequentemente como temas a arte e a política. A familiaridade com Racine e os grandes romancistas franceses do século XIX desenvolvera nele o gosto pela análise das paixões do amor, a que se entregava com a lucidez e o pessimismo de um Benjamin Constant. Entre os filósofos, amava sobretudo Platão e Spinoza, divertindo-se muito com o bom-senso de Aristóteles, a quem chamava, fazendo pilhéria, de "um garotinho muito inteligente... tão inteligente como o meu colega Lévi-Strauss...". E como todos de sua geração, Maugüé havia recebido o impacto profundo de Marx e de Freud. A influência de Alain, de quem fora aluno, revelava-se no desprezo pela vida universitária e na habilidade de desentranhar a filosofia do acontecimento, do cotidiano, da notícia de jornal. Foi com Jean Maugüé que, em 1940, por ocasião da grande exposição de pintura francesa, aprendemos a olhar um quadro.[2]

Apesar de ser um escritor admirável — como atestam os poucos escritos que deixou no Brasil — não escreveu nenhum livro. Em outubro de 1939, por ocasião da morte de Freud, publicou n'*O Estado de S. Paulo* um artigo penetrante e emocionado, que no ano seguinte apareceu desenvolvido na *Revista do Brasil*. Mas são suas análises sobre a pintura, que vão, nesta palestra, reter a nossa atenção.

A primeira é uma conferência, *A pintura moderna*, pronunciada em 1938, no 2º Salão de Maio, e publicada pela *Revista do Arquivo Municipal*; a segunda, *Os problemas da pintura moderna*, está incluída no catálogo da exposição de pintura francesa de 1940.

---

[2] Trata-se da exposição *Cento e Cinquenta Anos de Pintura Francesa*, que chegou a São Paulo em setembro de 1940 e ocupou o andar térreo do edifício Itá, na rua Barão de Itapetininga. Em virtude da guerra, a exposição — que traçava um largo panorama, de Ingres e Delacroix aos pintores contemporâneos da Escola de Paris — permaneceu na cidade por vários meses, tornando-se ponto de encontro para muitos intelectuais. [N. da E.]

A Estética rica e a Estética pobre dos professores franceses

Lendo hoje esses dois ensaios, vemos que o que Jean Maugüé procurava nos quadros não era a pintura — como de certo modo já o fazia Lévi-Strauss — mas o eco de uma relação harmoniosa do homem com a natureza. E não era certamente a pintura moderna, como erroneamente poderíamos supor pelos seus títulos, pois com suas estridências, sua fuga ao real, amor pela pesquisa e *mal-estar*, ela o perturbava muito. As suas análises voltam-se sempre para a pintura holandesa do século XVII que, tranquila e equilibrada, é o seu ponto de referência obsessivo. Diz ele:

> "A pintura holandesa dá-nos no século XVII uma lição de unidade. Não essa unidade *de fato*, que o recuo no passado espontaneamente realiza, e que se chama *caráter de uma época*, mas essa unidade *voluntária*, dos temas e dos estilos. Na paisagem, por exemplo, os pintores parecem ter-se consagrado a pôr em relevo as ideias gerais da natureza holandesa. Tentaram apreender os grandes aspectos permanentes desse país plano, de grandes prados, sempre molhado, semifundido às águas estagnantes e chuvas do céu, aos rios e ao mar, em que o próprio sol é úmido. Sua pintura distribui-se por estações e no interior destas por motivos vastos: a duna, o bosque, a planície, as pastagens e finalmente as cidades. Quanto ao que o homem soube acrescentar à natureza, quanto às modificações humanas das paisagens naturais, ressaltam esses poucos instrumentos muito simples e vulgares, bem próximos ainda das próprias forças da água, da terra e do vento, esses instrumentos, tão serenos e tão evidentes, que parecem ter sido produzidos pela própria paisagem: moinhos, velas dos barcos, cercas junto às quais pastam rebanhos".

Ora, essa unidade da pintura holandesa não foi construída pelos pintores, por Ruysdaël, Potter, Cuyp, mas foi obra coletiva do povo, deriva do seu esforço de adaptação "às condições naturais, em vista de construir um *habitat*". Por isso, a pintura holandesa, objetiva e naturalista, é uma pintura patriótica e, acima de tudo, pensada — "exatamente como uma paisagem é pensada, quando remodelada pelo homem, para que o homem possa trabalhar dentro dela".

Não é de estranhar que, ao lado dessa pintura, que se impôs como uma segunda natureza, o Impressionismo exprima um movimento de espírito oposto, uma espécie de "incapacidade de pensar as grandes ideias gerais da natureza". Ao mergulhar no particular, no único, no fugidio, na pesquisa do instante, a pintura — neste universo heraclitiano — da mesma forma que o pensamento — diz Maugüé — se dissolve. E se no fim do século XIX os pintores procuram tanto a natureza singular, é porque já se haviam afastado da natureza em geral, "dessa grande harmonia que ela estabelece com o trabalho humano".

Assim, a história da pintura nos últimos cinquenta anos (oitenta...) é a história da repercussão, na arte pictural, de uma imensa revolução. Da revolução industrial, que reinventou a natureza, rasgou a paisagem com as fábricas, deu nascimento aos subúrbios, multiplicou as zonas escalavradas; mudança que exigiu do olho humano uma acomodação difícil às novas condições de velocidade; que impediu, com a mobilidade social das classes, o estabelecimento de um estilo de vida e de uma nova síntese. "O mundo do século XIX" — suspira ele nostálgico — "não é mais um mundo homogêneo como a Holanda do século XVII."

Esse milagre da paisagem holandesa, onde o pintor vive no mesmo ritmo que os elementos naturais, Maugüé só o reencontra, no século XIX, em Corot. Só nele descobre o pintor da "cadência um pouco lenta, mas profunda das coisas", do "movimento autêntico dos rios, das árvores e dos céus". A seu ver, nem mesmo Cézanne conseguiu desembaraçar a pintura dos sofismas do Impressionismo. Tem uma mão operária, uma inteligência lógica, mas falta-lhe sensibilidade:

> "Apesar da admiração que devemos a esse grande nome, é preciso acrescentar que a solução de Cézanne honra mais seu espírito que sua sensibilidade. Este construtor pouco se preocupou com o que podia pensar das massas coloridas que pintava. Fixou a natureza com o mesmo olhinho redondo com que nos observa de seu retrato: com uma espécie de autoridade policial, mas sem paixão nem ternura. Debaixo do amplo chapéu-coco que lhe dá o ar tão típico do pequeno-burguês francês, jamais rolaram meditações metafísicas muito vastas. Toda a sua filosofia parece resumir-se em pintar bem, e quanto ao resto, a desprezar a inquietação dos homens. Esta escolha seria respeitável se uma vez instalado na obra, nos provasse que era capaz de sair dela; isso ele nunca fez. É por essa razão que os pintores o têm na conta de Cézanne, o inigualável; mas talvez seja permitido às sensibilidades mais literárias, que restrinjam as suas virtudes a virtudes mais propriamente picturais. Qualquer coisa de duro e de impenetrável nos adverte que em suas telas jamais circulou o movimento de uma grande alma".

O que não encontrava em Cézanne — nesta análise que nos revela Jean Maugüé de corpo inteiro, com o seu amor pelo paradoxo e a coragem das suas preferências arbitrárias — também não vai encontrar no Cubismo, que, segundo ele, limitou-se "a sutilizar a pintura de Cézanne, enervando-a de intelectualismo". A nova relação verdadeira entre a natureza e o homem, nos tempos modernos, Maugüé a divisa apenas em três pintores: Vlaminck, Utrillo e Van Gogh. É admirável, por exemplo, o que diz deste último:

"Como ninguém mais ele sentiu a tragédia de uma estrada, perdendo-se nas fronteiras do céu. Esse holandês do Brabante, nascido numa região plana onde o viajante sente de todos os lados o apelo dos caminhos, que passou por tantos lugares, antes de fixar-se num canto da França, onde vai, aliás, encontrar a loucura, é talvez com Verhaeren o artista que compreendeu, com mais profundidade, o que significa, para um coração inquieto, a grande partida solitária pela estrada. Suas paisagens não são apenas aspectos da natureza, são sobretudo testemunhos de uma sensibilidade. Nos seus quadros o movimento que nos faz partir, não é o próprio movimento das coisas, mas o impulso de um viajante miserável. Pois o que vamos encontrar ao longo do caminho é o sofrimento dos homens, nos campos cheios de trabalho, nas casas cheias de fadiga e de refeições parcas. A cor, por sua vez, intervém para completar a impressão do quadro. É ingrata, de um amarelo soturno e dividido, com vermelhos pálidos e verdes em doçura. Quem poderia encontrar as cores nobres e pacificadoras de outrora, o colorido de Rousseau ou de Corot, nessas paisagens torturadas, nesses campos destruídos pelo sol e atormentados por uma espécie de revolta social? São as cores que o pobre olhar do camponês e do operário enxergam e para esses seres deserdados, há muito que o manto de Salomão se retirou da natureza".

Mas deixemos Jean Maugüé por enquanto.

Claude Lévi-Strauss não precisa de apresentação; a partir da estada no Brasil tem início a carreira fulgurante que o vai transformar num dos grandes pensadores do seu tempo. Quando foi nosso professor tinha 27 anos, acabava de descobrir a etnografia, era tímido, e odiava Durkheim. Não vou me referir aos seus livros; nessa época ainda não tinha visitado os bororos e acho que não tinha escrito quase nada. Mas ligara-se de maneira eficiente à vida intelectual da cidade, ajudando por exemplo Mário de Andrade a organizar, no Departamento de Cultura, a Sociedade de Etnologia e Folclore.[3]

É em 1935, na altura de novembro, que surge na *Revista do Arquivo* um pequeno artigo, "O Cubismo e a vida cotidiana", que fora antecedido de pouco por outra análise aparecida no segundo número da *Revista Contemporânea*, também sobre a pintura moderna.

O amor de Lévi-Strauss pela pintura data, pois, da mocidade e deve ter sido herdado do pai, que era pintor. É um afeto que permanece presente em toda a sua obra, que ressurge no *Pensamento selvagem*, na introdução de *O cru e o cozido*, na admirável série de entrevistas com Georges Charbonnier e revela nele uma afinidade mais sincera que a afinidade ostentada pela música.

O escrito da *Revista do Arquivo* se inicia, de maneira sintomática, com uma citação de Baudelaire. Mas a referência ao grande crítico do século XIX não impede a compreensão profunda que Lévi-Strauss manifesta pelo movimento — que focaliza como um fenômeno paradoxal. Pois tendo nascido e se desenvolvido sob o signo do divórcio entre a arte e o público, o Cubismo termina penetrando as formas mais pobres e mais utilitárias da expressão. Em vez de fixar a sua análise nos grandes nomes como Picasso, Braque, Gris, Léger, Delaunay, Duchamp, Lévi-Strauss prefere mostrar como o Cubismo foi uma aventura estética que modificou a visão do mundo — não apenas a visão do esteta, mas a do homem comum, do homem da rua. Prefere mostrar como penetrou de maneira lenta e insidiosa em nossa vida, não através dos quadros, mas dos objetos feitos em

---

[3] A essa sociedade Dina Dreyfus, sua mulher de então, dedicou o melhor de seu esforço.

série, dos cartazes, da decoração dos cafés — com seus vidros foscos e tubos cromados; dos manequins dos grandes *magasins* — estilizados, pintados de cores irreais e tendo por único objetivo pôr em relevo a mercadoria; da arrumação das vitrinas — que abandonam o acúmulo tradicional das peças, para destacar o objeto isolado.

O Cubismo revela, desse modo, que a decoração devia ser feita, não por *soma*, mas por *subtração*. Que "um só chapéu, duas ou três garrafas, engenhosamente iluminadas, realçarão melhor o valor intrínseco do objeto". Que na publicidade, é mais eficiente a apresentação simples e direta da mercadoria: o copo de leite "sozinho, monumental, comove apenas pela força da arquitetura interior, das cores, das linhas, dos reflexos, dos contornos".

Esta percepção objetiva da pintura como uma "justaposição de formas, de contornos, de superfícies, de sombra e de luz, de manchas coloridas", que o artista dispõe e transforma a seu gosto, revela em Lévi-Strauss a influência marcada da teorização de Fernand Léger, em livros como *Função da pintura* e em obras como o seu admirável filme de arte, *Ballet mecânico*. Revela a aceitação de uma estética do geométrico e do especificamente pictural — como a da Bauhaus — que, libertando-se da representatividade, já está aceitando a beleza das formas puras e das cores primárias, sem o recurso do claro-escuro.

Se nos detivermos agora, um momento, em nossa análise, para comparar as posições recíprocas de Jean Maugüé e Claude Lévi-Strauss em relação à pintura — no período de mocidade — veremos que elas definem uma oposição muito nítida:

— o primeiro vê o quadro como manifestação dos aspectos *permanentes da natureza* e louva a pintura na medida em que, como *arte realista*, traduz a adequação entre o ritmo da natureza e o ritmo do trabalho humano;

— o segundo vê o quadro (ou o objeto artístico feito em série), como uma manifestação dos aspectos *permanentes da pintura* e louva esta última, na medida em que, como *disposição complexa de elementos* de que o artista dispõe e que transforma a seu gosto, traduz a adequação entre as imposições do *mundo da técnica* e as imposições do *trabalho artístico*.

É claro que essa oposição parece conferir a Maugüé uma posição inatual e saudosista, e a Lévi-Strauss, uma posição moderna e esclarecida.

No entanto, se abandonando a década de 30, onde recolhemos este escrito esquecido do jovem Strauss, dermos um salto de 26 anos, para recuperá-lo em 1961, nas entrevistas com Charbonnier, veremos que, em plena maturidade, Lévi-Strauss retrocedeu, e aproximou-se curiosamente da posição de Maugüé. Então, a evolução do Cubismo já havia terminado e aquilo que em 1935 surgira como conquista *positiva* da arte moderna, porque a aproximava da arte primitiva — isto é, o abandono da *representação pela significação* — passa a ser encarado como uma catástrofe *negativa*, pois tinha acabado afastando-a do público. E foi por não ter encontrado a sua função coletiva — o seu poder de linguagem — que, segundo Lévi-Strauss, o Cubismo se viu impelido a desdobrar-se nas *maneiras*, multiplicando os seus idioletos (Picasso). Foi esse fracasso na comunicação que levou o grande antropólogo a abandonar os velhos amores de mocidade e voltar à pintura figurativa. Ou melhor, a procurar em outra fase da história da arte a síntese entre a representatividade da pintura tradicional e a não representatividade — isto é, a livre representação dos elementos, de certas disposições, de certos arranjos e aproximações de objetos. Assim, de acordo com as predileções pessoais *de 1961*, a pintura do futuro deveria ser

> "uma pintura anedótica e superlativamente figurativa [...] que em vez de tentar fugir completamente deste mundo objetivo, que apesar de tudo, é o único mundo que nos interessa enquanto homens; ou de se contentar plenamente com o mundo objetivo, no qual evolui o homem moderno e que não parece satisfatório nem para os sentidos, nem para o espírito, se esforçasse, com toda a aplicação técnica da pintura a mais tradicional, a reconstituir à nossa volta um universo mais vivível que aquele em que nos encontramos...".

— Esta síntese, onde, como na pintura chinesa, o pintor desse da paisagem "uma visão mais ou menos transposta e interpretada", Lévi-Strauss encontra, de certo modo, em alguns mestres menores da França do século XVIII, por exemplo nas grandes marinhas de Joseph Vernet. São quadros que representam os portos de mar, e se eles o emocionam profundamente, não é pelas suas qualidades estéticas, mas porque lhe oferecem, diz ele,

> "o meio de reviver essa relação entre o mar e a terra que ainda existia nessa época, essa instalação humana que não destruía completamente, mas antes acomodava as relações naturais da geologia, da geografia e da vegetação, restituindo assim uma realidade de predileção, um mundo de sonho onde podíamos encontrar refúgio".

A semelhança entre este trecho de Lévi-Strauss e o início do ensaio de Jean Maugüé sobre a pintura holandesa é flagrante demais para que tornemos a insistir na aproximação. Ambos refletem uma posição estética da representatividade, extremamente racional, europeia — diria mesmo, de uma estética do Classicismo — nostálgica dos momentos em que a arte traduziu uma relação harmoniosa do homem com a natureza, em que o trabalho humano se inscrevia sem sofrimento na paisagem.

A Estética rica e a Estética pobre dos professores franceses

Claude Lévi-Strauss (1908-2009) viveu no Brasil entre 1935 e 1939, juntamente com sua mulher, Dina Dreyfus, e foi um dos primeiros professores do curso de Sociologia da USP.

Mas se Jean Maugüé e Lévi-Strauss são essencialmente europeus e assim se mantiveram sempre, apesar da estadia no Brasil, Roger Bastide pode ser considerado desde o momento de sua chegada, em 1938, um brasileiro em potencial. Seus primeiros escritos já atestam o esforço admirável de compreensão com que se debruça sobre o país que o acolhe, e é tão diferente do seu. Durante os dezessete anos que vive entre nós, procura informar-se exaustivamente sobre a realidade brasileira, através dos viajantes estrangeiros, dos historiadores, dos sociólogos, dos escritores, da arte em geral. Traduz, com uma modéstia exemplar, *Casa-grande & senzala* de Gilberto Freyre. E escreve muito — sobre o que lê e sobre o que vê. A vasta produção jornalística desse período abrange a crítica literária, os estudos sobre folclore, poesia popular, religiosidade afro-brasileira, o Barroco... São análises importantes, muitas das quais, desenvolvidas, irão aparecer depois sob forma de livro — como em forma de livro surgirão mais tarde os cursos de Estética, ministrados na Faculdade de Filosofia.

É difícil escolher numa produção tão rica alguns exemplos de análise, que nos deem uma ideia aproximada das suas abordagens no campo da arte. Por isso, nesta breve palestra, quase não me reportarei aos livros, que são conhecidos de todos. Procurarei fixar-me antes na parte mais provisória de seu pensamento, ora nos escritos curtos e brilhantes com que comparecia na imprensa diária; ora em certos cursos de Estética, como aquele sobre o Barroco, dado na Faculdade de Filosofia, no segundo semestre de 1940. Encontramos aí observações muito agudas que sugerem o esboço de uma estética da paisagem, dos cartazes, dos salões, da cidade moderna; de uma estética do Barroco brasileiro e, mesmo, de uma estética afro-brasileira.

I. O primeiro escrito a que vou me referir é de 1951 e surgiu n'*O Estado de S. Paulo*, sob a forma de dois artigos e o título geral de "Uma estética de São Paulo".[4] A análise se aplica inicialmente ao cartaz publicitário e à função estética que pode assumir, ao lado da função comercial, quando se distribui, não nos centros urbanos, mas ao longo dos trechos mais insípidos das rodovias. Em seguida se refere ao efeito da velocidade na percepção das massas coloridas, que só permitindo sínteses geométricas das impressões, encaminha o artista para as soluções do Cubis-

---

[4] O primeiro artigo trazia o subtítulo "Estrada do Mar... estrada dos cartazes" e o segundo, "A cidade vertical". Foram publicados no jornal *O Estado de S. Paulo*, respectivamente, em 24 de junho e 27 de julho de 1951. [N. da E.]

O sociólogo francês Roger Bastide (1898-1974) chegou a São Paulo em 1938, para ocupar a cadeira que fora de Lévi-Strauss. Permaneceu no Brasil até 1954.

mo e da arte abstrata. É na segunda parte do ensaio que encontramos as ideias mais engenhosas, quando focaliza a estética da *cidade vertical*.

Para Roger Bastide, o espaço de uma cidade como São Paulo — que naquele momento iniciava o surto vertiginoso de seu crescimento — é um *espaço vertical*. Ora, este espaço está em contradição com a sensibilidade horizontal, descrita por Gilberto Freyre e característica do complexo Casa-Grande-e-Senzala ou Sobrados-e-Mocambos. Como faz a cidade para acomodar às imposições novas da arquitetura a velha mentalidade? E quais as consequências dessa acomodação?

Pois na Europa, o prédio de apartamentos corresponde ou traduz, na sua disposição interna, a sociedade estratificada de classes superpostas: no primeiro andar se localiza a burguesia rica, nos andares intermediários a classe média e, nos sótãos, os empregados. A estrutura arquitetônica repete, por conseguinte, a estrutura da sociedade: separa os grupos, mostrando que as relações entre a família do patrão e do empregado são profissionais; que este é independente, ama a liberdade, é cioso de suas prerrogativas e está comprometido com a luta de classes.

Mas em São Paulo, ao contrário, o prédio de apartamentos repete a organização *horizontal* da casa-grande: distribui no mesmo andar os cômodos destinados a patrões e empregados; situa as acomodações dos domésticos ao lado da cozinha, fazendo-as ocupar um espaço próximo e dependente. O arranha-céu é, assim, uma espécie de grande monstro anacrônico, que inscreve na paisagem dinâmica a velha e retrógrada estrutura patriarcal.

Mas o conflito arquitetônico pode gerar conflitos mais profundos e difíceis de resolver. Outrora, a casa tinha uma função de refúgio, de proteção, de abrigo; enfim, de volta ao regaço materno, como a concebe Otto Rank. A casa-grande ou o sobrado eram definidos pelas suas paredes grossas, pelas salas que se abriam para os terraços ou para os pátios internos. A habitação voltava-se, pois, para o interior, para o silêncio dos jardins e das lembranças.

O apartamento, ao contrário, devido ao seu caráter moderno, liga-se a outra estética, incompatível com esta estrutura: a estética das aberturas rasgadas, das paredes de vidro que não sugerem anteparos. Assim, a família paulista que se transfere para uma habitação coletiva não muda apenas de casa, mas de estética e de estilo de vida. O seu morador não se sente mais protegido pela espessura das paredes; agora é prisioneiro numa gaiola de vidro onde a antiga intimidade do lar foi substituída pelo devassamento. Por outro lado, inverteu-se a hierarquia do prédio europeu e são os andares mais altos, menos atingidos pelo ruído e menos sujeitos à promiscuidade da rua, que serão preferidos pelas classes economicamente favorecidas.

Há ainda mais: o apartamento é "uma máquina de morar" e as ideias normativas que presidiram à sua fatura são o despojamento, a simplificação, a geometria — enfim, uma visão ascética e hospitalar da moradia. Os arquitetos procuram compensar esta aridez, recuperando um pouco a natureza perdida, através das plantas nos vasos, dos seixos rolados e das raízes com formas insólitas, que espalham à guisa de enfeite. Mas é possível — conclui — que uma transformação tão radical do espaço doméstico leve a uma neurose e acabe abalando a célula familiar.

II. O segundo escrito de que vou me utilizar, é o comentário que faz aos *Salões e damas do Segundo Império*, de Wanderley Pinho.[5] O aparecimento do livro serve de pretexto para que Roger Bastide discorra sobre a sociologia dos salões — tema pelo qual tem certa predileção e que irá retomar em *Arte e sociedade*.[6]

A seu ver, os salões mundanos, sob a aparência de futilidade, podem ser um excelente instrumento para conhecer o estilo de vida de uma época, a transformação das maneiras, o advento dos gêneros artísticos etc.

Em primeiro lugar, os salões variam com a estrutura das sociedades, conforme elas sejam centralizadas ou autônomas, de classe dominante recrutada na aristocracia de sangue (século XVIII), ou na aristocracia do dinheiro (século XIX). No Brasil,

---

[5] São Paulo, Martins, 1942.

[6] *Arte e sociedade*, tradução de Gilda de Mello e Souza, São Paulo, Martins, 1945; 2ª edição revista e ampliada: São Paulo, Companhia Editora Nacional/Edusp, 1971; 3ª edição, 1979. [N. da E.]

a vida dos salões liga-se intimamente à ascensão da mulher, que por sua vez é decorrência da concentração da população, do desenvolvimento da vida urbana e da desintegração dos quadros do patriarcalismo rural.

Como a vida dos salões gira em torno da mulher, implica uma transformação profunda dos costumes e a exaltação da figura feminina. Agora ela não é mais louvada como o esteio do lar, mas como a rainha da festa, onde surge entre as luzes, a música e o esplendor das vestimentas. No Brasil, como em toda a parte, se estabelece uma relação recíproca entre o Romantismo e a vida mundana. Pois se, por um lado, o culto apaixonado da mulher no movimento romântico auxilia a dominação feminina nos salões e festas mundanas, por outro lado, a dominação feminina fornece ao Romantismo o alimento e a matéria que o sustentou. É o prestígio da mulher nos salões que explica uma certa poesia amorosa; que explica o advento dos pequenos gêneros hoje desaparecidos: como os jogos de sociedade, os versos de circunstância, o desenvolvimento da crônica elegante. É a vida dos salões que impulsiona a evolução do romance e aprofunda a análise psicológica; e — poderíamos acrescentar — explica a curva ascendente que vai de José de Alencar a Machado de Assis.

Em resumo, as ideias expostas por Roger Bastide neste pequeno artigo e em outros momentos, como nas aulas que irão dar origem mais tarde a seu livro *Arte e sociedade* — são tão inspiradoras, que devem ser colocadas na base de muitas pesquisas posteriores de estética, realizadas entre nós.

III. Uma das suas contribuições mais importantes ao estudo da arte brasileira são as análises sobre o Barroco, feitas em vários momentos de sua obra e reunidas sobretudo num curso não publicado, que ministrou na Faculdade de Filosofia da Universidade de São Paulo em 1940.

A Estética rica e a Estética pobre dos professores franceses

As aulas começavam com um conselho preliminar, que considerava fundamental: nos trabalhos de estética brasileira o estudioso deveria substituir o brilho às vezes infundado das hipóteses pela pesquisa minuciosa das fontes: documentos de arquivos, de confrarias religiosas, das Atas das Câmaras locais — enfim, por toda uma tarefa modesta e paciente que, no entanto, podia esclarecer uma série de problemas. Por exemplo: para se compreender o problema complexo da mestiçagem estética (que a seu ver regia em grande parte o Barroco brasileiro), não devíamos nos apoiar em considerações gerais, mas procurar nos assentamentos quem desenhou o plano do edifício, quem foi escolhido para mestre da construção, onde se foi buscar a mão de obra etc... Da mesma forma, era na medida em que se podiam estudar as corporações de ofícios, que se conseguiria abordar com mais segurança certos problemas, como a influência do negro ou do mestiço sobre o Barroco brasileiro.

Opondo-se à tese romântica e fantasiosa de Keyserling, que atribuía a originalidade do Barroco hispano-americano, sobretudo a exuberância da sua decoração, às influências telúricas da flora tropical, Bastide prefere explicar a peculiaridade do Barroco brasileiro por fatores diversos:

a) pelas condições econômicas;
b) pela distância da metrópole e dos núcleos populacionais;
c) pelo contacto das raças,

combinando em sua abordagem dois enfoques: o *histórico*, que traça a evolução da arquitetura brasileira, e o *ecológico*, que descreve os tipos regionais. A bibliografia de que lançava mão era, para a época, a mais extensa possível e abrangia tanto os grandes teóricos universais do Barroco, de Weisbach a Eugenio d'Ors, como os estudiosos do fenômeno brasileiro (José Mariano Filho, Anibal Matos, Salomão de Vasconcelos, Augusto de Lima Jr.,

Ribeiro Couto, Manuel Bandeira, Mário de Andrade etc.); as publicações do Serviço do Patrimônio Histórico e Artístico Nacional ou a perspectiva tão pessoal de Robert C. Smith em "O caráter da arquitetura colonial no Nordeste".[7]

Como o problema é muito vasto, vamos aludir apenas a dois dos aspectos tratados por Bastide: a caracterização dos dois Barrocos brasileiros (o nordestino e o mineiro) e a análise do mito do Aleijadinho.

A. O despojamento maior das igrejas *mineiras* — afirma ele — não foi intencional, derivando do temperamento seco e reservado dos habitantes da região; resultou antes da escassez do ouro e da distância. Quando as igrejas começaram a cobrir a paisagem montanhosa de Ouro Preto, as minas já estavam se exaurindo. E como era penoso fazer chegar àquela distância, em lombo de burro, os grandes blocos de mármore, que vinham da metrópole e desembarcavam na Costa, os construtores tiveram de apelar para o seu gênio improvisador e inventivo. Assim, substituíram aquele material nobre e barroco por outros, mais modestos, encontrados na redondeza, como a *madeira* e a *pedra-sabão*. É a este fenômeno econômico que o Barroco mineiro deve a sua feição peculiar; é dele que derivam a graça rococó da matriz do Carmo — toda de madeira pintada de branco, com leves ornamentos dourados; ou a beleza severa da igreja de São Francisco — onde o portal e os púlpitos do Aleijadinho sugerem, em seu ascetismo, a arte gótica de Klaus Sluter.[8]

---

[7] Ensaio publicado na revista *Estudos Brasileiros*, ano 2, vol. 4, nº 10, Rio de Janeiro, 1940. [N. da E.]

[8] Nascido na cidade de Haarlem, Klaus Sluter (*c.* 1340-*c.*1405) foi o mais importante escultor da Europa do Norte em sua época; deixou várias obras em Dijon, na França, onde faleceu. [N. da E.]

A Estética rica e a Estética pobre dos professores franceses

B. Mas um outro elemento se junta ao primeiro, para explicar esta oposição dos dois Barrocos brasileiros: a unidade territorial não corresponde, no Centro-Sul e no Nordeste, a uma sociedade estruturada de maneira uniforme.

A sociedade no Nordeste é *centrífuga*, ganglionar, rural, centrada no engenho da cana-de-açúcar e na autoridade independente do patriarca; a sociedade de Minas, no final da época de mineração, é uma sociedade *centrípeta*, urbana, favorecendo a disseminação de um espírito novo, contestatório, como o que vai caracterizar a Independência. Ora, a diferença destas duas estruturas sociais confere à igreja funções diferentes e deixa marcas diversas na estrutura arquitetônica.

No Nordeste, devido à dispersão populacional, a igreja barroca é levada a recuperar o papel de centro de comunhão (mística, econômica, política) que tivera na Idade Média. Ela é, ao mesmo tempo, a capela, o traço de união entre os senhores de engenho e o salão de festas. Por isso, é uma *igreja de sacristias*. Em Minas, inscrita na vida urbana, a igreja reflete a luta de classes, que se exprime na disputa das confrarias religiosas. É uma *igreja de confrarias*, de duelos de festas religiosas, com seus cânticos, seu aparato, suas procissões.

Mas a igreja da Bahia não é apenas uma igreja de sacristias, é uma *igreja de conventos*. Ora, tanto a sua divisão tríplice em *capela*, *pátio* e *ordem terceira*, quanto à decoração interna de cada uma destas partes, liga-se a uma concepção filosófica e mística, que foi trazida para o Brasil junto com a igreja barroca: a *concepção aristotélico-tomista*.

Com efeito, segundo a concepção tomista, a ascensão do cosmos em direção à divindade faz-se através de níveis da realidade, de etapas dos diferentes domínios — domínio da *ação prática*, da *filosofia racional*, da *teologia* — que mesmo autônomos e conservando o seu caráter original, comunicam-se entre si. Ora, esta concepção se inscreve na própria estrutura arquitetônica. Vejamos como Roger Bastide a analisa, detalhadamente, no Convento de São Francisco da Bahia.

A *capela* — onde se reza — é rutilante de ouro, movimentada pelos jogos trágicos de luz e sombra; representa um grito exaltado de amor místico, que se eleva em direção ao céu. É o *domínio da ação teológica.* O *pátio* — onde se passeia e lê — é penetrado de doçura terrestre, com sua fonte, seus canteiros de flores, arcadas e galerias superpostas. É o *domínio da filosofia racional.* A *ordem terceira* — ao mesmo tempo separada e unida ao corpo principal — é, com sua capela menor e seus santos, um recinto onde a prece já perdeu o aspecto místico e de ascetismo e, imbuída dos problemas profanos, aproxima-se das virtudes morais. É o *domínio da ação prática.*

A decoração dos azulejos repete e sublinha esta divisão tomista de planos do real, que fez com que se considerasse São Tomás o primeiro dos livres-pensadores. Assim, os azulejos da igreja são *religiosos* e descrevem a majestade do Monarca, senhor absoluto do céu e da terra; mas como concepção e estilo, são barrocos. Os azulejos do pátio são *morais* e afirmam a existência, abaixo da ética cristã, de uma moral natural, comum a todo ser pensante. E os azulejos do convento (ordem terceira) são *mundanos* e representam cenas de gênero — caçadas, passeios pela cidade. Quanto ao estilo, os dois últimos são rococó e já significam, portanto, uma nítida preparação para o Romantismo.

Concluindo, Roger Bastide afirma que a estrutura arquitetônica do convento e a sua decoração manifestam com eloquência o liame que une a filosofia natural de São Tomás de Aquino — apoiada em Aristóteles — ao Romantismo e, portanto, à natureza instintiva.

A parte final do curso sobre o Barroco é dedicada ao problema do Aleijadinho, focalizado sobretudo do ponto de vista

A Estética rica e a Estética pobre dos professores franceses

das representações coletivas. A seu ver, haveria dois tipos de representações que, recobrindo a vida real do artista, explicavam a lenda que se formara à sua volta: a concepção oriental do *artista-místico* e a concepção ocidental do *artista-herói*. Os argumentos de que se serve para apoiar a sua tese são, em resumo, de dois tipos: estéticos e biográficos.

1. A opinião crítica dominante via em Antonio Francisco Lisboa um inovador, um criador de valores estéticos originais, que substituíra a velha igreja retangular brasileira pela igreja curva, barroca, borromínica. Se bem que ainda fosse difícil estabelecer um julgamento objetivo — pois haveria necessidade de pesquisar nos arquivos, para estabelecer a ordem de precedência das igrejas borromínicas do Rio e de Minas — Bastide conclui que vários indícios fortaleciam a hipótese de que esse novo tipo de Barroco fora importado.

Em primeiro lugar, era um Barroco contrário aos modelos portugueses vigentes no Brasil. Portanto, não poderia ter derivado dos ensinamentos dos mestres de obras contemporâneos ao Aleijadinho e pertencentes todos à tradição portuguesa. Por outro lado, se a igreja curva tivesse nascido espontaneamente no Brasil, encontraríamos, entre o plano inicial retangular e o plano borromínico, formas intermediárias, e não esse contraste brusco e absoluto. Aliás, a utilização da linha curva na arquitetura não tinha apenas uma explicação estética, pois derivara das transformações da matemática, sendo por conseguinte um fenômeno tipicamente europeu que não poderia valer para o Brasil. Não era possível, portanto, menosprezar a influência europeia, muito mais poderosa que a do meio brasileiro — sobretudo tendo em vista o hábito corrente na época de importar da Europa os planos já prontos das igrejas (riscos). A conclusão final de Bastide é que não só era impossível atribuir ao Aleijadinho a criação de um novo Barroco, como a solução que ele havia encontrado representava na verdade um retrocesso na evolução geral da arte brasileira: era a tentativa de adaptar um estilo desconhecido na colônia à igreja retangular tradicional. Essa contradição é que explicava, aliás, as formas híbridas que encontramos em algumas de suas obras, como a fachada da igreja de São Francisco, combinação de linhas curvas e formas retangulares. Nesta perspectiva, o que se tomava como inovação do artista representava, no fundo, um desejo de não se afastar excessivamente da tradição.

2. Mas é sobretudo na análise da biografia do Aleijadinho que Roger Bastide vê se delinearem com mais nitidez os traços da lenda. Com efeito, as narrativas de sua vida o descrevem como filho natural, marcado pela cor e pela feiura, sem instrução, valendo apenas pela força da inspiração, e — sobretudo — estigmatizado pela doença. Esta o teria feito perder os dedos dos pés, o polegar, o índex, os dentes, as pálpebras; o teria transformado num monstro, que trabalhava escondido, envolto numa capa preta, com o camartelo amarrado à mão.

Ora, comenta Bastide, todos os elementos dessa biografia transpiram a lenda e são fáceis de destruir. É falso que o Aleijadinho fosse ignorante: a utilização de certas técnicas eruditas, como a do medalhão, ou a escolha dos profetas do adro de Congonhas, desmentem a ideia de um artista inculto. Da mesma forma, a boa caligrafia dos autógrafos, encontrados nos contratos e recibos, quando já tinha perto de 66 anos, afasta a hipótese de que não tivesse dedos. Enfim, as lendas que correm sobre a sua vida são análogas às que circulam sobre tantos outros artistas e nelas vemos se superpor, como já dissemos no início, a concepção do artista-místico e do artista-herói. Aliás, ao lado do mito do Aleijadinho seria possível apontar, ainda, na imagem dos dois escravos, Agostinho e Januário, que o serviam com abnegação, a lenda do bom escravo.

IV. Mas uma visão menos fragmentária, como a que estou procurando apresentar, dos estudos de estética de Roger Bastide, seria falsa e incompleta se não se referisse à contribuição que trouxe ao estabelecimento de uma *estética afro-brasileira*. Portanto, abandonando agora as análises admiráveis que dedicou ao nosso Barroco, vou adotar outra perspectiva: isto é, me referir a certos estudos menos conhecidos, enfeixados sob o título "Ensaio de uma estética afro-brasileira", publicado em seis partes n'*O Estado de S. Paulo*, em fins de 1948 e inícios de 1949.[9] Esta tentativa de demonstrar a relação existente entre algumas manifestações estéticas do candomblé baiano e as categorias do pensamento místico, constitui talvez a contribuição mais curiosa da meditação estética do nosso autor.

A ideia central do ensaio, exposta na primeira parte, é que o pensamento místico apresenta uma *estrutura dualística básica* que, manifestando-se nas religiões mais diversas, também caracteriza o pensamento afro-brasileiro e se revela numa série de manifestações do candomblé, como nas danças rituais dos orixás.

A primeira impressão dada pelo candomblé, de que os orixás são múltiplos (há vários Xangôs, vários Oguns, vários Exus — provavelmente em consequência da diversidade das tribos importadas), não deve ser tomada ao pé da letra. O exame atento do fenômeno irá demonstrar que sob a massa das divindades, tendem a predominar sempre dois orixás privilegiados: o *velho* e o *moço*. O problema é saber donde se originou essa *duplicação*, que cinde os orixás em entidades distintas, caracterizando cada

---

[9] Os artigos publicados tinham, respectivamente, os subtítulos de: "I. Introdução: mitos e símbolos" (27/11/1948); "II. O moço e o velho" (4/12/1948); "III. A bipolaridade mística" (10/12/1948); "IV. Para um estudo sobre os 'pontos riscados'" (22/12/1948); "V. Os pontos riscados" (29/12/1948) e "VI. Pontos riscados e vévé" (4/1/1949). [N. da E.]

um por uma linha melódica própria, por uma determinada equivalência católica e mesmo por cores distintivas especiais.

A primeira hipótese é que o dualismo derivaria da influência católica. E isso, por várias razões. Um dos orixás mais populares é Oxalá, que no processo de aculturação é identificado a Jesus Cristo e se subdivide, como os demais, em Oxalá Moço e Oxalá Velho. Ora, apesar de ter morrido com 33 anos, Jesus Cristo também é conhecido no candomblé como o *Velhão*. Um outro elemento reforçaria o anterior: a história da vida de Cristo, tal como vem narrada nos Evangelhos, expressa nas imagens e conservada na representação popular, se refere apenas a duas fases: a infância, onde Jesus surge sob a forma de um menino, no colo da Virgem, e a idade adulta, onde é representado, ora entre os apóstolos, ora na tragédia do Calvário. Esta oposição entre um Cristo-menino e um Cristo-homem é que estaria na base da oposição Oxalá-Moço/Oxalá-Velho, daí se difundindo para os demais orixás.

No entanto, sem rejeitar a possibilidade do contacto de culturas ter conferido à oposição matizes originais, Roger Bastide prefere aceitar o dualismo como um fenômeno universal, "uma exigência do pensamento místico, uma lei geral da estrutura do sagrado".

O método comparativo pode auxiliar a entender como a bipolaridade é um impulso estético-religioso; por isso Bastide aproxima o candomblé da mitologia grega que, a seu ver, fornece excelentes exemplos desse processo. Por exemplo:

a) *Baco*, deus do vinho, é representado sob dois aspectos: uma criança e um velho bêbado; ou como o Baco triunfante da juventude e Sileno, o velho decrépito, encarapitado no burro;

b) outras vezes o dualismo pode afetar a forma de *desdobramento*, como por exemplo quando a mesma divindade se personifica em divindades de *idades diferentes*: é o caso da Terra, que pode se desdobrar em Deméter (a Mãe) e Coré (a Filha); ou quando a mesma divindade assume *aspectos opostos*: é o caso da Lua, que sob o seu aspecto bom é adorada como Ártemis e, sob seu aspecto mau, como Hécate.

Ora, a peculiaridade do candomblé é que ele reproduz esse impulso estético-religioso, conservando toda a frescura do concreto e da observação do real, característica da mentalidade africana. O estilo realista, familiar, cheio de pormenores, das duas idades é apreendido ao vivo: por exemplo, no andar trôpego do velho curvo, ou no ar brincalhão e alegre da criança. A dança funde a seriedade do ritual religioso com a comicidade do jogo, pois a mentalidade mística não separa, como a ocidental, o território do sagrado e o da diversão. E mesmo que em seu desenrolar se entregue a uma emoção puramente lúdica, mesmo assim permanece uma dança religiosa, reflexo da bipolaridade mística.

Pode-se afirmar, por conseguinte, que independentemente das particularidades culturais, a bipolaridade é uma exigência estrutural da mentalidade mística. Aliás, Frobenius — um dos que melhor estudou a mentalidade africana — e os psicanalistas da escola de Jung, já haviam constatado a sua universalidade, ao encontrarem nos sonhos dos africanos os mesmos mitos da Grécia (por exemplo o de Electra). Daí ser possível admitir um certo número de representações comuns, uma espécie de quadro geral das categorias ao mesmo tempo estéticas e religiosas — bem diversas das categorias kantianas — que acolhem e plasmam as emoções elementares, as quais, surgidas das camadas subterrâneas mais sagradas, cristalizam-se nos ritos e na arte. Religião e Arte seriam, dessa maneira, o reflexo daquilo que Frobenius chamou de *consciência paideumática*. E da mesma forma que o entendimento se divide em categorias, o paideuma possui uma estrutura: a bipolaridade seria uma dessas estruturas paideumáticas básicas e corresponderia, em última análise, à distinção Eu e Tu, ou Si Mesmo e Outro.

A segunda parte do ensaio é dedicada à análise dos *pontos riscados*, que constituem uma forma de representação gráfica da divindade, feita no chão do terreiro, junto ao poste central. Usando uma analogia grosseira, eu diria que os pontos riscados correspondem ao que são, na sociedade de consumo, as marcas industriais. São a maneira gráfica de evocar o orixá, como os cantos são o seu *leitmotiv* melódico, a dança o seu *leitmotiv* gestual e assim por diante.

No Vodu haitiano, os pontos riscados (*vévés*) são esteticamente muito mais ricos e elaborados. Sofreram a influência do trabalho de ferro batido dos negros que, fundindo os símbolos daomeanos à preciosa arte rococó de Luís XV, conseguiram uma arte encantadora. O indianismo da macumba não pode alcançar a mesma perfeição, por causa das condições diferentes do trabalho africano no Brasil. No Haiti houve uma coincidência feliz entre a cristalização da tradição vodu, a época do artesanato e o período rococó; mas no Brasil, os pontos riscados só assumiram a sua forma definitiva no século XIX, portanto, num período de decadência artística, quando o negro estava mergulhado no operariado e já se estabelecera o divórcio entre a beleza e o trabalho.

Os pontos riscados podem se apresentar em combinações *simples* e *complexas*. As primeiras são os pontos particulares de cada espírito. Nelas a imaginação trabalha um pouco ao sabor das associações, recorrendo à *vida interior*, aos recursos retirados da estrutura do *inconsciente*. As segundas combinam vários pontos simples, visando um efeito mágico qualquer. A imaginação,

A Estética rica e a Estética pobre dos professores franceses

neste caso, é sustentada por apoios externos, sólidos, recorrendo à *vida social*.

Em ambos os casos, os elementos de que o babalaô se serve são pouco numerosos: flechas, cruzes, estrelas etc., o que o obriga a demonstrar nos *arranjos* a sua capacidade inventiva. Por outro lado, como as combinações devem ser apreendidas rapidamente, devem ser fáceis de desenhar e de memorizar, têm de organizar-se de acordo com a *boa forma* (*gestalt*), isto é, esteticamente.

A hipótese de Roger Bastide é que, ao arranjar livremente os elementos do desenho num conjunto harmonioso, o babalaô se deixa guiar pela estrutura mística do espírito, a qual faz brotar das profundezas do Eu o que Jung chamaria de *arquétipos*.

1º exemplo:
Frequentemente os elementos dos pontos riscados se organizam para formar uma estrutura estrelada, de raios múltiplos. Ora, o que logo chama a atenção é que a linha central da estrela de cinco pontas é horizontal e não vertical:

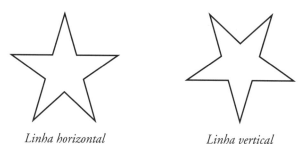

Linha horizontal   *Linha vertical*

Qual a explicação dada por Bastide? O espírito aprende de maneira mais ou menos consciente — diz ele — que a mitologia afro-indiana se situa no plano da *manifestação* (linha horizontal) e não na linha que liga Deus ao Cosmos (linha vertical). Que se trata, portanto, de *demonstração* do Divino e não de *emana-*

ção. Desta forma, as tendências estéticas, expressas pela estrutura dos pontos, revelam sentimentos interiores profundos, que atingem o domínio do sagrado.

2º exemplo:
Na maioria dos pontos, os elementos que os compõem — flechas, lanças, espadas — apresentam as pontas voltadas para baixo:

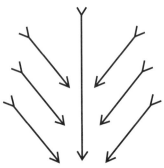

Caboclo Sete Flechas

Roger Bastide acredita que ao traçar os pontos o babalaô se deixou levar por uma penetração muito justa, embora inconsciente, que assinala a diferença entre a mística cristã e a afro-brasileira. A primeira caracteriza-se pelo esforço de subir até Deus e perder-se na Unidade; a segunda, a mística da descida dos deuses nos homens, como aliás atesta o termo corrente no candomblé, de *descida de santo*. O movimento para baixo indica a direção de descida fluídica, de visitação do divino no mundo corporal.

3º exemplo:
Na maioria dos pontos de Exu, aparece o *tridente*. Mas por que o tridente, emblema das divindades do mar, quando Exu é

uma divindade da terra? Porque Exu também é o deus da orientação, dos caminhos, das encruzilhadas e na África o representam por um elemento em forma de cone, significando o mastro que liga o céu e a terra. Ora, essa coluna que liga o céu à terra reaparece no candomblé da Bahia sob a forma de mourão central e nada mais é que a sobrevivência da árvore da vida do *Gênese* — a qual é desenhada tradicionalmente com três ramos e três raízes, estas últimas vistas como o reflexo invertido das primeiras. Deste modo, o tridente de Exu, com seus três ramos terminais e seu punho com três pontas menores, sugere-nos imediatamente a árvore do mundo, da vida ou da morte.

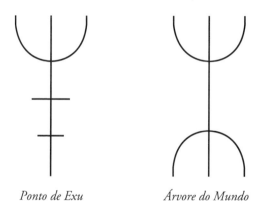

Ponto de Exu   *Árvore do Mundo*

Portanto, conclui Roger Bastide, a estrutura paideumática da mística do Cosmos, que os antigos iorubás preservam até hoje na África, sobrevive entre nós na mentalidade popular brasileira.

E chego, não sem tempo, ao fim de minha exposição.

Os três professores que eu quis rememorar nesta aula representam um período arqueológico do ensino da filosofia, quando ainda não existíamos como departamento e o currículo, muito mais flexível, possibilitava a união híbrida de disciplinas bem díspares. Por isso, não é de estranhar que, através de um percurso longo e caprichoso, eu os tenha feito circular da Europa para o Brasil, do Brasil à África, da Estética à Sociologia. Levados pelas preferências artísticas destes três mestres, passamos, sem muito escrúpulo, de certas formas muito altas da arte do Ocidente — como a pintura e a arquitetura — às mais rudimentares — como a dança ritual dos orixás e os pontos riscados do candomblé. Pois se Maugüé e Lévi-Strauss têm nesse período um ponto de referência exclusivo, a Europa, e mesmo as épocas de maior requinte e racionalidade, como os séculos XVII e XVIII, Roger Bastide prefere voltar sua atenção para as culturas chamadas primitivas, as manifestações estético-religiosas e os problemas de mestiçagem artística.

A intenção inicial desta palestra foi, fixando-me no campo da Arte, lembrar, a um público muito posterior — e, portanto, naturalmente ignorante da história miúda da nossa universidade — a importância que esses três professores tiveram na formação da minha geração. Vejo, no entanto que, embora sem querer, acabei traçando, de maneira canhestra e esquemática, o próprio impasse em que se encontra a Estética moderna — impasse que esses três mestres exemplificam, através de suas preferências, idiossincrasias e perplexidades.

A meditação de Maugüé e Lévi-Strauss continua, como já afirmei, presa à Estética da representação e ao prestígio reconhecido da Razão; centrada sobre a *pintura* e destacando como mais perfeitos certos momentos da sua *história*, supõe uma *hierarquia das artes* e um *ideal absoluto* de beleza. É, de certo modo, uma estética hegeliana e, por conseguinte, do passado. É essa a razão pela qual terminam ambos, como que a contragosto, rejeitando as manifestações mais vivas da vanguarda; rejeitando a avalanche irreprimível que, iniciada pelo Impressionismo e pela incorporação das pesquisas espaciais do Oriente, é levada adiante por Gauguin, com seu desprezo à Grécia, para receber o golpe de graça de Picasso, quando este descobre as máscaras africanas. Em oposição à Estética do Classicismo de Jean Maugüé e Lévi-Strauss, as análises de Roger Bastide giram em torno de outro conceito de arte. Já é sintomático que, dentre as manifestações estéticas do século XVII, vá preferir o movimento que, aos olhos tranquilos dos franceses, pode surgir como uma exceção: o cataclismo irracional do Barroco. E que ao Barroco europeu, apesar de tudo já reconhecido pela crítica, prefira a feição peculiar que este estilo de corte assume na colônia, quando o meio pobre e a mestiçagem dos artistas lhe imprimem tantas deformações. A sua Estética é pois uma Estética de antropólogo, de estudioso dos fenômenos do misticismo religioso.

Mas é também uma estética de vanguarda. Na extrema mocidade Bastide passou pelo crivo do Dadaísmo e do Surrealismo, pelas experiências radicais que questionaram, para toda a posteridade, os valores eternos da obra de arte. Era natural pois que, chegando a um país sem grande tradição cultural, tivesse se dedicado à elaboração de uma *estética pobre* — usando o termo em analogia com o que hoje se costuma designar por *arte pobre*, isto é, uma estética que voltando as costas para os grandes períodos e as grandes manifestações artísticas, fosse desentranhar o fenômeno estético do cotidiano, dos fatos insignificantes e sem foros de grandeza, que compõem, no entanto, o tecido de nossa vida. Uma estética, enfim, que não se preocupando com a obra de arte — muito menos com a obra-prima — tentasse surpreender de que modo se revelava, através de certas categorias, como o pensamento místico, uma das formas mais válidas e mais altas do conhecimento.

Mário de Andrade no Sítio Santo Antônio, em São Roque, SP, construção bandeirista que adquiriu em 1944.

O banquete

ANTONIO DIMAS — *Podia nos dar uma ideia do que é* O banquete, *texto de Mário de Andrade que a Livraria Duas Cidades acaba de lançar?*[1]

GILDA DE MELLO E SOUZA — *O banquete* é o último dos grandes textos teóricos deixados por Mário de Andrade. Trata-se de uma reflexão em registro satírico e em forma de diálogo, onde o escritor procura sintetizar as linhas mestras e os temas principais do seu pensamento estético. Apesar de ter surgido de maneira fracionada, de 4 de maio de 1944 a 22 de fevereiro de 1945, na seção "Mundo Musical" da *Folha da Manhã*, alternando com artigos de assuntos diversos, o texto foi concebido como unidade dramática coerente. Mário de Andrade redigia os artigos um por um, conforme as imposições do rodapé semanal, mas o conjunto seguia um plano preestabelecido, como se pôde verificar pelas anotações deixadas por ele. De certo modo, a reflexão de *O banquete* completa a que já se expressara no

---

[1] Entrevista publicada originalmente no *Jornal da Tarde*, em 25/2/1978, por ocasião do lançamento do livro *O banquete*, de Mário de Andrade (São Paulo, Duas Cidades, 1977, prefácio de Jorge Coli e Luiz Dantas). [N. da E.]

Curso de História da Arte da Universidade do Distrito Federal, ministrado em 1938 e divulgado em forma de apostilas, depois de sua morte, pelo Grêmio da FAU [Faculdade de Arquitetura e Urbanismo] da Universidade de São Paulo.

DIMAS — *Como situa* O banquete *no conjunto da obra de Mário de Andrade?*

GILDA — A meu ver, este texto representa o que Mikhail Bakhtin chama "um diálogo do limiar"; isto é, um escritor provocado pela situação pré-mortuária, que "obriga o homem a descobrir as camadas profundas da sua personalidade e do seu pensamento". Explicando melhor: Mário de Andrade morreu de repente, mas é sabido que, apesar disso, previu com grande antecedência a época em que deveria morrer, tendo declarado numerosas vezes aos amigos mais íntimos que isso ocorreria entre os 50 e os 52 anos. De fato, quando faleceu em 1945, tinha 51 anos e 4 meses. Ora, é curioso observar que a partir de 1942 tenha começado a fazer um balanço em sua vida, elaborando uma série de *testamentos* de enorme importância: a célebre conferência "O movimento modernista", onde rememora com pessimismo e melancolia a sua etapa de vanguarda; a "Meditação sobre o Tietê", poema longo e importantíssimo, que termina poucos dias antes de morrer e que, sob muitos aspectos, é o seu testamento poético; e *O banquete*, arremate final de sua reflexão combativa sobre a arte. Estas revisões, vindas de um homem lúcido e disciplinado como Mário de Andrade, parecem refletir o temor de ser apanhado de surpresa, o desejo de estar com a casa em ordem, quando chegasse a visita da "indesejada das gentes".

DIMAS — *Mas se* O banquete *representava o fecho de uma vida e era, portanto, um texto de enorme importância, por que Mário de Andrade escolheu para divulgá-lo um meio de comunicação popular e transitório, como o jornal? E por que teria preferido a forma do diálogo?*

GILDA — Sua pergunta exige na verdade duas respostas; por isso, vou desdobrá-la e responder em dois tempos.

Em primeiro lugar, Mário de Andrade escolheu o jornal pela sua penetração maior junto ao público, pela função educativa que poderia exercer e, sobretudo, porque não se considerava apenas *um escritor*, mas, sobretudo, *um homem de imprensa*, como ele mais de uma vez se definiu. Por ocasião do aparecimento da tradução americana de *Amar, verbo intransitivo*, respondendo a um questionário da editora Macaulay, afirmou, por exemplo, que não vivia dos livros, só se dedicando a eles nas horas vagas; vivia do magistério e do jornalismo, acrescentava, "ocupações sempre de ordem intelectual e (que) me conservam dentro da minha realidade primeira que é a arte". Aliás, uma parte importantíssima da sua atuação crítica se fez pela imprensa, através de escritos de circunstância, em grande parte polêmicos, que exprimem um temperamento combativo que prefere refletir debatendo e se interrogando.

DIMAS — *Talvez o jornal se prestasse mais do que o livro ao que ele chamava o seu "aventureirismo"; talvez fosse um veículo mais adequado ao "arroubo de quem joga toda a fortuna numa cartada só", à "transitoriedade ineludível" que dizia incutir conscientemente a todas as suas obras. Não acha?*

GILDA — Exatamente. O jornal era também um veículo mais adequado que o livro ao seu conceito de crítica como "julgamento transitório em face dos problemas em marcha", pois, se para ele a crítica devia ser sempre um julgamento de valor, era "um julgamento de valor transitório, do momento que passa". N'*O banquete*, declara através de uma das suas personagens que, em vez de "uma atitude eterna de julgamento de valor", a crítica deveria propor "julgamentos de valor igualmente diretos e sentimentais [...] mas lealmente transitórios, em função da obra de arte a julgar, e para o tempo em que ela foi feita".

DIMAS — *E quanto à forma de diálogo? Acredita que tenha havido alguma intenção de pastichar os* Diálogos *de Platão?*
GILDA — É possível, mas muito remotamente. Aliás, isso é comentado pelos autores da "Introdução", Jorge Coli Jr. e Luiz Carlos Dantas; portanto, deixo a palavra com eles. Quanto a mim, prefiro interpretar a forma dialogada de *O banquete* como imposição da própria personalidade do escrito.

DIMAS — *Poderia desenvolver esta afirmação?*
GILDA — Mário de Andrade era o que chamaríamos hoje, inspirando-nos ainda uma vez em Bakhtin, uma "personalidade dialógica" por excelência. O curioso é que ele mesmo já tivesse visto isso antes de 1927, isto é, antes da divulgação no Ocidente dos conceitos do crítico russo. Àquela altura, discutindo por carta com Alceu Amoroso Lima as características de sua obra (dele, Mário de Andrade), chamava a atenção para o "sentimento trágico da vida" que ela manifestava, esclarecendo que entendia por *tragédia* "a dialogação do ser humano (no sentido mais completo) com o que não é ele, com o não eu". A seu ver, um dos traços fundamentais de sua personalidade literária era, justamente, esse "diálogo interior consigo mesmo", que estava presente em toda a *Pauliceia desvairada*, em grande parte do *Losango cáqui*, em *Amar, verbo intransitivo*, em alguns contos de *Primeiro andar* e em todo o *Clã do jabuti*, sobretudo no poema "Carnaval carioca". Aliás, a passagem da correspondência a que estou me referindo terminava com esta aguda observação: "Ora, você procure com lanterna de hoje em toda a obra minha e não encontrará senão em poeminhas desimportantes o tal de 'objetivismo' seja

O banquete

ou não dinâmico, em que o ser não dialoga, porém se limita a expor a realidade do não eu. Reajo sempre. Há sempre dialogação. E, por vezes, essas dialogação é dolorosíssima". Ora, foi essa vocação para o diálogo, que o próprio Mário de Andrade já havia surpreendido em seus escritos como traço diferencial, que é explorada sistematicamente n'*O banquete*.

DIMAS — *Acredita que esse pendor para o diálogo revele em Mário de Andrade uma tendência para o discurso aberto?*

GILDA — Sem dúvida. Evidencia uma concepção aberta, totalmente dinâmica do ofício de pensar; uma crença profunda no exercício da inteligência, mas não na validade absoluta de suas conquistas; uma confiança, enfim, no pensamento como *percurso* e não como *ponto de chegada*. Aliás, essa concepção antidogmática é colocada desde o início d'*O banquete*, quando Mário de Andrade descreve dois tipos irreconciliáveis de inteligência: "a vivacidade adunca" do Padre Vieira e "a inteligência sensível" de Matias Aires.

DIMAS — *E com qual das duas concepções de inteligência Mário de Andrade se identifica?*

GILDA — Com a segunda, é claro. Vieira, para ele, é "o indivíduo importantão que pretende exercer na terra a tirania divina duma verdade inamovível"; é um *homem conclusivo*, que conclui pelo Bem e, por isso, investe, castiga, denuncia. Jamais receberá a adesão de Mário de Andrade. Matias Aires, ao contrário, é um *homem que observa* e que, em vez de denunciar a vaidade, ou reagir pelo humor, pela dúvida ou pela indiferença, analisa, "e se projeta". Ele representa a inteligência artística "que age sempre impulsionada por um grande amor". É com este "moralista amoral, que causa mal-estar gostoso dentro da literatura portuguesa", que Mário de Andrade se identifica.

DIMAS — *Muita gente tem visto n'O banquete um discurso político camuflado e, mesmo, um libelo contra o Estado Novo. Que acha disso?*

GILDA — Há, sem dúvida, n'*O banquete*, como em todos os escritos de Mário de Andrade na época, uma acentuada conotação política; mas a meu ver o texto é bem mais complexo e prefiro vê-lo se desdobrando em vários níveis. Pelo menos em três, descartando-se, é claro, o propriamente literário, que não está em jogo nesta nossa conversa: o nível da *Crônica*, o da *Poética* e o da *Estética*.

DIMAS — *Podia definir rapidamente cada um deles?*

GILDA — No primeiro nível, que eu chamaria da *Crônica*, Mário de Andrade limita-se a deter o olhar na realidade presente do seu país. Sob o disfarce da "cidadinha simpática de Mentira na Alta Paulista", ele nos descreve os costumes artísticos dos dois grandes centros urbanos de então, Rio e São Paulo. Deste modo, fariam parte da Crônica as análises do ensino defeituoso da música; da situação da composição e da crítica musical; da formação técnica e moral deficiente dos músicos; da hipertrofia do intérprete e, em consequência, da valorização do virtuosismo; da precariedade e escassez das orquestras sinfônicas em atividade etc.

Logo em seguida a esta análise contingente, que está ligada diretamente a uma situação local, veríamos se esboçar (aplicando a *O banquete* a útil distinção metodológica do esteta italiano Pareyson) uma *Poética* e uma *Estética*. Isto é (como já observei na orelha do livro), "de um lado, uma doutrina *programática e operativa*, ligada a um momento determinado da história, que tenta traduzir em normas um programa definido de Arte (Poética); de outro, uma reflexão desinteressada, de caráter filosófico e especulativo (Estética)". Fariam parte da primeira: a pregação em favor de uma arte nacional e de combate; a reflexão sobre arte popular e arte erudita, arte individualista e arte empenhada. E da segunda, a análise dos elementos permanentes da obra de arte: a discussão sobre a sensação estética; a distinção entre inovação e academismo; a curiosa classificação dos gênios; e, sobretudo, o estabelecimento de um conceito estético básico como o *inacabado*.

DIMAS — *Levando em conta o enfoque que está propondo, segundo o qual* O banquete *oferece três níveis diversos de leitura, qual o que considera mais importante?*

GILDA — Os três... A originalidade de Mário de Andrade é conseguir transitar com desenvoltura, insensivelmente, de um nível a outro, como se quisesse desacreditar a distinção metodológica que estabelecemos, para facilitar a compreensão do seu pensamento. Para esclarecer este ponto, tomemos um exemplo concreto: o Capítulo V, definido no índice como "Vatapá. A música brasileira tal como está na composição. Como compor música brasileira". O capítulo se inicia com um panorama da situação vigente na música brasileira, que na opinião do compositor Janjão — porta-voz do autor — é de descalabro, pior que no tempo do Império. Até aqui estamos no plano da *Crônica*. Mas tendo traçado esse apanhado melancólico, Mário de Andrade desliza, sem que o leitor se dê conta, para o plano da *Poética* (isto é, de uma doutrina programática e operativa), passando a sugerir um corretivo para esse estado de coisas. A solução proposta é, como se sabe, o estabelecimento de uma arte nacional, que evitando os valores eternos e a preocupação com a beleza se apoiasse, de um lado, na complexa tradição musical brasileira e, de outro, na contribuição do folclore.

A discussão sobre a música nacional situa-se, pois, no nível da *Poética*. No entanto, comentando a utilização do folclore efetuada pelos compositores, Mário de Andrade se refere a certos perigos que se devia evitar, como o "negrismo decorativista enjoativo" e o abuso da síncopa. Ora, o problema da síncopa é extremamente intrincado e é natural que extravase do campo da composição brasileira — onde fora colocado no início — para se espraiar no campo muito mais vasto da *Estética*. A discussão admirável que se segue, em que Mário de Andrade procura caracterizar a síncopa, de um lado, como manifestação do instinto de morte e, de outro, como exigência psicológica do mundo atual, já se encontra totalmente desligada do seu ponto de partida: constitui uma reflexão especificamente *estética* sobre certos princípios estruturais básicos da música. A análise se iniciou, portanto, no plano particular da *Crônica*, passou em seguida ao plano normativo da *Poética* e terminou na bela digressão *estética* final. Seguem este mesmo ritmo as análises que faz do alegro, do conceito de plágio, da oposição entre criação individual e criação de escola etc.

DIMAS — *Certas posições de Mário de Andrade têm merecido da crítica uma atenção especial, como as suas campanhas em prol de uma arte nacional e de uma arte engajada. Outras, no entanto, igualmente importantes, permanecem pouco estudadas até o momento. Podia nos dizer quais as colocações d'*O banquete *que mais a interessam?*

GILDA — A discussão d'*O banquete* que me parece mais original para a época em que foi feita é a que se desenvolve em torno dos conceitos de *acabado* e *inacabado*. Trata-se na verdade de uma reflexão central na obra de Mário de Andrade, que está presente desde os seus escritos de mocidade e reaparece ora nos ensaios de música, ora nos ensaios de poesia ou artes plásticas. Ela se apresenta — sem se identificar, é claro — com a distinção estabelecida por Baudelaire entre *"oeuvre finie"* e *"oeuvre faite"*, ou — como já foi lembrado pela crítica — com a de Umberto Eco, quando este opõe *obra fechada* e *obra aberta*.

DIMAS — *Podia nos expor rapidamente em que consiste a reflexão de Mário de Andrade?*

GILDA — O que está me pedindo é muito difícil de se fazer no espaço curto de uma entrevista. Sobretudo, se levarmos em conta que o seu pensamento, embora muito rico e nuançado, é um pensamento de artista, portanto assistemático e de certo modo *selvagem*. Mas vou tentar, procurando resumir o que vem exposto n'*O banquete* e recorrendo, quando necessário, a outros textos.

De um modo geral, para Mário de Andrade, tanto as várias artes como as várias técnicas artísticas poderiam ser agrupadas em dois grandes blocos: artes e técnicas do acabado e artes e técnicas do inacabado. As primeiras apresentam um universo definido, perfeitamente elaborado, que impede a colaboração do leitor ou do público; desenvolvem, por conseguinte, um discurso impositivo, didático e ditatorial, impermeável ao debate. São artes do acabado a escultura, a pintura e a prosa. As segundas, anti-intelectuais e de sentido impreciso, são eminentemente associativas e exigem, para se completar, a participação ativa e constante do público. São artes do inacabado: o desenho — que permite a mancha, o esboço; o teatro — que permite a alusão, a discussão, o conselho, o convite; a poesia — que joga sistematicamente com a indeterminação, com "a fluidez verbal"; e sobretudo a música, o modelo da série, que envolve o espectador numa "ambientação hipnótica", extremamente favorável às associações.

Como está vendo, os conceitos de acabado e inacabado conduzem Mário de Andrade a uma curiosa classificação das artes, onde os princípios organizadores não são mais o espaço, o tempo ou os sentidos, mas a vocação formal, inerente a cada arte.

DIMAS — *Pelo que estou entendendo, a classificação das artes que se poderia inferir da reflexão de Mário de Andrade separaria, paradoxalmente, a poesia da prosa e o desenho da pintura?*

GILDA — Exatamente. Mário de Andrade não parece interessado em manter a separação tradicional de artes do espaço e artes do tempo, ou de artes da palavra e artes plásticas, por exemplo; mas em sublinhar a vocação espontânea de cada arte de exprimir-se de acordo com estruturas nítidas e definidas ou fluidas e fugidias. É de acordo com esta perspectiva que o desenho, a poesia e a música podem se alinhar para ele na mesma categoria.

DIMAS — *E quanto às técnicas do inacabado, o que nos poderia dizer?*

GILDA — Assim como é possível separar as artes de acordo com as duas categorias, é também possível separar as técnicas. De tal modo que, mesmo se tratando de uma arte do acabado, esta poderá se exprimir através de uma técnica do inacabado e vice-versa. Por exemplo: a pintura, como já vimos, é para Mário de Andrade uma arte racional, do acabado; estabelece um universo definido, limitado pela moldura e condicionado pela composição. Apesar de presa à cor, que é um elemento eminentemente sensorial (e portanto anti-intelectual), a pintura apresenta um sentido mais lógico e mais preciso, mais unívoco que o desenho. Em certos momentos, no entanto, rompendo com a sua vocação natural, pode se tornar imprecisa, "convidativa e insinuante": é o que acontece com o Expressionismo. O mesmo ocorre com a música, que, sendo por excelência uma arte do inacabado, pode assumir, no entanto, uma técnica dogmática, como o uníssono do cantochão.

DIMAS — *E qual das duas técnicas — do acabado e do inacabado — teria para Mário de Andrade mais rendimento se utilizada com finalidade política?*

GILDA — Paradoxalmente, a técnica do inacabado. A certa altura d'*O banquete*, depois de discutir longamente a possibilidade de uma arte popular, de uma arte social e de uma arte nacionalista, Mário de Andrade prefere optar por uma *arte de combate*, que poderíamos caracterizar, quanto à atitude, como *malsã*, e quanto à técnica, como *inacabada*.

Para Mário de Andrade, o artista é essencialmente um individualista e um aristocrata; ideologicamente se encontra comprometido com o passado, não podendo, por conseguinte, identificar-se com o futuro — que, no entanto, sabe que virá, um dia. Preso dentro desse dilema que o impede de se decidir por uma ação direta — por uma arte realmente engajada — só lhe resta optar por uma arte de circunstância que ajude "a botar por terra as formas gastas da sociedade". Ora, esta arte malsã e destrutiva, que prefere "envenenar, solapar, destruir", é ao mesmo tempo *transitória* e *inacabada*. Isto é, de um lado, trocou os valores eternos pelos de circunstância e, de outro, apoia-se numa técnica dinâmica e dissolvente, que maltrata e excita o espectador, pondo-o de pé. A técnica do inacabado é, para Mário de Andrade, a que melhor consegue "armar o nosso braço".

DIMAS — *Se estou entendendo bem a visão que nos está oferecendo da Estética de Mário de Andrade, o seu conceito de inacabado estaria de acordo com a sua concepção dialógica do discurso, colocada no início desta entrevista. Ou não?*

GILDA — Exatamente; os dois conceitos são complementares. Pois o discurso dialógico é, por sua vez, um discurso inacabado, na medida em que se abre continuamente para o interlocutor, exigindo a cada passo a sua participação efetiva no debate. Enfim, é um discurso em que o próprio sujeito se coloca dividido, dilacerado, como que defrontando o seu duplo, na busca dramática de uma resposta.

DIMAS — *Não acha que a visão agônica que nos deu do pensamento de Mário de Andrade contradiz, em larga medida, a imagem tradicional — ou oficial — do escritor?*

GILDA — Talvez. Mas posso garantir que ela foi retirada de uma análise atenta de seus escritos. Em todo o caso, existem várias leituras possíveis de Mário de Andrade e a publicação d'*O banquete* pode oferecer uma excelente oportunidade de confronto.

O desenho primitivo

A primeira dificuldade que se apresenta a quem pretende falar sobre o desenho primitivo é conceituar o que é *desenho* e o que é *primitivo*. No decorrer desta palestra[1] não vamos, evidentemente, tomar o termo *primitivo* no sentido cronológico, isto é, daquilo que é "anterior no tempo" — pois neste caso teríamos primitivos gregos, primitivos italianos, primitivos egípcios etc. — nem no sentido de arte ingênua. Primitivas serão para nós as culturas que se encontram fora da esfera da civilização europeia moderna e das grandes civilizações orientais; ou melhor, aquelas culturas de tecnologia pré-industrial, como quer Firth, que se bem não estejam no fim de um processo evolutivo já se acham a meio caminho, possuindo atrás de si uma longa tradição estilística que se exprime pela maestria no desenho e utilização dos símbolos.

Em segundo lugar, o que entendemos por *desenho*? — Em estágios desenvolvidos da sociedade, quando as diversas artes já se desligaram umas das outras, delimitando o seu campo, é re-

---

[1] Palestra proferida pela autora no "Ciclo de Conferências sobre o Desenho nos seus Aspectos Psicopedagógicos", realizado na Sociedade de Psicologia de São Paulo, no segundo semestre de 1954. [N. da E.]

lativamente fácil conceituá-lo. A arte do contorno é então, em oposição à escultura e à pintura, a que prescinde de matéria. A linha é a sua invenção específica e por intermédio dela o artista interpreta formas, traduz volumes e superfícies. Nas sociedades primitivas, no entanto, raramente encontramos um desenho que se possa conceituar desta maneira. Pois quando a poesia ainda não se separou da música e esta continua apoiando-se na dança; quando são *impuras* todas as manifestações artísticas, também ao desenho vemos associar-se uma série de elementos alheios ao contorno que, falando aos sentidos, anulam o caráter abstrato do traçado: a sombra, a cor, o esfumado, o sulco escultórico. É o caso, por exemplo, das representações dos bosquímanos onde constantemente a cor ocorre, fornecida por pigmento de terra; da arte gráfica dos esquimós ou das gravuras coloridas em couro de búfalo dos Ogdala, na América do Norte, ambas utilizando o sulco escultórico; dos desenhos de animais de cavernas pré-históricas que, sustentados pelas linhas, são no entanto "fixados e como que imobilizados pela cor", constituindo os primeiros afrescos da história da arte.

Não é possível, pois, adotar aqui a conceituação rígida proposta pelos estetas; o desenho primitivo, ora escultural, ora pictórico, quase sempre toma emprestado alguma coisa às artes vizinhas. Assim, o desenho será para nós no decorrer desta palestra, a *arte das superfícies planas*, como o define Luquet, opondo-se deste modo à escultura, que é a arte das três dimensões.

É preciso acrescentar ainda que, no pouco tempo disponível, não iremos abordar o problema importantíssimo do desenho geométrico, que costuma alcançar entre os primitivos alto nível artístico. Nem analisar a discutida hipótese de Haddon da evolução constante das formas representativas para as formas abstratas. Estas discussões são quase sempre estéreis e por isso aceitamos a coexistência, na mesma cultura, de duas maneiras de resolver a arte do contorno — pelas formas geométricas e pelas representativas — limitando-nos a analisar o segundo processo, que apresenta mais interesse para um curso sobre desenho infantil.

Mas o que é *desenho representativo*? É o que nos atinge não apenas pelos elementos formais, mas principalmente pelo conteúdo, quer representando uma coisa, quer contando uma história. Esta coisa representada ou esta história que se conta — um crocodilo, um canguru, um cavalo galopando, um episódio cotidiano de caça — é que emprestam ao desenho um valor emotivo independente de todo efeito estético puramente formal, uma vez que o artista resume no traço uma experiência de vida, um conhecimento.

Nem sempre, contudo, o desenho representativo, que copia a natureza, o faz de maneira fiel. Ou melhor, ele pode representar a realidade de acordo com dois esquemas: o *esquema visual* e o *esquema intelectual*.

O primeiro método, que Luquet chama de *realismo visual*, consiste em fixar através do traçado a impressão visual momentânea, apreendendo a *aparência tal como a vemos*. É o desenho sensorial dos paleolíticos — sobretudo do período magdaleniano —, dos esquimós, dos bosquímanos e dos australianos. Vamos rapidamente, e com o auxílio de diapositivos, analisar as principais características dos quatro grupos mencionados.[2]

1. As representações animais da Idade da Pedra constituem uma das mais antigas manifestações artísticas de que se tem notícia e, sem dúvida, o fenômeno mais extraordinário de toda a

---

[2] Não foi possível recuperar a sequência original de imagens projetada pela autora durante sua palestra. As imagens aqui inseridas foram extraídas dos livros de Leonhard Adam e Franz Boas citados na bibliografia. [N. da E.]

Estética

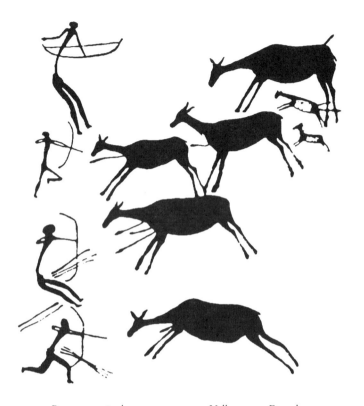

Representação da caça ao cervo em Valltorta, na Espanha.

história da arte. Datando de muitos milhares de anos antes da era cristã, esta arte que tem seus focos principais nos Montes Cantábricos (Espanha) e nos Pirineus (França), caracteriza-se: a) por uma fidelidade linear à natureza, resolvida através de técnica impressionista; b) pelo virtuosismo na captura dos gestos, atitudes e movimentos do homem e do animal; c) enfim, por uma extrema maestria em fornecer a impressão ótica final. Toda a atenção do artista se concentra nos elementos essenciais, desprezando detalhes desnecessários, e as figuras são admiravelmente realizadas em perspectiva. A técnica é mais a da pintura, uma vez que o artista trabalha em espaços e não em linhas, utilizando-se da cor: preto, vermelho e castanho. A espantosa perícia destas obras demonstra a existência, já neste período, de especialistas do desenho.

No entanto, essas admiráveis representações de animais não eram feitas tendo em vista o prazer gratuito das formas; eram instrumentos de magia religiosa. Provam-no os bisões cravados de flechas, desenhados no fundo das cavernas, onde a luz não penetra e os olhos só com dificuldade os descobrem. A magia simpática postula que desenhar um animal é adquirir poder sobre ele e, portanto, representá-lo assim ferido de morte é antecipar o efeito desejado. Além disso, a distribuição das figuras na parede da gruta, superpostas, em forma de palimpsesto, também evidencia a total ausência de intenção estética. Numa idade de vida puramente prática, a arte visava assegurar felicidade na caça, prover a comunidade de alimento.

2. Ao lado dos magdalenianos podemos colocar os bosquímanos, que são os mais antigos nativos do sul da África e os prováveis aborígines, gradativamente expulsos pelo branco e pelo hotentote para as áreas desérticas. São responsáveis por alguns dos mais belos exemplares da arte primitiva e, segundo Leonhard Adam, criadores de uma das mais importantes escolas de arte do mundo... Sua arte, hoje em dia decadente e limitando-se a algumas gravuras mais ou menos grosseiras em ovos de avestruz, apresentava no passado grande semelhança com a do grupo franco-cantábrico. O traçado é, como o dos paleolíticos, naturalista, e demonstra a mesma preferência pela figura humana e pelo animal, representados em posições extremamente difíceis; a mesma acuidade na observação da natureza e na realização da perspectiva.

Pintura bosquímana em um abrigo rochoso próximo às cabeceiras do rio Orange, na África do Sul.

Enquanto certos grupos preferem a representação monocrômica — em geral vermelha — outros grupos desenvolveram a pintura policrômica. As cores utilizadas, obtidas de pigmento de terra, são as seguintes: branco (óxido de zinco), preto (carvão), azul (ferro e ácido silícico), vermelho e castanho (hematita), amarelo (ferro ocre). Além disso, um processo de pulverizar o pigmento colorido com gordura animal fornece ao artista uma matéria de consistência semelhante ao nosso óleo.

A arte bosquímana se estende pelo sul da África, Deserto do Saara, Planalto de Agar, Lago Tanganica.

3. Ao contrário dos paleolíticos e dos bosquímanos, os esquimós não utilizam a cor; se as duas manifestações artísticas que acabamos de analisar se aproximam, como dissemos, da pintura, a sua é antes uma arte gráfica. Nos objetos feitos de osso ou colmilho de morsa costumam gravar cenas da vida cotidiana.

O desenho primitivo

Desenho esquimó em colmilho de morsa, Alasca.

Tais miniaturas, extremamente animadas, são como que uma sequência de imagens simplificadas das coisas e, mais que uma arte plástica, constituem um desenho pictográfico, uma forma de narração onde se conta a experiência pessoal do caçador ou do guerreiro.

4. Também a arte dos australianos é predominantemente gráfica, talvez constituindo reminiscência da escola bosquímana, se bem que inferior. Nas composições de grandes dimensões, desenhadas sobre o solo — portanto, em espaço onde é mais difícil desenhar do que numa parede vertical — nota-se agudo senso de observação.

Resumindo: a característica geral deste primeiro tipo de desenho, onde agrupamos lado a lado paleolíticos, bosquímanos, esquimós e australianos é a preocupação com o movimento, a captura da ação momentânea; com poucos traços o artista procura fixar a realidade esquiva que tem diante dos olhos. E o resultado são essas imagens admiráveis que analisamos rapidamente nos diapositivos: o bisão malferido, o cavalo a galope, as cenas de caça, que nos transmitem sensação de vida bem mais poderosa do que a fotografia. Esta, com efeito, sendo um meio mecânico de apreensão da realidade, longe de reproduzir com fidelidade o movimento, fraciona-o, captando apenas "um momento de um movimento" (e sabemos, desde Zenão de Eleia, que um momento de um movimento não é o movimento...). O desenho, ao contrário, resumindo num único traço o momento imediatamente anterior e o que virá logo a seguir, concentra a ação no contorno e nos devolve uma figura dinâmica, viva.

Mas donde vem, em povos de nível cultural tão rudimentar, esta poderosa capacidade de apreender o instante? Sem dúvida do tipo de vida a que estão sujeitos, pois é sempre entre os caçadores que encontramos a maestria de captar o movimento e reproduzir o animal. São caçadores os paleolíticos, os bosquímanos, os australianos e os esquimós e foi, com toda a certeza, a necessidade de apreender a caça, da qual depende a sua subsistência, que os levou a tal percepção de hábitos, gestos e ritmos corporais.

A esta visão ótica do mundo — que não encontra paralelo no desenho infantil — opõe-se nas sociedades primitivas a *visão intelectual*. E se a primeira nos devolve *a aparência tal como a vemos*, a segunda grava *o objeto tal como o pensamos*. A sua expressão típica se encontra na Austrália, Melanésia, litoral da Colômbia Britânica e sul do Alasca.

A primeira característica deste desenho — que se assemelha muito ao desenho infantil — é a *multiplicidade de pontos de vista*.

a) A preocupação em representar o objeto como na realidade *ele é*, não esquecendo na grafia nenhum elemento essencial, leva o primitivo a multiplicar os ângulos de visão em que o apreende, isto é, reproduzir o objeto como visto de vários pontos. Assim, no desenho australiano de um crocodilo, observamos que enquanto o corpo do animal é representado de cima, a cauda é desenhada de perfil. Para cada detalhe da representação o selvagem escolheu o melhor ângulo de visão, pois se do alto no-

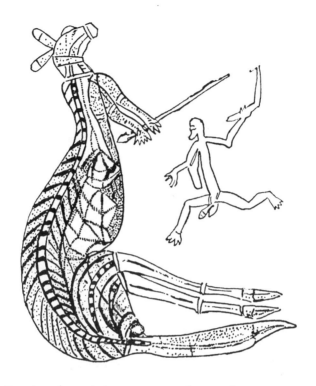

Desenho em casca de árvore representando a caça do canguru negro,
tribo dos Kakadu, norte da Austrália.

tamos melhor as características do couro, é de perfil que a cauda exibe o serrote. O mesmo acontece com certos desenhos da figura humana em que o rosto e os olhos são representados de frente, e o nariz de perfil — pois a forma proeminente do nariz se perderia na visão frontal. Ao contrário, quando o rosto é desenhado de perfil os olhos são postos na figura como vistos de frente, portanto na posição formal mais característica. Poderíamos multiplicar indefinidamente nossos exemplos, mostrando ainda que na representação do corpo humano também as mãos são desenhadas com as palmas voltadas para cima e os dedos abertos — exatamente como nos *graffiti* infantis.

b) A segunda característica desta visão, *o desenho em raio X*, deriva ainda deste desejo de apreender o objeto em sua realidade essencial. Impelido pela ânsia de veracidade, o artista desenha tudo o que sabe do objeto: detalhes do corpo, órgãos internos, coluna vertebral, enfim todos os elementos de que tem conhecimento e são para ele tão importantes quanto as características visíveis.

A tendência pode levá-lo, inclusive, a uma seleção do que considera as partes mais significativas do corpo, que então são desenhadas em relevo. É o caso do destaque conferido aos órgãos sexuais em alguns desenhos da África, da Melanésia e mesmo paleolíticos; ou do fato registrado por Karl von Steinen entre os índios da América do Sul: sempre que o viajante lhes solicitava a representação de um homem branco, desenhavam grandes bigodes antecedendo a figura.

c) Não é de estranhar, pois, que a utilização do detalhe e a estilização do objeto conduzam facilmente ao simbolismo e à terceira característica deste desenho: a *substituição arbitrária*. Na arte do Noroeste americano, por exemplo, estudada minuciosamente por Boas, o animal é, na maioria das vezes, representado apenas por alguns elementos, escolhidos de modo arbitrário. Aos poucos o simbolismo vai substituindo as representações realistas, chegando, em casos extremos, a simbolizar um corvo pelo desenho de apenas uma asa e uma garra.

Portanto, facilmente a visão realista pode resvalar para a visão simbólica. Por outro lado, muitas vezes coexistem na mesma representação elementos das duas visões, tornando-se difícil estabelecer uma linha demarcatória entre ambas, o que não teria, aliás, o menor interesse, pois em arte não há realismo absoluto

O desenho primitivo

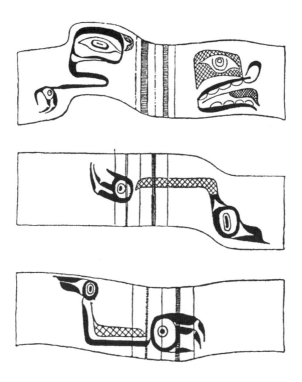

Representações de animais (um leão-marinho e dois corvos) gravadas em madeira pelos índios Haida, Columbia Britânica.

e toda representação artística é de certo modo simbólica. O próprio desenho é uma convenção, pois representa um objeto tridimensional numa superfície plana, servindo-se apenas da linha — que é uma abstração da inteligência e não um elemento copiado da natureza. E a fotografia, considerada por muitos a maneira mais exata de reproduzir a realidade, nos dá uma visão falsa e convencional das coisas, a visão monocular do Ciclope.

E assim, chegamos à primeira conclusão geral desta exposição: embora representando visões diversas, o realismo visual e o realismo intelectual baseiam-se na convenção e apreendem apenas parte da realidade. Em ambos, o desejo de apreender o objeto em sua riqueza de movimento ou de detalhe esbarra na realidade, que resiste à representação. Apreendendo-a pela visão ótica, o artista consegue um objeto verdadeiro na aparência, mas deformado em sua essência (o cavalo que nos volta as costas no galope, despertando em nós uma espantosa sensação de vida, tem na verdade as pernas deformadas pela perspectiva); por outro lado, apreendendo-a pelo conhecimento, chega a um objeto, talvez verdadeiro em sua essência, mas monstruoso na aparência.

Ora, estas duas tentativas de apreender o mundo pela *aparência tal como a vemos* ou pela *realidade tal como a pensamos* não são próprias do primitivo, mas de todo homem, derivando da resistência que o real opõe à percepção. Através dos séculos veremos o artista oscilar de uma visão a outra: o século XIX adota com o Impressionismo uma visão análoga à dos homens das cavernas, fixando a aparência de maneira admirável com Lautrec e Degas; mas pouco depois Cézanne volta as costas às aparências enganadoras, procurando atentamente a essência das coisas. Os primeiros, grafando o movimento, procuram fixar um objeto que está constantemente mudando de posição numa única atitude permanente que é, de certa forma, a síntese das suas posições imediatamente anteriores e imediatamente posteriores; os segundos fracionam numa mesma imagem as muitas aparências do objeto, representando-o fixo, mas apreendido por dois olhos móveis, que o veem de vários ângulos. Neste sentido, a visão do Renascimento — em perspectiva, como a do Paleolítico e do Impressionismo — não é mais perfeita ou mais exata que a visão de um kwakiutl: é diferente.

A segunda conclusão a que desejamos chegar diz respeito à relação entre o desenho primitivo e o desenho infantil. Não nos

O desenho primitivo

interessa acentuar aqui a semelhança que na realidade os une, mas esclarecer rapidamente os pontos em que se distanciam.

Em primeiro lugar, pela técnica. A ausência de artesanato no desenho infantil leva a maioria dos especialistas a excluir do campo da arte estas manifestações gráficas, por mais interessantes que sejam. Pois enquanto o primitivo domina os seus meios de expressão, exprimindo-se através de técnicas difíceis como a gravura no marfim e no couro, o afresco na parede da gruta ou no solo, o traço infantil é inseguro, indeciso, traindo uma técnica precária. A característica da arte não é representar a natureza, mas fazê-lo aceitando e dominando as convenções estéticas do grupo em que funciona. "A visão do artista" — diz Malraux — "é irredutível à visão comum, pois desde a sua origem é ordenada pelos quadros e estátuas — pelo mundo da arte." E se encontramos esta visão no artista civilizado e no artista primitivo, não a encontramos na criança, sempre menos atingida pela descoberta das obras que pela descoberta das coisas.

Além do mais, o primitivismo do selvagem é um fenômeno permanente e os seus estilos duram séculos, ao passo que o mundo da criança é transitório. Como poderia ela, no breve espaço de tempo que medeia entre os primeiros traçados e as primeiras letras, construir uma técnica? Às vezes, ao entrar na escola, já possui um esboço de estilo, que consiste num jeito peculiar de exprimir rostos, mãos, olhos; de selecionar temas e esquemas cromáticos. Mas defrontando-se com a cultura do adulto que, de agora em diante lhe vai ser transmitida, esquece tudo. É que está em posição análoga à do selvagem em face da cultura do branco: tem de romper com o seu estilo e começar do nada. De fato, analisando uma sequência de desenhos da mesma criança, incluindo exemplares anteriores e posteriores ao ingresso na escola, verificamos como a decadência do desenho coincide com a alfabetização. Agora, já não procura por si uma verdade, abandonando-se ao mundo e elaborando um universo de formas autônomas — às vezes grotescas, mas sempre vivas e verdadeiras —; constrói uma réplica ingênua do mundo do adulto. E o seu desenho deixa, curiosamente, de assemelhar-se ao desenho primitivo para se aproximar da arte popular. Em geral, porém, à medida que cresce o interesse pela leitura e pela escrita, o interesse pelo desenho é abandonado e o pequeno desenhista se transforma em aprendiz de escritor.

Pois é preciso não esquecer que, na criança como no primitivo — e em larga medida no adulto civilizado —, mais do que uma arte plástica o desenho desempenha uma finalidade utilitária, mágica ou intelectual. Maneira de apreender o mundo e sobre ele agir, grafia da percepção, análise sucessiva do objeto, visa sempre menos uma imagem que um saber, como diria Sartre. Onde o vocabulário é precário e a palavra ainda não se empenhou na descoberta do mundo, é através do contorno que o primitivo ou a criança apalpam a realidade, exploram o objeto, chegam à noção abstrata das coisas. Toda figura representada, mais do que a reprodução da realidade é a definição de uma coisa. Desenhar um bisão, um peixe, um porco do mato é exercer sobre eles a própria sabedoria; representar uma caçada é "criar por meio de traços os finitos de uma visão", transformando a experiência vivida em definição intelectual. O desenho foi a primeira forma que o homem conheceu de definir e de narrar; por seu intermédio ele consegue inscrever no plano da duração a fuga do momento, transformando a experiência individual em sabedoria do grupo. Assim o desenho estará preenchendo a sua verdadeira função, que é, segundo as belas palavras de Alain, "fixar o homem e parar o curso do tempo".

Bibliografia

ALAIN. *Système des Beaux-Arts*. Paris: Gallimard, 1920.

_____. *Préliminaires à l'Ésthétique*. Paris: Gallimard, 1939.

ANDRADE, Mário de. "Do desenho", artigo recolhido em *Aspectos das artes plásticas no Brasil*. São Paulo: Martins, 1965.

ADAM, Leonhard. *Primitive Art*. Londres: Penguin Books, 1929.

BOAS, Franz. *El arte primitivo* (trad. Adrián Recinos). México: FCE, 1947.

_____. "Representative Art of Primitive People", *in Race, Language and Culture*. Nova York: MacMillan, 1940, pp. 535-40.

BUNZEL, Ruth. "Art", *in* BOAS, Franz (org.), *General Anthropology*. Boston: Heath and Co., 1938, pp. 535-88.

FIRTH, Raymond. *Elements of Social Organization*. Londres: Watts, 1951 (cap. V: "The Social Framework of Primitive Art", pp. 135-82).

HAUSER, Arnold. *The Social History of Art*. 2 vols. Londres: Routledge & Kegan Paul, 1951 (cap. I, vol. I, "Prehistoric Times", pp. 23-43).

HERSKOVITS, Melville J. *Man and his Works*. Nova York: Alfred Knopf, 1949 (cap. XXIII, "The Aesthetic Drive: Graphic and Plastic Arts", pp. 378-413).

LUQUET, G. H. *L'Art primitif*. Paris: Gaston Doin, 1930.

MALRAUX, André. *Les Voix du silence*. Paris: Gallimard, 1951.

READ, Herbert. *The Meaning of Art*. Londres: Penguin Books, 1945.

_____. *Art and Society*. Londres: Pantheon Books, 1945.

II.
Literatura

Estrela da vida inteira

1.

Há vários modos de ler os poemas deste livro,[1] que representa mais de meio século duma atividade sem declínio. Um dos modos seria pensá-los com referência aos dois polos da Arte, isto é, o que adere estritamente ao real e o que procura subvertê-lo por meio de uma deformação voluntária. Ambos são legítimos, e tanto num quanto noutro Manuel Bandeira denota a maestria que faz aceitá-los como expressões válidas da sua personalidade literária. A mão que traça o caminho dos pequenos carvoeiros na poeira da tarde, ou registra as mudanças do pobre Misael pelos bairros do Rio, é a mesma que descreve as piruetas do cavalo branco de Mozart entrando no céu, ou evapora a carne das mulheres em flores e estrelas de um ambiente mágico, embora saturado das paixões da terra. É que entre os dois modos poéticos, ou os dois polos da criação, corre como unificador um Eu que se revela incessantemente quando mostra a vida e o mun-

---

[1] Este texto — escrito em colaboração com Antonio Candido — serviu de introdução a *Estrela da vida inteira*, de Manuel Bandeira (Rio de Janeiro, Livraria José Olympio Editora, 1966).

do, fundindo os opostos como manifestações da sua integridade fundamental.

A nossa atenção é despertada inicialmente pela voz lírica deste Eu, que, ao construir os poemas, nos acompanha a cada passo, dando a cada verso o seu timbre e a sua vida. Ela é o produto de componentes que nunca poderemos enumerar, e de que apenas vislumbramos uma ou outra, segundo o ângulo em que nos situamos. Uma delas é, por exemplo, certo tipo de materialismo que o faz aderir à realidade terrena, limitada, dos seres e das coisas, sem precisar explicá-los para além da sua fronteira; mas denotando um tal fervor, que bane qualquer vulgaridade e chega, paradoxalmente, a criar uma espécie de transcendência, uma ressonância misteriosa que alarga o âmbito normal do poema. O enterro que passa ante os homens indiferentes, conduzindo a matéria "liberta para sempre da alma extinta" ("Momento num café"), tem uma gravidade religiosa frequente neste poeta sem Deus, que sabe não obstante falar tão bem de Deus e das coisas sagradas, como entidades que povoam a imaginação e ajudam a dar nome ao incognoscível.

Esta posição, confirmada na maturidade do poeta, é um dos traços que unificam os antagonismos de método, há pouco referidos, e em nenhum outro terreno é tão fecunda quanto na visão todo-poderosa do amor. O seu lirismo amoroso engloba o jogo erótico mais direto e, simultaneamente, as fugas mais intelectualizadas da louvação. E o leitor percebe que a fervorosa transcendência nasce precisamente do fato de abordar a ternura do corpo com tão grande franqueza. Trata-se, como no caso de "Momento num café", de um avesso da atitude espiritualista, que ocorre inconscientemente mesmo nos que se julgam ateus e que, em tais matérias, escrevem sempre como se a vida física se justificasse por uma razão superior. O nosso poeta, ao contrário, recomenda à amada que esqueça a alma, porque ela "estraga o amor":

"Deixa o teu corpo entender-se com outro corpo
Porque os corpos se entendem, mas as almas não."

"Arte de amar"

E é graças a esta confiança na sabedoria do instinto que se forma o sentimento da transcendência, manifestada (sem jogo de palavras) como imanente aos gestos naturais. No poema "Unidade", que completa o anterior, a alma se revela como consequência de tais gestos, parecendo nascer deles. E o leitor, ao mesmo tempo que se vê mergulhado nos aspectos fenomênicos, sente-se arrebatado para as mais altas abstrações. Só Manuel Bandeira é capaz de descrever traços fisiológicos aparentemente os mais alheios à poesia, como em "Água-forte", onde junta uma peça inesperada aos *blasons du corps féminin*. E o "pássaro espalmado" poderá ser, noutros contextos, estrela ou flor, com a mesma pertinência com que se abre aqui "num céu quase branco". Daí a terminologia e os hábitos mentais ligados ao espiritualismo caberem normalmente nesta visão — de um materialismo amplamente universal no seu desdobramento. Talvez isto se deva, em parte, ao fato dela ancorar, de um lado, na matéria e na carne como realidade suficiente; mas, de outro, ter como segundo ponto de referência a destruição de ambas, isto é, a morte — demônio familiar desses versos em que entra a cada passo, como mediação e limite. Vida e morte se opõem para se unirem numa unidade dinâmica, por entre o céu e o inferno da existência de todo dia.

É ainda a adesão fervorosa à realidade material do mundo que parece explicar a espontânea naturalidade da sua poesia, que tem a simplicidade do requinte. O amor encarado a partir da experiência do corpo; o espetáculo do mundo visto pela descrição dos seus aspectos imediatos —, determinam uma familiaridade que o poeta manifesta em tons menores, quebrando a grandiloquência, remetendo o peso do drama para os bastidores. O amor e a morte são trazidos ao nível da experiência diária, colorindo-se de uma ternura cálida, dando força comunicativa a um verso que nem sempre é fácil, mas que tranquiliza o leitor pela humanidade fraterna com que organiza a desordem e o tumulto das paixões, conferindo-lhes uma generalidade que transcende a condição biográfica.

Está visto que isto só é possível graças às virtudes da forma, que, baseando-se na capacidade de síntese e, mesmo, de elipse, condensam a expressão e a reduzem ao essencial, domando o sentimentalismo que comprometia os primeiros livros e, às vezes, ronda os outros, ao modo de ameaça distante. E assim, Manuel Bandeira se torna o grande clássico da nossa poesia contemporânea.

Como os clássicos, possui a virtude de descrever diretamente os atos e os fatos sem os tornar prosaicos. O caráter acolhedor do seu verso importa em atrair o leitor para essa despojada comunhão lírica no cotidiano e, depois de adquirida a sua confiança, em arrastá-lo para o mundo das mensagens oníricas. Poucos poetas terão sabido, como ele, aproximar-se do leitor, fornecendo-lhe um acervo tão amplo de informes pessoais desataviados, que entretanto, não parecem bisbilhotice, mas fatos poeticamente expressivos. O seu feitiço consiste, sob este ponto de vista, em legitimar a sua matéria —, que são as casas onde morou, o seu quarto, os seus pais, os seus avós, a sua ama, a conversa com os amigos, o café que prepara, os namorados na esquina, o infeliz que passa na rua, a convivência com a morte, o jogo ondulante do amor.

Pode ser que o segredo dessa poesia condensada e fraterna esteja na capacidade de redução ao essencial —, tanto no plano dos temas quanto no das palavras. Essenciais são a emoção direta da carne e a espontaneidade da ternura, sob as elaborações do sentimento amoroso; é a descrição direta dos gestos na selva intrincada do cotidiano; é o encontro do termo saliente, único, na difusão geral do discurso. De tal maneira, que ao deixar o universo da experiência comum para correr os espaços irreais de Pasárgada, ou procurar a estrela da manhã nos quatro cantos da imaginação, transporta a secura formal, adquirida pela maneira despojada com que aprendeu a ver o mundo concreto; e põe o leitor à vontade nos espaços insólitos. Quando Vésper cai cheia de pudor na sua cama e os botões de rosa murcham ("A estrela e o anjo"), a naturalidade e a síntese expressiva com que o diz equivalem aos que usa para narrar a comovedora prosa noturna dos namorados ("Namorados").

Essa concentração em torno dos dados essenciais foi aprendida lentamente, a partir da atmosfera algo difusa dos primeiros livros, onde a imprecisão dissolvia as formas e os sentimentos na bruma do pós-simbolismo. Neles já se desenha, todavia, um golpe de vista certeiro, que descarna a exuberância das coisas vistas e sentidas, para isolar o traço expressivo. A busca da simplicidade quase popular, em *Ritmo dissoluto* [1924], ajudaria este pendor, que domina a partir de *Libertinagem* [1930], apurado e completado pela capacidade de pôr fora o acessório. O poeta que então se confirma não apenas discerne o nervo da realidade, mas sabe despi-lo dos adornos coloridos e melodiosos que, nos primeiros livros, dispersavam o impacto sobre o leitor. A essa altura, amadurece nele o que se poderia chamar de senso do momento poético —, o tacto infalível para discernir o que há de poesia virtual na cena e no instante, bem como o poder de comunicar esta iluminação.

Na história da sua obra, nota-se a princípio um sentido algo convencional da cena expressiva ou da hora que foge, e que o poeta tenta prolongar, esfumando-a numa certa elegância impressionista. Mais tarde, aprendeu a superar essa atmosfera de cromo e confidência e a dissecar o elemento decisivo, para fazer (usemos uma expressão dele) poesia "desentranhada", no sentido em que o minerador lava o minério para isolar o metal fino. O poema extraído da notícia de jornal, o homem remexendo como um animal a lata de lixo à busca de comida, o toque de silêncio no enterro do major, o beco sobreposto à baía — são exemplos quase puros desse senso do momento poético, que aparece modulado na estrutura de outros poemas menos condensados.

De posse deste método, pôde aplicá-lo tanto na descrição da vida quanto na sua mais remota transposição simbólica. O resultado, em ambos os casos, é um universo cujos elementos têm expressividade máxima, porque indicam realidades poeticamente essenciais, dispostas numa estrutura convincente.

No plano das coisas vistas, esta maneira tende à natureza-morta, isto é, à organização arbitrária de objetos tirados dos seus contextos naturais para formarem um contexto novo — como a fruta no quarto de hotel, entre o garfo e a faca ("Maçã"). O mesmo senso da palavra relevante, que se dispõe de modo expressivo a partir da mera denominação, aparece em poemas mais abstratos, como "Carta de brasão", e pode ir caminhando para analogias raras, como "Água-forte", até entrar no universo do sonho e da fantasia, como "Canção das duas Índias". E quando fala da sua experiência pessoal, o poeta recorre com frequência à mesma técnica, que permite, no plano psicológico, a organização dos atos e dos sentimentos numa estrutura de quadro, a partir de materiais cuja simplicidade aparente mal encobre a forte carga expressiva. Assim, pode criar, no domínio do ser, momentos poéticos "desentranhados" do fluxo neutro das aparências, como o traço linear do "Poema só para Jaime Ovalle", cuja insinuante poesia não se percebe de onde brota.

E assim é que o seu universo abrange o registro direto dos objetos e dos sentimentos e, também, a sua trituração simbólica, unidos na mesma familiaridade com que passa do verso livre às harmonias tradicionais, da métrica erudita à síncopa dos coloquialismos mais singelos.

Se procurarmos definir as leis obscuras deste universo, arriscaremos, como sempre em tais casos, ser "despachados de mãos vazias". Mas não custa fazer hipóteses; dizer, por exemplo, que uma das maneiras de entender a sua obra é encará-la como reorganização progressiva dos espaços poéticos, a partir de uma concepção nova, segundo a qual os objetos perdem o caráter óbvio que tinham inicialmente. Este critério se justifica ante a evidente fixação do poeta com os espaços vividos e imaginados: o quarto, a sala, a casa, o jardim, a cidade, a rua; depois, os ambientes de sonho, as paragens remotas, as vastidões da fantasia. Mesmo a dimensão temporal da memória pode, nele, configurar-se espacialmente, como o quarto demolido que, na "Última canção do beco", fica "intacto, suspenso no ar".

Em *Cinza das horas* [1917] e *Carnaval* [1919], e mesmo em grande parte de *Ritmo dissoluto*, os ambientes e as coisas correspondem mais ou menos ao que deles espera a sensibilidade média, alimentada de poesia tradicional. Em lugares adequados à tonalidade confidencial e plangente da moda crepuscular, o poeta confunde de certo modo as coisas com os sentimentos, unificando-os por um fluido intercomunicável que suprime as fronteiras e, ao mesmo tempo, descaracteriza os objetos. As influências modernistas do prosaísmo, do folclore e do nivelamento dos temas facultaram, a partir de *Ritmo dissoluto*, a maneira nova, que se define em *Libertinagem*, consistindo (do ângulo que nos interessa agora) em recaracterizar os objetos perdidos na fluidez crepuscular, definir os sentimentos por um contorno nítido e ordenar uns e outros em espaços inventados ou observados com arbítrio muito mais poderoso.

Esta evolução permitiu duas consequências aparentemente contraditórias: de um lado, a adesão mais firme ao real, reforçando a naturalidade ameaçada pela deliquescência pós-simbolista; de outro lado, a criação de contextos insólitos, libérrimos, parecidos com os mundos imaginados, mas rigorosos, da arte moderna. E assim veremos, na sua poesia madura, o cotidiano tratado com um relevo que sublinha a sua verdade simbólica e, inversamente, o mistério tratado com uma familiaridade minuciosa e objetiva que o aproxima da sensibilidade cotidiana —, porque o poeta conquistou a posição-chave que lhe permite compor o espaço poético de maneira a exprimir a realidade do mundo e as suas mais desvairadas projeções.

Estas notas são vagas e esquemáticas; no entanto, a obra que constitui este livro é precisa, diversa, renovada em cada poema. Convém, portanto, convidar o leitor para uma segunda etapa na compreensão da poesia de Manuel Bandeira. Menos para aplicar os princípios sugeridos acima, do que para mostrar como é amplo o hiato entre a visão abstrata do conjunto e a experiência concreta das diferentes partes.

Interessados em profundar, tomemos um poema do polo onírico, onde as obsessões são mais nítidas e o trabalho criador aparece nos seus automatismos fundamentais. A partir dele, ficarão talvez mais claros diversos ingredientes da obra de Manuel Bandeira, e alguns dos temas que, nela, vinculam a euforia material dos sentidos à obsessão constante da morte e da destruição. "Canção das duas Índias", elaborado em torno do desejo e do seu obstáculo, parece corresponder a este requisito. Não se trata de afirmar que o estro do poeta repousa apenas nestes temas; ao contrário do que pensam alguns críticos modernos, é impossível desvendar o núcleo motivador de toda uma obra, se é que ele existe; o que podemos é descobrir uma pluralidade de focos, dos quais ela irradia.

Ao efetuar esta tentativa, não se desejou fazer uma análise

Estrela da vida inteira

psicológica do poeta — problema que não interessa aqui. E se foram utilizados elementos da sua psicologia individual (por ele próprio indicados em escritos autobiográficos), foi apenas como motivos da sua personalidade literária, isto é, da voz que institui os poemas, neles traçando o contorno de uma personagem. Tais motivos valem para o crítico na medida em que são componentes da estrutura do poema, e não na medida em que correspondem ao homem de carne e osso. Na análise abaixo, o elemento emocional manifestado no poema é tomado como matéria de artesanato —, pois a camada subterrânea, irracional e onírica, se organiza numa construção poeticamente lógica. Esta lógica da criação é que se procura estudar por meio de um exemplo representativo. Ele obrigará, conforme o bom método, a circular incessantemente entre a parte e o todo, a fim de que a função de cada traço seja iluminada pela visão global do poema. Deste modo, o conhecimento adequado de um poema ajuda a compreender o sistema geral da obra.

2.

A simples leitura da "Canção das duas Índias" basta para envolver o leitor num estranho sortilégio:

"Entre estas Índias de leste
E as Índias ocidentais
Meu Deus que distância enorme
Quantos Oceanos Pacíficos
Quantos bancos de corais
Quantas frias latitudes!
Ilhas que a tormenta arrasa
Que os terremotos subvertem

> Desoladas Marambaias
> Sirtes sereias Medeias
> Púbis a não poder mais
> Altos como a estrela-d'alva
> Longínquos como Oceanias
> — Brancas, sobrenaturais —
> Oh inaccessíveis praias!..."

Opondo-se a outros momentos mais conhecidos da obra de Manuel Bandeira, em que a linguagem propositadamente discursiva e a confissão quase direta criam, por um choque paradoxal, o clima poético, este parece à primeira vista dispensar um núcleo racional e cristalizar-se inteiramente à volta das imagens. Não estamos mais no universo lúcido e de escolha dirigida, na tranquila zona de luz em que o poeta, movendo-se com inigualável segurança, criou alguns dos mais altos poemas de nossa língua. Mas na zona de sombra, no universo onírico e sobretudo plástico, onde as imagens são descoordenadas e as associações inquietantes. É como se, abandonando a vigília, penetrássemos na franja noturna dos delírios e das alucinações do doente, quando os elementos do poema não são escolhidos com liberdade, mas impõem-se como inevitáveis. Aliás, o próprio Manuel Bandeira, analisando os seus processos criadores, tem-se referido mais de uma vez à constância com que, num certo período de sua vida, acontecia compor em transe, provocado quer pela febre, quer pelo cansaço ou pelo sonho. E é preciso não esquecer ainda a atração que sempre exerceram sobre o seu temperamento seco e racional, primeiro os *nonsenses* com que seu pai procurava amenizar-lhe a prostração de tuberculoso, mais tarde a exploração e valorização artística dos aspectos ilógicos do pensamento, que aprendeu provavelmente ao contacto das teorias surrealistas de André Breton.

Aceitemos pois inicialmente que a "Canção das duas Índias" se assemelha a um sonho — ou melhor, a um pesadelo. Se assim for, cada imagem pode ter um significado autônomo, ser a cristalização de um desejo, de um anseio ou de uma derrota. E da ligação entre elas é possível que surja aquela constelação restrita de sinais com que o poeta — à maneira do inconsciente no sonho — tenta confusamente se revelar. Como esses sinais obsessivos, justamente por exprimirem o Eu profundo, explodem a cada momento, nus ou camuflados, acabando por contaminar toda a obra, talvez sejamos obrigados a abandonar o poema a cada passo para ir buscando no restante da obra certas conexões ou variantes de imagens — da mesma forma que, para analisarmos um sonho, não podemos deixar de relacionar os seus vários elementos com todo o conjunto da vida afetiva.

Mas antes de começarmos a análise, verifiquemos se não seria possível reduzir o poema a uma estrutura racional. De fato — existe um núcleo lógico escondido que, como uma espinha dorsal, sustenta a floração fantástica das imagens. É um núcleo tão simples e esquemático, que ao descobri-lo nos sentimos um pouco logrados, como se tivéssemos sido vítimas de uma artimanha maliciosa. A "Canção das duas Índias", deste prisma, é apenas uma asserção que poderíamos formular da seguinte maneira: "Entre as Índias de leste e as Índias ocidentais a distância é muito grande e as inúmeras dificuldades tornam o percurso intransponível".

De fato, nos três primeiros versos Manuel Bandeira faz apenas uma constatação:

"Entre estas Índias de leste
E as Índias ocidentais
Meu Deus que distância enorme";

do 4º ao 13º verso, limita-se a uma enumeração exaustiva e angustiada dos elementos que se interpõem entre os dois pontos geográficos: oceanos, bancos de corais, ilhas, tormentas, terremotos, Marambaias, sirtes, sereias, Medeias, púbis — elementos que ora parecem significar obstáculos e dificuldades, ora objetos fugidios e inatingíveis; e nos dois últimos versos conclui que o alvo desejado é mesmo inaccessível:

"Oh inaccessíveis praias!..."

Mas ignoremos este sentido lógico e aparente da poesia para atentarmos justamente ao desenrolar das imagens: organizando-se diante dos nossos olhos com poderosa força plástica, elas formam um amplo panorama marítimo. Esta "marinha" *sui generis*, contudo, não é uma transposição fiel da natureza, um quadro "realista"; não é ainda uma realidade transfigurada pela emoção, um seu correlativo exterior — como são as paisagens de Van Gogh, por exemplo. A sua dramaticidade típica, o seu caráter insólito, derivam da invenção de um espaço irreal e arbitrário, onde se avizinham, colocados na mesma perspectiva, os objetos mais díspares: lugares geográficos, acidentes meteorológicos, seres da Mitologia e partes do corpo feminino. O resultado final é a visão onírica já apontada, não muito rara em Manuel Bandeira e que, se aflora em vários de seus poemas, alcançando em alguns expressão muito pura, como n'"A Virgem Maria" e em "Noturno da Parada Amorim", atinge aqui a mais perfeita expressão plástica. Esta é a grande tela surrealista do poeta, a sua marinha à De Chirico ou, antes, à Max Ernst.

Sabemos que Manuel Bandeira é um auditivo e que talvez possua o ouvido mais afinado de toda a moderna poesia brasileira. Ouvido para a musicalidade de um ritmo ou de um verso, para a escolha exata da sonoridade de uma palavra, para a transposição no plano verbal de uma atmosfera que parecia tipicamente musical, como no poema "Debussy". Vindo da musicalidade obsessiva do simbolismo, a sua evolução poética se processou no sentido do abandono gradativo do universo melódico por um novo espaço mais vizinho da música contemporânea, isto é, não mais fluido e sim anguloso e fragmentado, às vezes baseado no contraponto, jogando usualmente com as dissonâncias. Em *Itinerário de Pasárgada* [1954] expõe como utilizou um desses processos emprestados à música, quando, na "Evocação do Recife", abemolou a palavra Capiberibe para conseguir uma variante de meio-tom ("Capiberibe, Capibaribe"). E se percorrermos rapidamente os títulos dos seus poemas, observaremos a mesma mania musical: acalanto, canção (inúmeras), balada, cantiga, cantilena, comentário musical, desafio, improviso, madrigal, rondó, noturno, tema e variações, tema e voltas, berimbau, macumba etc.

No entanto, numa obra assim marcadamente musical, a "Canção das duas Índias" não é a pausa plástica, não representa a única transposição para a palavra dos processos característicos da pintura. Seria fácil descobrir noutros poemas uma série de reminiscências pictóricas, de que apenas algumas nos interessarão aqui. No retrato feminino de "Peregrinação", por exemplo, é de Picasso ou de Braque que imediatamente nos lembramos, vendo o poeta apreender a realidade exterior fracionada, duma pluralidade de ângulos:

> "Quando olhada de face, era um abril;
> Quando olhada de lado, era um agosto!
> Duas mulheres numa: tinha o rosto
> Gordo de frente, magro de perfil."

É como se a nitidez cortante da percepção cubista satisfizesse àquela parte do seu temperamento que, oposta à face fantástica e ilógica, ansiava pela ordem e pela clareza visual. "Maçã", "Água-forte", "Carta de brasão" são poesias construídas segundo a mesma técnica de oposição marcante de cores ou de superfícies, de espaços plenos e espaços vazios alternando-se secamente, sem o recurso tradicional das "passagens":

"O preto no branco
O pente na pele";

ou

"Escudo vermelho nele uma Bandeira
Quadrada de ouro
E nele um leão rompente
Azul, armado."

Mas é na "Balada das três mulheres do sabonete Araxá" que a transposição se torna mais sutil. Sabemos — ainda através do próprio testemunho de Manuel Bandeira — que esta poesia foi toda elaborada com a justaposição de versos inteiros ou pedaços de versos de poetas heterogêneos e de valor desigual como Bilac, Oscar Wilde, Castro Alves, Shakespeare e Luís Delfino... Os trechos escolhidos eram propositadamente cediços, aqueles que à força de serem repetidos e decorados haviam perdido a carga emotiva; enfim, tinham sido reduzidos a chavões ou frases feitas, a puros objetos, sem qualquer significação. Ora, escolhendo justamente essas frases degradadas e juntando-lhes o anúncio vulgar de um sabonete barato, para com estes elementos compor o espaço poético, Manuel Bandeira repetia no plano da palavra a experiência dos cubistas e surrealistas nas colagens (*papiers collés*). Erguia-as do entulho estético a que o gosto médio as havia reduzido para de novo insuflar-lhes o sopro da Poesia, da mesma forma que os pintores retiravam dentre os detritos da cesta de papel os pregos, rolhas, caixas de fósforos vazias, pedaços de barbante e de estopa com que iriam trabalhar a superfície da tela. Num caso como no outro, a emoção artística surgia dessa *promoção do objeto*, que, colocado num contexto novo, irradiava magicamente à sua volta um novo espaço artístico, onde ao fluente encadeamento lógico se substituía uma organização de choque. O brusco encontro de um prego com um pedaço roído de madeira e um fragmento de jornal era, no plano plástico, o que era, na poesia, a combinação de versos gastos e desemparceirados, com trechos de prosa vulgar:

> "A mais nua é doirada borboleta.
> Se a segunda casasse, eu ficava safado da vida, dava
>   [para beber e nunca mais telefonava.
> Mas se a terceira morresse... Oh, então, nunca mais a
>   [minha vida outrora teria sido um festim!"

Mas voltando ao nosso poema, já vimos que o confronto inicial entre as Índias de leste e as Índias ocidentais é o eixo lógico da poesia; é possível, portanto, que também seja a metáfora que nos irá dar a sua chave. Se deixarmos a palavra nas suas duas variações ressoar em nossa imaginação, desencadeando as associações mais fáceis, veremos que ela nos evoca a infância, a lembrança dos primeiros conhecimentos de História, quando os descobridores, tendo-se posto ao mar em busca de novas terras e à procura de um paraíso sonhado (as Índias de leste), vieram, depois de vicissitudes (por engano ou por acaso), dar às costas de uma terra desconhecida (a América, as Índias ocidentais). A metáfora simboliza, portanto, uma frustração, o contraste existente entre aquilo que o poeta se propõe alcançar e aquilo que de fato acaba alcançando, a distância que vai da aspiração à realidade. Referindo-se às Índias, ele, na verdade, está aludindo de maneira metafórica e desesperada ao equívoco de sua vida, que em outros poemas é exposto, ora de maneira explícita e tranquila, como em "Testamento":

> "Criou-me, desde eu menino,
> Para arquiteto meu pai.
> Foi-se me um dia a saúde...
> Fiz-me arquiteto? Não pude!
> Sou poeta menor, perdoai!"

ora através do humor negro de "Pneumotórax":

> "Febre, hemoptise, dispneia e suores noturnos.
> A vida inteira que podia ter sido e que não foi."

O pungente sentimento de frustração é, aliás, um de seus temas obsessivos, podendo afetar as formas mais diversas e dar origem inclusive ao tema da evasão, de que "Vou-me embora pra Pasárgada" é o exemplo clássico. Neste mito poético — um dos mais populares de toda a moderna poesia brasileira — é comovente ver o poeta realizar, no mundo imaginário onde se refugiou de suas derrotas, justamente aquelas ações insignificantes que compõem a rotina de uma menino sadio:[2]

> "E como farei ginástica
> Andarei de bicicleta
> Montarei em burro brabo
> Subirei no pau de sebo
> Tomarei banhos de mar!"

Mas essa sensação de felicidade conseguida através da fantasia é sempre provisória. A oposição entre uma natureza apaixonada que aspirava à plenitude, e o exílio em que a doença o obrigará a viver, marcarão profundamente a sua sensibilidade, traduzindo-se, no plano estrutural, pelo gosto das antíteses, dos

---

[2] A observação é de Sérgio Buarque de Holanda.

paradoxos, dos contrastes violentos; no plano emocional, por um movimento polar, uma oscilação constante que, no decorrer da obra, vai alternar a atitude de serenidade melancólica e o sentimento de revolta impotente. Revolta e desespero que já vinham explodindo esporadicamente desde a mocidade e que em *Ritmo dissoluto* encontraram expressão patética em "Mar bravo":

> "Mar que arremetes, mas que não cansas,
> Mar de blasfêmias e de vinganças,
> Como te invejo! Dentro em meu peito
> Eu trago um pântano insatisfeito
> De corrompidas desesperanças!..."

Mas tomemos um exemplo que parece extremamente claro. Manuel Bandeira tem dois poemas com o mesmo nome: "Belo belo". O primeiro está na *Lira dos cinquent'anos* [1940], o segundo na coletânea *Belo belo* [1948]. Ora, a identidade dos títulos esconde, numa intenção irônica, posições diametralmente opostas em face da mesma situação. No primeiro, fazendo seus os versinhos eufóricos da canção popular —

> "Belo belo belo,
> Tenho tudo quanto quero"

— proclama que, para ele, a felicidade não consiste em poder realizar as ações mais terrenas:

> "Não quero amar,
> Não quero ser amado.
> Não quero combater,
> Não quero ser soldado",

nem reside nos momentos exaltados de exceção:

> "Não quero o êxtase nem os tormentos.
> Não quero o que a terra só dá com trabalho"

mas sim na

> "delícia de poder sentir as coisas mais simples."

O segundo poema é, no entanto, o oposto simétrico do primeiro e substitui a atitude construída de sereno conformismo pelo seu avesso amargo e secreto:

> "Belo belo minha bela
> Tenho tudo que não quero
> Não tenho nada que quero".

Agora, o que confessa desejar intensamente não são as coisas com que a vida o brindou, acidentais e dispensáveis:

> "Não quero óculos nem tosse
> Nem obrigação de voto";

mas as coisas essenciais, que por isso mesmo estão, sem remédio, fora de seu alcance:

> "Quero quero
> Quero a solidão dos píncaros
> A água da fonte escondida
> A rosa que floresceu
> Sobre a escarpa inacessível".

Podíamos prosseguir nessa análise, mostrando que grande parte da obra de Manuel Bandeira se reduz a esse interminável contraponto. Mas o exemplo citado basta para afirmarmos que o movimento dialético expresso de maneira organizada e racional nos dois poemas chamados "Belo belo" é o mesmo que, na "Canção das duas Índias", está sintetizado de maneira breve e metafórica nos três primeiros versos. Em vez de queixar-se com lucidez o poeta passa a mover-se na atmosfera de presságios e adversidades, que encontra eco n'"O lutador", por exemplo:

> "Buscou no amor o bálsamo da vida,
> Não encontrou senão veneno e morte.
> Levantou no deserto a roca-forte
> Do egoísmo, e a roca em mar foi submergida!"

Como neste poema, com que tanto se assemelha, tudo na "Canção das duas Índias" são obstáculos que se interpõem entre o poeta e o seu intento. E mesmo as ilhas, que surgem povoando a solidão tumultuosa das águas, longe de serem pousos provisórios onde as forças possam refazer-se antes de prosseguir caminho, são, como a distância, os oceanos, as frias latitudes, os bancos de corais, novas armadilhas do destino — terras incertas, prestes a submergir:

> "Ilhas que a tormenta arrasa
> Que os terremotos subvertem".

Ou, como as "desoladas Marambaias", são estranhas extensões de terra onde, como num falso continente, o náufrago poderá se demorar para sempre.

Aliás, a restinga de Marambaia evocada é um elemento muito importante, no qual nos devemos deter um momento. Surge pela primeira vez na "Oração no Saco de Mangaratiba", e para entendermos o símbolo em toda a sua significação, temos de nos reportar não só a este pequeno poema, como à sua gênese, tal como vem descrita em *Itinerário de Pasárgada* e na crônica "História de um poema", do livro *Flauta de papel* [1957]. Nestes dois trechos, Manuel Bandeira conta de que maneira, voltando certa vez de canoa de um sítio em Mangaratiba, encontrou um inesperado vento noroeste que, empurrando teimosamente a embarcação para longe de seu destino, quase deu com ele na restinga de Marambaia. O episódio impressionou-o vivamente, e assim que se viu em terra, ainda no subdelírio do cansaço, compôs um poema muito longo que posteriormente não soube reproduzir, dele restando apenas o resíduo que intitulou "Oração no Saco de Mangaratiba":

> "Nossa Senhora me dê paciência
> Para estes mares para esta vida!
> Me dê paciência pra que eu não caia
> Pra que eu não pare nesta existência
> Tão mal cumprida tão mais comprida
> Do que a restinga de Marambaia!..."

Ora, tanto aqui como na "Canção das duas Índias", a restinga — curiosa língua de terra, ao modo de uma ilha estreita e alongada — surge não só como símbolo da vida estéril mas, sobretudo, de terra a que se chega por engano e não por deliberação. É portanto um reforço do tema da frustração que, no início do poema, já fora expresso na metáfora das duas Índias.

Esta frustração, no entanto, não parece ser genérica — de "a vida inteira que podia ter sido e que não foi" —, e a partir do 10º verso as imagens nos autorizam a pensar que o poeta está se referindo aos desencontros no amor, pois as imagens do 11º e do 12º versos encontram inúmeras ressonâncias em sua temática amorosa. Nesta, ocorrem dois símbolos que o perseguem de modo obsessivo: a *rosa* e a *estrela*. O primeiro, herança provável do Romantismo, é, ora o corpo da mulher amada:

> "Teu corpo é tudo o que cheira...
> Rosa... flor de laranjeira..."

ora a virgindade:

> "Não sei em que astutos dedos
> Deixei a rosa da inocência
>
> — O que me darás donzela,
> Por preço de meu amor?
> — Minha rosa e minha vida..."

ora o próprio sexo:

> "Em meio do pente,
> A concha bivalve
> Num mar de escarlata.
> Concha, rosa ou tâmara?"

Talvez queira designar, com a palavra *rosa*, o aspecto mais acessível do amor, pois com exceção do "Soneto italiano", onde se refere à "rosa mais alta no mais alto galho", ela está na maioria das vezes mais ao alcance da mão —

> "Tão pura e modesta,
> Tão perto do chão"

— do que a estrela, que, do céu onde se encontra, envia ao poeta apenas o reflexo de seu brilho:

> "Vi uma estrela tão alta,
> Vi uma estrela tão fria!
> Vi uma estrela luzindo
> Na minha vida vazia."

A *estrela*, ao contrário, parece na maioria das vezes representar o ângulo atormentado do amor, e a fugidia estrela da manhã, em cuja busca o poeta invoca o auxílio dos amigos e dos inimigos, assume deste modo um valor de paradigma:

"Eu quero a estrela da manhã
Onde está a estrela da manhã?
Meus amigos meus inimigos
Procurem a estrela da manhã".

Assim a estrela também simboliza o amor, e no poema "Belo belo" (da *Lira dos cinquent'anos*) é do seu exemplo que lança mão quando deseja exprimir a hierarquia entre os vários amores que teve: uns profundos, que permanecem intactos em sua lembrança, apesar do correr dos anos, e continuam a iluminar-lhe a existência da mesma forma que as constelações há muito extintas continuam a brilhar no firmamento; outros breves e de passagem, que atravessaram a sua vida com a rapidez das estrelas cadentes riscando o céu:

"Tenho o fogo de constelações extintas há milênios.
E o risco brevíssimo — que foi? passou! — de tantas
[estrelas cadentes."

Existindo autônomos e exprimindo talvez aspectos diversos, mas complementares do amor, os dois termos podem, entretanto, surgir no *mesmo* contexto:

"Quero a solidão dos píncaros
A água da fonte escondida
A *rosa* que floresceu
Sobre a escarpa inacessível
A luz da primeira *estrela*
Piscando no lusco-fusco".

Neste caso particular, a conjugação rosa-estrela (rosa inacessível, estrela distante), a que se vem juntar o reforço "água da fonte escondida" e "solidão dos píncaros", é utilizada para traduzir os múltiplos aspectos do desejo insatisfeito. Mas numa outra poesia, "Sob o céu todo estrelado", a aproximação das duas palavras seguidas de seus atributos característicos — estrela distante e rosa ao alcance da mão — equivale a um esforço de harmonia, a um equilíbrio de contrários, e a impressão provocada no leitor não é mais de derrota e sim de calma e doçura:

> "As *estrelas*, no céu muito límpido, brilhavam,
> [divinamente *distantes*.
> Vinha da caniçada o aroma amolecente dos jasmins.
> E havia também, num canteiro *perto*, *rosas* que
> [cheiravam a jambo."

Poder-se-ia objetar que aqui não estamos diante de uma poesia amorosa, mas de uma poesia puramente descritiva, na linha das de Ribeiro Couto, por exemplo. Mas em outro momento de nítida feição amorosa, "A estrela e o anjo", a conexão "rosa-estrela" (neste caso na variante Vésper) não deixa mais dúvidas quanto ao seu significado profundo e simboliza a plenitude carnal, numa das mais belas metáforas do êxtase amoroso:

> "Vésper caiu cheia de pudor na minha cama
> Vésper em cuja ardência não havia a menor parcela de
> [sensualidade
> Enquanto eu gritava o seu nome três vezes
> Dois grandes botões de rosa murcharam
> E o meu anjo da guarda quedou-se de mãos postas no
> [desejo insatisfeito de Deus."

Em "Canção das duas Índias", ao contrário, a conexão "rosa-estrela" aparece na variante mais crua "púbis-estrela-d'alva" e, como já dissemos, numa atmosfera de pesadelo. Os símbolos que a acompanham são também de uma precisão crescente e de uma crueldade progressiva:

> "Púbis a não poder mais
> Altos como a estrela-d'alva
> Longínquos como Oceanias
> — Brancas, sobrenaturais —
> Oh inaccessíveis praias!..."

Aliás, a impressão de delírio encontra-se sublinhada pelo próprio ritmo da poesia que, construída em setissílabos, se abre num balanceado de onda, para alcançar largueza e amplidão nas repetições iniciais do 4º, 5º e 6º versos. Daí em diante penetramos no clima alucinatório, quando as palavras se tornam ásperas, as imagens se atropelam aparentemente sem ligação umas com as outras e o nosso olhar as segue à flor da água, num voo rasante de câmara fotográfica:

> "Sirtes sereias Medeias".

Quase as ouvimos estalar, secas e rápidas como relâmpagos, invocando-nos com o apelo encantatório das vogais. Mas logo o ritmo novamente se alarga e o nosso olhar sobe primeiro ao céu para, depois, descer até o horizonte distante, onde se perde no cansaço e na desistência:

> "Oh inaccessíveis praias!..."

O vertiginoso relance

Não será difícil apontar na literatura feminina a vocação da minúcia, o apego ao detalhe sensível na transcrição do real, características que, segundo Simone de Beauvoir, derivam da posição social da mulher. Ligada aos objetos e deles dependendo, presa ao tempo, em cujo ritmo se sabe fisiologicamente inscrita, a mulher desenvolve um temperamento concreto e terreno, movendo-se como coisa num universo de coisas, como fração de tempo num universo temporal. A sua é uma vida refletida, sem valores, sem iniciativa, sem acontecimentos de relevo, e os episódios insignificantes que a compõem, de certo modo só ganham sentido no passado, quando a memória, selecionando o que o presente agrupou sem escolha, fixa dois ou três momentos que se destacam em primeiro plano. Assim, o universo feminino é um universo de lembrança ou de espera, tudo vivendo não de um sentido imanente mas de um valor atribuído. E como não lhe permitem a paisagem que se desdobra para lá da janela aberta, a mulher procura sentido no espaço confinado em que a vida se encerra: o quarto com os objetos, o jardim com as flores, o passeio curto que se dá até o rio ou a cerca. A visão que constrói é por isso uma visão de míope, e no terreno que o olhar baixo abrange, as coisas muito próximas adquirem uma luminosa nitidez de contornos.

Foi essa miopia que Clarice Lispector, em seu último e admirável romance,[1] transferiu, de maneira muito curiosa, da apreensão do real para a apreensão das essências e do tempo. Indiferente ao aspecto exterior, ela procura penetrar no que há de escondido e secreto nas coisas, nas emoções, nos sentimentos, nas relações entre os seres; indiferente à organização dos acontecimentos num largo esquema temporal, onde passado, presente e futuro são etapas de uma sequência, ela concebe um tempo fracionado, feito de pequenos segmentos de duração que, recompondo-se incessantemente, só podem ser divisados de muito perto e num lampejo. Para ela o fluxo temporal é apenas essa soma de instantes, e a preocupação em fixar o "urgente instante de agora", traduz-se no próprio estilo, na constância com que o termo "instante" volta de maneira obsessiva à sua pena e, sobretudo, com que se serve, exaustivamente, de todos os advérbios e locuções temporais que, não raro, enfeiam pela repetição contínua a sua bela prosa: "então" — "agora" — "depois" — "subitamente" — "um instante a mais" — "imediatamente" — "após um instante" — "um passo a mais" — "em breve" — "por um breve segundo" — "no instante seguinte" — "nesse momento" — "enquanto isso" — "nesse ínterim" — "a essa altura" — "nesse intervalo" — "nessa fração de segundo".

O que a romancista visa é apreender o instante exemplar, aquela ínfima parcela de duração capaz de iluminar com o seu sentido revelador toda uma sequência de atos; mas apreender a olho nu, sem subterfúgios, "num vertiginoso relance". A sua técnica será assim bastante diversa da de outros criadores que, preocupados também com o momento significativo, dilatam-no, ampliam-no para melhor apreender-lhe o significado. É o caso de

---

[1] *A maçã no escuro* (Rio de Janeiro, Francisco Alves, 1961). Os números das páginas citadas neste ensaio correspondem a essa edição. [N. da E.]

O vertiginoso relance

Eisenstein, no cinema, que nas cenas antológicas da escadaria de Odessa, em *O encouraçado Potemkin*, e da abertura da ponte, em *Outubro*, monumentalizou o instante, criando um tempo fictício e dramático. Desse modo, o que se tem diante dos olhos é um instante visto ao microscópio, um tempo reduzido que jamais escoa — os soldados descendo ininterruptamente a escada, a ponte nunca terminando de abrir. Um instante, por conseguinte, em que a instantaneidade é negada, da mesma maneira que o microscópio nega, na estrutura imprevista da lâmina de um tecido, a realidade que o olho nu apreende. Aqui, a duração insignificante é convertida em duração significante, num tempo dissecado que o olhar pode apreender e medir livremente. Nada mais diverso da atitude orgulhosa de Clarice Lispector que, aceitando a aposta, se debruça atenta sobre o fluir do tempo, procurando sujeitar à palavra "esse instante raro" — em que "ainda não aconteceu", "ainda vai acontecer", "quase já aconteceu". O seu desejo é transmitir ao leitor a sensação de "estar presente no momento em que acontece o que acontece", pois tem a convicção de que "olhadas de perto as coisas não têm forma, e que olhadas de longe as coisas não são vistas e que para cada coisa só há um instante". Ela é, assim, o que se poderia chamar de "romancista do instante", no sentido, por exemplo, em que há romancistas do presente e romancistas da memória. E com o tempo escasso que medeia entre o ser e o nada, tece toda a sua narrativa.

É na página 129 d'*A maçã no escuro* que se encontra o trecho mais característico da maneira da romancista apreender o sentido das coisas; aquele onde melhor vem expressa a filosofia do instante, de que o livro é uma exaustiva aplicação:

> "E a coisa se fez de um modo tão impossível — que na impossibilidade estava a dura garra da beleza. São momentos que não se narram, acontecem entre trens que passam ou no

ar que desperta nosso rosto e nos dá o nosso final tamanho, e então por um instante somos a quarta dimensão do que existe, são momentos que não contam. Mas quem sabe se é essa ânsia de peixe de boca aberta que o afogado tem antes de morrer, e então se diz que antes de mergulhar para sempre um homem vê passar a seus olhos a vida inteira; se em um instante se nasce, e se morre em um instante, um instante é bastante para a vida inteira."

Para Clarice Lispector um instante será suficiente para toda a narrativa. E a sua tarefa vai ser, justamente, a de narrar esses "momentos que não se narram", de dar relevo aos "momentos que não contam" e que em geral deixamos escapar, porque acontecem enquanto estamos desprevenidos. — No entanto, só eles são significativos, pois revelam o que de mais profundo há em nós, o nosso "final tamanho". Seu objetivo será (para lhe aplicar a sua própria imagem reveladora) surpreender num lúcido lampejo todo o sentido da vida, "com essa ânsia de peixe de boca aberta que o afogado tem antes de morrer".

Contudo, se a sua aspiração é deter o instante, como fazer para não lhe negar a fugacidade? Pois se o que define o instante é ser efêmero, fixando-o estamos negando a sua verdade essencial, transformando-o num eco, numa ressonância de significação, como "a dor [que] ficara na carne quando a abelha já está longe". Se nossa percepção do mundo está sempre atrasada em relação ao constante vir a ser, como apreender o instante, essa espécie de pregnância do presente, se aquilo que acabamos de apreender já se projetou no passado, "como quando um relógio para de bater e só então nos adverte que antes batia"? Como fixar o instante, se a partir do momento em que surpreendemos a realidade ela não é mais o real que visávamos, mas a sua própria negação?

"Por exemplo, um passarinho estava cantando. Mas do momento em que Martim tentou concretizá-lo, o passarinho deixou de ser um símbolo e de repente não era mais aquilo que se pode chamar de passarinho." (p. 154)

De que modo apreender a realidade, se o próprio ato de apreensão destrói magicamente o objeto percebido, despojando-o de toda a sua riqueza diferenciadora?

"Como quem não conseguisse beber a água do rio senão enchendo o côncavo das próprias mãos — mas já não seria a silenciosa água do rio, não seria o seu movimento frígido, nem a delicada avidez com que a água tortura pedras [...] Seria o côncavo das próprias mãos." (p. 192)

Decifrado assim no nível subterrâneo da palavra, dos cacoetes verbais, das imagens, *A maçã no escuro* revela uma tensão dilacerada entre uma aspiração (apreender o instante) e a impossibilidade de realizá-la (o instante é inacessível); revela a oscilação constante entre a tentativa e a renúncia. E creio que é o desespero ante a difícil tarefa que se propôs realizar, e cuja dificuldade a romancista proclama com certo orgulho — pois "na impossibilidade estava a dura garra da beleza" — que a leva a perseguir uma realidade que lhe escapa entre os dedos, não só com as locuções de tempo — como já vimos — mas com as imagens que vai multiplicando ininterruptamente, com as comparações encadeadas, quase sempre de uma beleza fulgurante. A cada obstáculo opõe um novo exemplo, uma nova metáfora, uma diversa astúcia verbal, dissimulando em cada canto de sua prosa uma armadilha, onde essa caçadora de colibris tenta aprisionar o que há de mais arisco e impreciso.

E como a realidade é fugidia e está perenemente se transformando, quando descreve um rosto é ainda ao detalhe indefinível que a romancista vai se apegar, não se empenhando, por exemplo, em surpreender a cor dos olhos de seu personagem, mas o fato deles serem "positivos", "sabidos" ou "aflitos"; não tentando precisar os traços da fisionomia, pois eles são "tanto mais indecisos quanto se podia imaginar que eles poderiam se desmanchar para formar novo conjunto, tão prudente em não se definir quanto o primeiro". Para Clarice Lispector, há por toda a parte uma complexidade profunda que a aparência procura camuflar, e por isso está sempre virando a realidade de diante para trás, desconfiada de que é no avesso da trama que poderá decifrar, afinal, o jogo escondido dos fios, a laboriosa combinação das cores, a verdade secreta das figuras. Suspeita de tudo, até mesmo das palavras, cujas conotações gastas, sempre aquém da riqueza dos sentimentos, procura compensar por novas combinações: "Não era ódio — era amor ao contrário, e ironia, como se ambos desprezassem a mesma coisa".

Nesse jogo de procura insaciável de ajustamento entre a expressão e o conteúdo, acrescenta realmente à gama dos sentimentos humanos uma dimensão insuspeitada, uma sutileza quase nunca arbitrária, sempre reveladora. E como descreve as coisas pelo avesso, quando se volta para a realidade exterior detém-se de preferência não no que os sentidos apreendem, mas no que deixam escapar, evitando as zonas de luz para se perder na imprecisa área de sombra onde os contornos submergem. Procura sentir "o seco cheiro de pedra exasperada que o dia tem no campo", ou a "aguda falta de cheiro que é peculiar a um ar muito puro e que se mantém distinta de qualquer outra fragrância". Procura divisar na noite a "secreta urdidura com que o escuro se mantém", ou habituar o ouvido "à música estranha que de noite se ouve e que é feita da possibilidade de alguma coisa piar e da fricção delicada do silêncio contra o silêncio". E de tal forma desenvolverá a sua acuidade, que saberá distinguir entre este silêncio noturno, feito de expectativa e sobressalto, e o silêncio impiedoso, desolado, do sol a pino: "O silêncio do sol era tão total que seu ouvido, tornado inútil, experimentou dividi-lo em etapas imaginárias como num mapa para poder gradualmente abrangê-lo".

O inaccessível, o inexprimível, aquilo que não tem cheiro e não tem cor, aquilo que ainda não foi dito... O livro de Clarice Lispector é uma luta contra o instante fugaz, um esforço desesperado para deter o tempo, fixar o momento num relance, definir o que não se define, surpreender o surdo rumor do silêncio, devolver à luz as formas que a escuridão dissolve. Por isso (na escala dos sentimentos) quando focaliza o amor não acompanha a sua lenta metamorfose, preferindo estar presente no momento em que ele desabrocha.

Absorta, com o rosto inclinado, Ermelinda descaroça o milho. É uma tarde, "no meio da vaguidão do campo". Ao longe, Martim aparece e desaparece do campo visual da moça. Ela o avista trabalhar, distraída, mas de repente se sente viva,

> "como se fruísse de um desfalecimento e de um calor. As marteladas do homem batiam como um coração no campo. Seu rosto inclinado para o milho não via Martim. Mas a cada martelada ele dava enfim matéria ao campo desfraldado, e dava ao corpo daquela moça, tão vago, um corpo. Ermelinda sentiu uma moleza envergonhada contra a qual, sem motivo nenhum, lutou erguendo a cabeça com certo brio. É verdade que seu desafio não conseguiu se sustentar por muito tempo, e aos poucos a cabeça pesada de novo se inclinou meditando. [...]
> Foi então que levantou a cabeça e fitou o ar com alguma intensidade. É que alguma coisa branda e insidiosa se misturara a seu sangue, e ela se lembrou de como se falava de amor como de um veneno, e concordou submissa. Era algu-

ma coisa adocicada e cheia de mal-estar. Que ela, conivente, reconheceu com suavidade supliciada como uma mulher que apertando os dentes reconhece com altivez o primeiro sinal de que a criança vai nascer. Reconheceu, pois, com alegria e impassível resignação, o ritual que se fazia nela. Então suspirou: era a gravidade pela qual ela esperara a vida inteira." (p. 95)

O trecho é longo, mas teria sido difícil citá-lo pela metade. Pois é nesse amor que ainda não existe, que apenas acaba de se revelar, e se oferece à personagem como uma presença mas ainda não como um contacto ou uma participação de dois seres; que por enquanto é apenas uma promessa de amor — é nele que a romancista situa o momento da plenitude. Para ela o que importa é, na verdade, o ritual da espera, a laboriosa preparação para o "instante em que uma mulher vai ser de um homem", o universo mágico que a expectativa cria. A comunicação com o objeto amado, longe de levar o sentimento ao seu ponto de saturação, vai destruí-lo, fazer com que ele se desagregue, se decomponha:

"E ela, ela olhou para o estranho. Antes houvera na moça um silencioso calor de comunicação dela para ele, feito de súplica, doçura e uma espécie de confiança. Mas diante dele, para a sua surpresa, parecia ter cessado mesmo o amor. E jogada na situação que ela criara, sentindo-se sozinha e intensa, se ali se mantinha era apenas por determinação. [...] E no momento em que ele afinal ficou bem à sua frente, ela o olhou com ressentimento como se não fosse ele quem ela estivesse esperando, e lhe tivessem enviado apenas um emissário com uma mensagem: 'o outro não pôde vir'." (pp. 176-7)

Assim, da mesma maneira por que a percepção destrói a realidade em constante vir a ser — e o passarinho que concretizamos não é mais passarinho, a água do rio que aprisionamos nas mãos é apenas o côncavo das próprias mãos —, também a relação entre os sexos, uma vez explodida, tende a se anular. E se tudo traz no bojo o fermento de sua destruição, é natural que o amor também se coloque, para a personagem feminina de Clarice Lispector, como um querer e não querer ("Tinha querido tanto ter um amante! Mas agora parece que não queria mais"); como um sentimento de que só tomamos plena consciência quando já se delineia a sua perda: "Assim, pois, Ermelinda só soube que o amava quando o homem deu um passo e ela pensou que ele estava indo embora. Num susto, estendeu uma mão para retê-lo".

É verdade que, para a romancista, a impossibilidade de comunicação não é característica do amor, mas das relações entre os seres em geral. No livro, as personagens vivem como que em pé de guerra, medindo-se constantemente com o olhar, aceitando a raiva mútua "como inimigos que se respeitam antes de se matar". Mas é entre o homem e a mulher que o desentendimento se torna agudo. De tal forma que, nos raros momentos em que a comunicação se esboça, o ritmo de abandono e recuo, de entrega e contenção, organiza os movimentos num bailado grotesco e caricato, como se cada gesto contivesse em si o gesto oposto, a sua própria negação:

"Martim estendeu uma mão impulsiva. Mas como a mulher não esperara o gesto, atrasou-se espantada em estender a sua. Nessa fração de segundo, o homem recolheu sem ofensa a própria mão — e Vitória, que já agora adiantara a sua, ficou com o braço inutilmente e dolorosamente estendido, como se tivesse sido iniciativa sua a de procurar — num gesto que se tornou de repente de apelo — a mão do homem. Martim, percebendo a tempo o braço magro estendido, precipitou-se emocionado com as duas mãos estendidas, e apertou calorosamente os dedos gelados da mulher, que não pôde conter um movimento de recuo e medo.

— Magoei-a?! gritou ele.

— Não, não! protestou ela aterrorizada.

Então ficaram em silêncio. A mulher não disse mais nada. Algo tinha definitivamente terminado." (pp. 364-5)

No livro de Clarice Lispector tudo deriva da sua filosofia do instante. É que ela rege o seu universo imaginário e explica os cacoetes verbais, a atração irresistível para as imagens e comparações, para o impreciso e o indefinível. É ela que explica a sua atitude em face do amor, a sua convicção melancólica do desentendimento entre as pessoas. Mas debruçando-se atenta sobre o instante exemplar, a romancista procura surpreender, para lá da fuga da hora e da solidão irremediável dos seres, a trajetória de um homem. Portanto, mudando agora de perspectiva, é necessário abandonar a significação do romance no nível oculto do estilo, procurando-a na realidade mais aparente do enredo, dos atos e comportamentos das personagens.

O enredo é simples. — Tendo cometido um crime, Martim foge da cidade e chega a uma fazenda, propriedade de Vitória, mulher solteira que já começa a envelhecer. Interessado em refugiar-se aí, aceita desempenhar, em troca de pousada e alimento, os trabalhos grosseiros que Vitória está disposta a atribuir-lhe. Além desta, moram no sítio uma parenta sua, Ermelinda, moça e viúva, e a cozinheira mulata com uma filha pequena. A chegada de Martim perturba o isolamento em que as mulheres vivem e, aos poucos, o ritmo pacato da vida de Vitória e Ermelinda se modifica — a presença inquietante do homem pondo em relevo os problemas pessoais de cada uma. Levado pelo instinto, Martim, uma tarde, acaba possuindo a mulata e, logo mais, cedendo ao cerco de Ermelinda, torna-se seu amante. Para Vitória, também apaixonada pelo estranho, o amor se revela sob a forma de tortura; tortura que impõe a Martim através de tarefas cada vez mais árduas, e a si, pela renúncia. Por orgulho, e talvez por medo de seus sentimentos, acaba denunciando-o à polícia. Mas o interlúdio da fazenda, os trabalhos humildes que é obrigado a desempenhar, o contacto diário com a terra e os animais, a experiência do próximo e a meditação sobre o crime, significam a Martim o aprendizado da vida, a que a prisão, finalmente, põe termo.

Quando o livro começa, Martim está fugindo, e aos poucos, e de maneira confusa, percebemos que assassinou — ou tentou assassinar — a mulher. No entanto, o crime em si não tem a menor importância, não é um ato concreto cujos móveis nos interessem, mas um crime abstrato, a última tentativa de um homem alienado conquistar a liberdade. O crime é pois concebido, paradoxalmente, não como uma barreira ou uma derrota, mas como "o grande pulo cego", "a espantada vitória", o último gesto livre a partir do qual Martim pode, enfim, construir com as próprias mãos o seu destino. Como um divisor de águas, o grande "ato de cólera" separa a existência condenada da existência escolhida; é o auge do mal, a partir do qual a inocência vai ser possível: "Desta hora em diante teria a oportunidade de viver sem fazer o mal porque já o fizera: ele era agora um inocente".

Contraditoriamente, portanto, o crime significa a ruptura de todos os compromissos, a destruição da ordem estabelecida, a possibilidade de construção de uma ordem nova: "Uma vez que destruíra a ordem, ele nada mais tinha a perder, e nenhum compromisso o comprava. Ele podia ir de encontro a uma ordem nova".

Assim, o herói que Clarice Lispector nos propõe é a personagem totalmente desvinculada, o homem que renunciou a tudo o que o define como um homem, "um homem em greve" de sua própria humanidade, e cuja inocência é expressa no abandono do pensamento e da palavra: "Mas agora, tirada das coisas a camada de palavras, agora que perdera a linguagem estava enfim em pé na calma profundidade do mistério".

E creio que aqui a romancista se defronta com o maior problema dentre todos os que se propôs vencer. Ela continua, como vemos, no seu habitual empenho em descrever as coisas pelo avesso, concebendo o crime como um gesto livre e se aplicando em nos dar um homem pela sua própria negação, isto é, pela ausência de linguagem e pensamento. É verdade que a partir da dificuldade ela constrói algumas das melhores páginas do romance, inventando para o seu herói uma existência autônoma, uma realidade que não é fornecida pela perspectiva do romancista, nem da personagem, nem de uma testemunha, mas que está ali, se fazendo diante de nossos olhos. Assim, na fuga inicial de Martim pela noite adentro, não nos dá a descrição da fuga de um homem, à noite; ou uma interpretação da fuga pelo narrador, através da análise, por exemplo, do medo ou da expectativa — o que sentimos é a própria escuridão, apreendida por um homem amedrontado que foge e se deixa guiar pela aguda crispação dos sentidos. É verdade que nem sempre consegue criar essa existência em ato ou, melhor, esse ato de existir apenas, sem "ter a menor intenção de fazer alguma coisa com o fato de existir", esse peso de presença que tem "o gosto que a língua tem na própria boca". E às belas páginas, como as de Martim no terreno baldio, de Martim no estábulo, entre as vacas, se opõem outras menos felizes (como as do discurso às pedras), que desmentem a realidade de "homem em greve" da personagem.

Recapitulando, pode-se dizer portanto que é a partir do crime que Martim nasce, passando a existir em estado de inocência, livre de toda e qualquer sujeição. E com efeito, presenciamos ao nascimento do herói. Clarice Lispector inicia o romance com uma parte escura, de dolorosa acomodação nas trevas (a fuga de Martim na noite); cortando-a violentamente, sobrevém uma ruptura de luz (o romper do dia), fazendo alternar uma sequência na sombra, com outra na claridade mais crua. Deste modo deseja provavelmente oferecer uma metáfora poderosa do nascimento, pois ao despertar, Martim recebe nos olhos, como um recém-nascido, o peso do dia: "E uma claridade bruta cegou-o como se ele tivesse recebido na cara uma onda salgada de mar". O herói acaba de nascer. Sozinho, em pleno sol, no descampado, tendo saído de dentro das trevas, tendo "deposto as suas armas de homem", sem mais nenhum laço que o prenda, sem pensamento e sem palavra, inicia por sua conta, a aventura da liberdade.

No entanto, aqui como nos outros livros da escritora, a ânsia de preservar a liberdade a qualquer preço, de evitar toda e qualquer sujeição, leva o homem, inevitavelmente, à procura de novas sujeições. Lentamente "o vasto vazio de si mesmo" começa a ser preenchido e Martim, que a custo destruíra todos os vínculos, põe-se de novo a atar, laboriosamente, os elos desfeitos. Aos poucos, volta-lhe o pensamento: "no seu alerta adormecido às vezes um pensamento já faiscava nele como numa lasca de pedra"; e, gradativamente, por etapas, vai se refazendo o contacto com o mundo. Primeiro a comunicação com as pedras; em seguida a aproximação das plantas, às quais se chega após o dia de trabalho, "guiado por uma obstinação de sonâmbulo, como se o tremor incerto de uma agulha de bússola o chamasse". Refugiado no terreno baldio, procura atento o sentido da vida, observando com a boca entreaberta as plantas sujas de poeira, as "folhas mortas se decompondo", "os pardais que se confundiam com o chão como se fossem feitos de terra". E tendo ele mesmo conseguido o embotamento de uma planta ("sua compacta ausência de pensamento era um embotamento — era o embotamento de uma planta"), Martim pode passar adiante, ao estágio dos bichos: "foi assim que o novo e confuso passo do homem foi sair uma manhã de seu reinado no terreno para a meia-luz do curral onde as vacas eram mais difíceis que as plantas". Este contacto, todavia, é mais penoso, e à porta do estábulo Martim hesita, "pálido e ofendido como uma criança ao lhe ser revelada de chofre a raiz da vida". Não lhe é fácil "libertar-se enfim do reinado dos ratos e das plantas — e alcançar a respiração misteriosa de bichos maiores". Mas logo, aceitando a "grande transfusão tranquila" que se estabelece entre ele e os animais, está maduro para o contacto seguinte, com os seus semelhantes. A posse física da mulata será o último momento desse aprendizado inicial, donde emergirá como um homem.

Vencida a etapa dos contactos, Martim se entrega à alegria de viver e trabalhar. A plenitude atingida, o breve momento de perfeição é, no entanto, logo destruído pelo sentimento crescente da inutilidade de seu gesto: "o que experimentara fora apenas a liberdade de um cão sem dentes". Além disso, à medida que reestabelece os contactos com o mundo, abandonando o "descampado de um homem" onde voluntariamente se exilara; à medida que aceita de volta o pensamento, impõe-se a necessidade de dar nomes às coisas e de chamar de crime ao seu crime. Mas antes de assumir a responsabilidade da culpa, Martim vai atravessar a experiência do medo.

É então que Clarice Lispector, que vinha focalizando as personagens isoladamente ou aos pares, organiza-as, pela primeira vez, numa experiência comum. Desde o início do romance a seca está rondando; e se serviu de reforço à crispação dos seres, à incomunicabilidade das relações e à atmosfera de expectativa em que as pessoas se movem, a chegada da chuva vai corresponder ao termo final das tensões, quando tudo o que estava represado explode: em Martim, o grande medo da culpa; em Vitória, já velha, o medo do próprio corpo ainda vivo; em Ermelinda, o medo da solidão e da morte. Na noite de temporal, Martim desamparado volta-se para Deus e as duas mulheres procuram avidamente o apoio do homem. Depois, tendo alcançado o ponto de saturação, cada coisa estará em seu lugar. A descrição muito bonita da natureza apaziguada após a tempestade assinala o fim da trajetória de cada personagem. Terminou também a meditação sobre o crime. Martim já sabe "o que um homem quer", e tendo partido da necessidade de ser rejeitado, chega ao desejo de ser novamente aceito pelos outros: "seus olhos estavam úmidos no desejo de ser aceito". O lento aprendizado da humanidade ensinou-lhe que não podemos renunciar ao próximo, pois "os outros [...] são o nosso mais profundo mergulho!". Fecha-se o hiato que se abrira com o crime. Não importa que, por um momento, o mundo dos valores estabelecidos, que Martim abandonara e no qual vai outra vez ingressar, pareça odioso, simbolizado na figura do professor que o vem prender. Agora, como quem aceita as regras do jogo, aceitará inclusive as frases feitas e a respeitabilidade convencional, pois aprendeu que entender ou amar é uma atitude, "como se agora, estendendo a mão no escuro e pegando uma maçã, ele reconhecesse nos dedos tão desajeitados pelo amor uma maçã". A trajetória que fez, da rebeldia à sujeição, mostrou-lhe que a liberdade é impossível; gesto nenhum a poderá comprar, pois a vida do homem é um constante agregar-se, e volta-se sempre, ansiado, para o círculo estreito das dependências — aos seres, aos sentimentos, à injustiça. A história de Martim é na verdade a história de uma conversão: conversão à condição de homem.

A complexidade dos problemas colocados em *A maçã no escuro*, a densidade atingida na análise de certos sentimentos e situações e, sobretudo, a grande originalidade do seu universo verbal, fazem do livro de Clarice Lispector um dos mais importantes dos últimos anos. Contudo, se a maneira peculiar (analisada na primeira parte deste estudo) da romancista apreender o real através de lampejos é responsável pela perfeição de tantos trechos, realmente antológicos, é também o principal entrave com que terá de lutar ao construir um todo orgânico. Em *A maçã no escuro*, os momentos significativos e intensos alternam, de maneira pouco harmoniosa, com os trechos discursivos, cheios de considerações desnecessárias. O livro, como a percepção de Clarice Lispector, vale, portanto, pelos momentos excepcionais, pecando pela organização dos mesmos dentro da estrutura novelística. A acuidade que a leva a penetrar tão fundo no coração das coisas é que talvez lhe dificulte a apreensão do conjunto. Pois na sua visão míope, enxerga com nitidez admirável as formas junto aos olhos — mas, erguendo a vista, vê os planos afastados se confundirem, e não distingue mais o horizonte.

O avô presidente

Em seu admirável *Roteiro de Macunaíma*, Manuel Cavalcanti Proença interpreta dois trechos do livro de Mário de Andrade como tendo sido inspirados no relato feito pelo Padre Simão de Vasconcelos de uma passagem lendária da vida de Anchieta; viajando ele no trabalho de catequese, foi protegido do sol causticante pela sombra das aves que, a uma ordem sua, puseram-se a voar em bando fechado sobre a sua cabeça:

"Navegava em uma canoa José, seu companheiro Leonardo do Vale e sete ou oito índios da Bertioga para a vila de Santos; queixavam-se os companheiros da grande calma que então fazia e, compadecido deles, chamou um bando de pássaros, por nome guarazes, e, falando com o capitão deles, que vinha adiante, lhe disse pela língua brasílica: *Eropita de Boyaimorebo*, que quer dizer: 'faze parar teus companheiros aqui sobre nós'. Fê-lo assim o bom capitão, pôs todos em ordem concertada e foram andando sobre a canoa um grande espaço, em forma de um pavilhão até que, cobrindo o sol uma nuvem, os despediu José pela mesma língua".[1]

---

[1] Simão de Vasconcelos, *Vida do venerável padre Joseph de Anchieta*, 2 vols., Rio de Janeiro, Imprensa Nacional, 1943, 1º vol., pp. 210-1.

Segundo Cavalcanti Proença, os trechos de *Macunaíma* que refletem este episódio são os seguintes: a frase inicial do capítulo IV, "Boiuna Luna":

> "Por toda a parte ele recebia homenagens e era sempre acompanhado pelo séquito de araras vermelhas e jandaias",

e o desenvolvimento amplo e colorido que se encontra no capítulo XV, "A pacuera de Oibê":

> "Vei, a Sol, dava lambadas no costado relumeando suor de Maanape e Jiguê remeiros e no cabeludo corpo em pé do herói. Era um calorão molhado fazendo fogo no delírio dos três. Macunaíma se lembrou que era imperador do Mato-Virgem. Riscou um gesto na Sol, gritando:
> — Eropita boiamorebo!
> Logo o céu se escurentou de sopetão e uma nuvem ruivor subiu do horizonte entardecendo a calma do dia. A ruivor veio vindo veio vindo e era o bando de araras vermelhas e jandaias, todos esses faladores [...] todos esses, o cortejo sarapintado de Macunaíma imperador. E todos esses faladores formaram uma tenda de asas e gritos protegendo o herói do despeito vingarento da Sol. Era uma bulha de águas deuses e passarinho que nem se escutava mais nada e a igarité meio parava atordoada."[2]

O confronto entre estas duas passagens e o episódio narrado pelo historiador jesuíta revela efetivamente uma série de elementos comuns; mas é importante referir que a presença no romance da frase milagrosa de Anchieta — "Eropita boiamo-

---

[2] Mário de Andrade, *Macunaíma: o herói sem nenhum caráter*, edição crítica, São Paulo, Livros Técnicos e Científicos, 1978, p. 122.

rebo" — transferida do venerável sacerdote para a boca vulgar do herói, adverte o leitor que se trata de uma citação, embora carnavalizada.

Todavia, a ressonância alusiva desses trechos — e de outros a que irei me reportar a seu tempo — é bem mais complexa do que parece à primeira vista e extravasa as associações apenas eruditas para ir mergulhar mais fundo e mais longe nas reminiscências da infância e, portanto, na biografia. Na verdade, as frases em questão constituem uma montagem de pelo menos duas fontes: o Padre Simão de Vasconcelos, como já sublinhou com acerto Proença, e uma narrativa de viagem de autoria do Dr. Joaquim de Almeida Leite Moraes (1835-1895), avô de Mário de Andrade, intitulada *Apontamentos de viagem. De São Paulo à capital de Goiás, desta à do Pará, pelos rios Araguaia e Tocantins, e do Pará à Corte*, publicada em São Paulo, em 1882.[3]

Como os dados a que terei de recorrer para comprovar a minha hipótese não são do conhecimento público, vejo-me obrigada a um longo parêntese, para, em seguida, retomar o fio da meada.

Em fins de 1880, o avô materno de Mário de Andrade, o Dr. Joaquim de Almeida Leite Moraes, professor de Direito Criminal da Faculdade de São Paulo, deputado provincial, jornalista e político liberal, foi nomeado Presidente da Província de Goiás, com o objetivo de aí implantar a reforma eleitoral que acabava de ser promulgada. Para chegar à capital da província e tomar posse, teve de empreender uma viagem longa e penosa,

---

[3] Nova edição: J. A. Leite Moraes, *Apontamentos de viagem*, introdução, cronologia e notas de Antonio Candido, São Paulo, Companhia das Letras, 1999 (Coleção Retratos do Brasil). Os números das páginas aqui indicados correspondem a esta edição. [N. da E.]

verdadeira expedição, com numerosos empregados e quase duas dezenas de animais de carga, que percorreu em 35 dias um total de 150 léguas (900 km). Foram "150 léguas medidas a trote largo de uma besta" — escreve Leite Moraes nos *Apontamentos de viagem* —, "de rios cheios com barcas — túmulos flutuantes; pontes caídas; tremedais sem termo, lagos podres, lamas, caldeirões, chuva torrencial, sol africano, pousos em barracas; em ranchos abertos junto dos porcos, no meio dos ratos, e quase asfixiados pelas baratas!..." (p. 103).

Seguiu com Leite Moraes nessa aventura um parente afim e grande amigo, Carlos Augusto de Andrade — "quase filho, *único pedaço* da família que me acompanhava" — que, em Goiás, servirá como seu devotado oficial de gabinete e, em 1887, se casará com sua segunda filha, Maria Luísa.[4]

A permanência em Goiás dura perto de dez meses e, cumprida a missão política de que fora encarregado, Leite Moraes decide retornar a São Paulo por outro itinerário que, embora muito mais longo e arriscado, não lhe pareceu tão penoso para a sua saúde quanto fora a viagem por terra. Inicia o trajeto descendo o Araguaia no bote *Rio Vermelho* — "embarcação tosca e grosseira, mas segura e forte" (p. 139) — que, durante as primeiras 200 léguas (1.200 km), vai rebocado pelo velho vapor *Colombo*; em seguida, quando a comitiva alcança a parte encachoeirada do rio, a barca se despede do navio e segue sozinha, tripulada apenas por dezesseis remeiros, vencendo as corredeiras e os possíveis ataques dos índios. Os riscos de vida são constantes e, de fato, duas pessoas morrem afogadas durante o trajeto. Do Araguaia, o *Rio Vermelho* entra pelo Tocantins e, em seguida, to-

---

[4] Carlos Augusto e Maria Luísa são os pais de Mário de Andrade. Surgem frequentemente nos contos como suas personagens.

mando alguns dos seus afluentes, alcança Belém, onde chega no dia 14 de janeiro de 1882. A viagem durara 36 dias.

Na capital da província do Pará o ex-presidente e seu oficial de gabinete embarcam no paquete nacional *Ceará*, nele seguindo até o Rio de Janeiro, depois de terem "visitado todas as capitais do norte, com exceção apenas das do Amazonas, Rio Grande do Norte e Sergipe". Os viajantes haviam percorrido 150 léguas na ida e 700 na volta (5.100 km).

Leite Moraes — que deveria posteriormente fazer um relatório circunstanciado ao Imperador[5] — registrou toda a viagem num testemunho escrito de enorme interesse, que depois mandou imprimir e, com o tempo, permaneceu conhecido quase apenas no círculo restrito dos parentes. Na "Introdução", conta como tomou suas notas a lápis num pequeno livro de duzentas páginas, comprado ao amigo H. Garraux, "ora a cavalo, ou à sombra de uma árvore, ou de um rancho, de uma barraca, ora deitado numa rede, ou na minha cama de campanha, ora sobre o tombadilho de um vapor, ou sobre a tolda de um bote, no meio das cachoeiras, ou das matas, dos índios ou das feras, sempre exposto a um sol abrasador e ardentíssimo" (p. 34).

Mário de Andrade cresceu ouvindo em casa os ecos dessa aventura, tornada folclórica na família provinciana, que lhe apresentava o pai austero junto ao avô exuberante e comunicativo,

---

[5] "Os meus atos como administrador" — escreve ele — "constam do *Correio Oficial* da mesma província, dos relatórios que se imprimiram na Tipografia Nacional, sendo um deles o que li perante a respectiva Assembleia Provincial, e outro com o qual passei a presidência, além dos *Apontamentos* sobre o prolongamento da estrada de ferro Mogiana a Mato Grosso, já publicados por ordem do ex-ministro da Agricultura, o conselheiro M. Buarque de Macedo" (J. A. Leite Moraes, *Apontamentos de viagem*, São Paulo, Companhia das Letras, 1999, p. 28, "Duas palavras ao leitor").

atravessando o país de norte a sul, vencendo com destemor as ameaças. "E como os meus antepassados" — escrevia Leite Moraes — "afrontei todos os perigos das matas, dos rios, das feras, dos selvagens, tomando todos os meios de locomoção lembrados pela barbárie e depois aperfeiçoados pela civilização" (pp. 35-6). É muito provável, pois, que o livro do avô, registrando todos esses lances empolgantes, tenha sido um dos talismãs de sua infância. E que, anos mais tarde, quando já estava redigindo *Macunaíma* e ambientava a aventura do herói num cenário semelhante, tenha visto ressurgir o sortilégio dessas páginas, procurando incorporá-lo ao mundo permanente de suas preocupações de adulto. Como se teria efetuado a curiosa superposição desses dois níveis é o que pretendo demonstrar, depois de ter sujeitado o leitor a um longo desvio.

Se retomássemos agora, à luz desses novos elementos, a primeira parte da sentença inicial do capítulo IV de *Macunaíma*:

"Por toda a parte ele recebia homenagens",

veríamos que ela tanto pode se referir ao herói do livro, Macunaíma, como a Leite Moraes, o autor dos *Apontamentos*. Nestes, às páginas 116 e seguintes,[6] por exemplo, descrevendo os contactos mantidos com os indígenas e seus chefes das margens do Araguaia, o presidente conta como eles o cumulavam de presentes:

"[...] passamos em frente de uma aldeia de *carajás* das maiores que temos até aqui encontrado, e os índios vieram à margem com os seus cacetes e as suas lanças, e alguns, em suas *ubás*, vieram atracá-las ao vapor e saltaram a bordo...

---

[6] Na edição aqui utilizada, página 158 e seguintes. [N. da E.]

[...] Era este o nosso espetáculo de todas as horas do dia; não era possível parar o vapor para recebê-los porque então nada se poderia caminhar; aqui e ali estão as *ubás*, cada uma delas com seis a oito índios, aguardando no respectivo canal a passagem do vapor para atracá-lo; ou eles vêm anunciar que a lenha está pronta, ou trazem melancias e frutas do mato para trocarem com o anzol, o fumo e o arpão". (pp. 158-9)

Quanto à segunda parte da sentença —

"e era sempre acompanhado pelo séquito de araras vermelhas e jandaias",

trata-se provavelmente de uma alusão velada a dois outros momentos do mesmo livro: a descrição da várzea arborizada de buritis nas imediações do ribeirão Lambari, a 24 léguas da capital de Goiás:

"Ao atravessarmos este bosque de palmeiras, uma orquestra enorme, imensa, de milhares de pássaros verdes, saudou-nos na passagem, sobressaindo os gritos das araras, estas sentinelas do sertão que anunciam sempre a aproximação do *inimigo*; ora voando em bando por sobre as nossas cabeças e ora embalando-se nas extremidades das palmeiras!" (p. 125)

e a descrição da ilha do Bananal:

"As araras, equilibrando-se nas palmeiras, advertem aos habitantes daquelas paragens da nossa passagem; os pássaros aquáticos estão pousados nos galhos das árvores da barranca, nas praias, e voam em bando pela frente do vapor; as gaivotas voltigeam em torno; os botos nos acompanham; aqui e ali um imenso jacaré põe a disforme cabeça fora d'água e nos espreita; nuvens de patos e marrecas ensombreiam o rio [...]" (p. 155-6)

Assim, as aves que voam em bando sobre a cabeça do viajante e lhe sombreiam o caminho — o "séquito de araras vermelhas e jandaias" ou a "tenda de asas e gritos protegendo o herói do despeito vingarento da Sol" — sugerem, efetivamente, como quer Cavalcanti Proença, o episódio lendário referente a Anchieta e relatado por Simão de Vasconcelos; mas num segundo nível, já autobiográfico, evocam as passagens mencionadas dos *Apontamentos de viagem*, que dizem respeito ao avô.

Aliás, a associação que estou sugerindo entre Macunaíma e Leite Moraes não é totalmente arbitrária, e decorre de algumas coincidências, das quais a mais evidente é o fato de ambos serem *chefes* e estarem percorrendo a sua pátria por terras e rios, "relumeando de suor" debaixo de "um calorão molhado". Mário de Andrade joga de maneira humorística com esses elementos de identificação, fiel à linha carnavalizadora do livro, que é desmistificar os feitos históricos e os vultos consagrados — seja no círculo vasto da nacionalidade, como no âmbito restrito dos heróis familiares. E às vezes chega a ampliar o processo, estabelecendo uma analogia em cadeia, como quando aplica a Macunaíma o designativo de *papai grande*.

Com efeito, em algumas passagens dos *Apontamentos*, sobretudo na descrição cheia de vivacidade do encontro com os carajás nas margens do Araguaia, Leite Moraes conta como foi chamado por eles de *papai grande*. Esta designação era em geral atribuída a Pedro II, e deslocando-a para o presidente de Goiás os indígenas como que faziam duas constatações: aceitavam-no como líder e reconheciam a sua parecença com o monarca, na medida em que eram ambos altos, corpulentos, bem-apessoados e barbudos. No romance Mário de Andrade dilata um pouco mais a associação estendendo-a a Macunaíma; a aplicação da mesma alcunha afetuosa a três personalidades tão diversas tinha por objetivo ressaltar com evidente sarcasmo o elo que, apesar de tudo, os unia: Imperador do Brasil, "imperador" dos goianos, Imperador do Mato-Virgem...

Mas o índice mais seguro da identificação paródica entre o "herói sem nenhum caráter" do povo brasileiro e o protótipo do homem de bem, herói inconteste do círculo doméstico do escritor, encontra-se num pequeno trecho, à página 177 do romance:

> "Desciam de rodada o Araguaia e quando Jiguê remava Maanape manejava o joão-de-pau. Se sentiam marupiaras outra vez. Pois então Macunaíma adestro na proa tomava nota das pontes que carecia construir ou consertar pra facilitar a vida do povo goiano."

Como se vê, Macunaíma é representado aqui: a) descendo de rodada o Araguaia, b) "adestro na proa", c) tomando nota dos melhoramentos que era preciso efetuar sem demora, d) para promover o bem-estar de seu povo. Mas por que motivo o autor usou, num contexto que deveria ter uma conotação generalizada, a expressão particular "povo goiano"? Porque, na verdade, todos os elementos da frase se referem diretamente à experiência administrativa de Leite Moraes em Goiás e a passagens precisas de seu diário.

Pois ao evocar a viagem atribulada de volta, descendo o Araguaia no bote *Rio Vermelho*, o presidente se descreve nos *Apontamentos*, de modo meio ingênuo e autocomplacente, sempre em atitude vigilante, de pé na embarcação, quer se encontre no tombadilho, na proa, na popa, na tolda. Ora está "mudo e silencioso"; ora "absorto e estático de tantas grandezas que vê" e não chega a compreender inteiramente; ora traz a espingarda de caçador a tiracolo. Completando esta postura meio monumental, aparecem as medidas práticas, especificadas na viagem de ida, quando Leite Moraes anota a série de providências que deviam ser tomadas — como construção de balsas, estabelecimento de novos sistemas de cobranças, abertura de estradas — das quais as mais urgentes, naquelas terras retalhadas por rios, eram, sem dúvida, a edificação e o conserto de pontes, como se pode verificar pelos seguintes trechos:

> "[...] ao sairmos da povoação atravessamos o ribeirão da *Trindade*, molhando as botas e arreios, pois que com mais dois palmos de altura daria nado. Soubemos então que este rio impede a passagem por dez a quinze dias na estação chuvosa, e que o Dr. Spinola aí estivera oito dias de falha e, entretanto, durante quase dois anos de administração, não mandara construir uma ponte!* (Nota: O meu primeiro cuidado, tomando posse da presidência de Goiás, foi o de mandar construí-la. E a deixei construída.)" (p. 80)
>
> "Atravessamos o ribeirão da *Queixada*, que tinha muita água e estava atoladiço, quase com o trânsito interceptado, e o *Santa Maria*, cuja enchente levara na véspera a ponte chamada *Ponte Lavrada*.* (Nota: Mandei fazer pontes nestes ribeirões, as quais ficaram concluídas, como tudo consta do meu relatório.)" (p. 83)

Enfim, resumindo o que foi dito até aqui: não é descabido afirmar que os *Apontamentos* em que Joaquim de Almeida Leite Moraes anotou para seu registro e deleite da família a viagem lendária que realizou pelo Brasil em 1881-1882, em companhia de seu futuro genro Carlos Augusto de Andrade, constituem um documento importante na formação da sensibilidade de Mário de Andrade. É possível que o livrinho singelo que ele conservou sempre na estante ao alcance da mão tenha sido um dos primeiros incentivos que recebeu para conhecer o seu país. As descrições da paisagem brasileira, feitas pelo avô com um senso agudo de observação, já delineiam um país de contrastes, onde os olhos tanto podem se perder nos campos desolados de Uberaba, como se extasiar diante do esplendor da fauna e flora da Amazônia. Quem sabe foi a partir dessas imagens que começou a tomar corpo nele a obsessão da "pátria tão despatriada" que aos poucos o conduzirá a outras leituras, aos viajantes estrangeiros, a Couto de Magalhães — cuja autoridade Leite Moraes não se cansa de louvar — e finalmente aos estudos sobre o Brasil, empreendidos no decênio de 1920? Não estaria nesse volume uma das raízes do desejo de conhecer melhor sua pátria? Vimos que quando elaborou *Macunaíma* transpôs para o romance muitas sugestões dos *Apontamentos de viagem*; mas os próprios itinerários arrevezados do herói não teriam sido inspirados em parte no trajeto caprichoso do presidente que, por condições de saúde, viu-se obrigado a voltar de Goiás a São Paulo através das lonjuras do Araguaia, do Tocantins e do Oceano Atlântico?

Por outro lado, *Macunaíma* não é uma representação *d'après nature* da paisagem brasileira — como espero tenha ficado claro pelos exemplos apresentados no decorrer desta notícia — e longe de refletir uma observação efetiva do mundo exterior, traduz um *saber* da paisagem elaborado através de reminiscências de um sem-número de leituras. Em dezembro de 1926, quando Mário de Andrade redigiu num rompante a primeira versão de sua obra-prima, *já tinha lido todos os livros*, mas ainda não travara conhecimento com a selva brasileira; isto só se dará no ano seguinte, entre maio e agosto, por ocasião da viagem ao Norte. A violenta impressão causada pela natureza tropical não repercute no romance, cujos originais, no entanto, ainda estavam sendo modificados e corrigidos. *Macunaíma* pertencia a um outro momento da sensibilidade de seu autor, quando a face da realidade era dada principalmente pelos estudos de gabinete e pela montagem crítica de informações muito díspares sobre o Brasil. Estas, acumuladas com paciência no decorrer dos anos, incluíam os estudos eruditos recentes, como o impacto fulminante de Koch-Grünberg, a velha admiração por José de Alencar, o relato fantasioso do Padre Simão de Vasconcelos e — por que não? — as descrições transportadas de sentimento romântico de Joaquim de Almeida Leite Moraes. Mas não levaram em conta as impressões da Amazônia que, confiadas a *O turista aprendiz*, passarão a influir de modo decisivo na poesia posterior[7] e no prolongamento da reflexão sobre a cultura tropical.

Aliás, este diário de viagem que Mário de Andrade redige cinquenta anos depois do avô, enquanto realiza com mais conforto e menos risco um trajeto semelhante ao dele — embora em sentido inverso — reata a ligação remota com a narrativa que encantara sua infância. Ele tem como título e subtítulo:

"*O turista aprendiz*. Viagem pelo Amazonas até o Peru, pelo Madeira até a Bolívia e por Marajó até dizer chega",

parodiando o nome de feição tradicional que o antepassado dera às suas "considerações administrativas e políticas":

"*Apontamentos de viagem*. De São Paulo à capital de Goiás, desta à do Pará, pelos rios Araguaia e Tocantins, e do Pará à Corte".

A curiosa relação que, no decorrer da vida, Mário de Andrade mantém com a figura do avô, através dos empréstimos de *Macunaíma*, da coincidência da aventura amazônica, do diário paralelo de viagem e das alusões na poesia, nem sempre é irônica e pode assumir aspectos contraditórios. Às vezes é com uma

---

[7] Talvez o poema mais marcado pela experiência amazônica seja "O rito do irmão pequeno".

O avô presidente

A figura patriarcal de Joaquim de Almeida Leite Moraes (1835-1895), político liberal e Presidente da Província de Goiás, avô de Mário de Andrade.

ponta de desvanecimento que o vemos evocar esse antepassado esclarecido e sem medo, que governou os goianos[8] e soube imprimir a vontade ao destino. Nas fotografias da época que o fixam em várias idades, sempre bonito e bem posto, há uma grave autoridade que emana de seu porte; ela justifica a admiração do neto, que pensou nele com certeza, quando inscreveu em seu

---

[8] No "Noturno de Belo Horizonte", congregando com o seu canto os brasileiros de todos os quadrantes, não se esquece de acrescentar: "E os goianos governados por meu avô".

"Brazão" o ramo heráldico dos Almeidas;[9] como justifica a escolha de Almeida Júnior, retratando-o como um dos bandeirantes que estão no bote, no grande painel *A partida da monção*.[10] Não obstante, é provável que o agudo senso satírico de Mário de Andrade, treinado em captar os chavões da ideologia dominante, tivesse se deliciado com o trecho em que Leite Moraes faz na "Introdução" dos *Apontamentos* o balanço da viagem e se declara orgulhoso do "sangue paulista que lhe corre nas veias"; com a consciência tranquila de haver "cumprido o dever na dificílima e espinhosa comissão de que foi incumbido"; cônscio de que "todos os seus atos foram determinados por espírito eminentemente democrático" e "pelos princípios rigorosos da justiça e moralidade".

Mesmo gasta e convencional, a retórica do presidente deixava entrever as virtudes de um homem com *estilo*, que pautava os atos por padrões precisos de comportamento. E isso não

---

[9] A quadra inicial do poema "Brazão" enumera, numa sequência extremamente cerrada, as componentes europeias e africanas que produziram no Brasil o ramo familiar de Mário de Andrade:

"Vem a estrela dos treze bicos,
Brasil, Coimbra, Guiné, Catalunha,
E mais a Bruges inimaginável
E a decadência dos Almeidas".

Por que razão "a Bruges inimaginável" é citada ao lado de Portugal (Coimbra), da África (Guiné) e da Espanha (Catalunha), lugares bem mais compreensíveis? Porque, segundo a *Genealogia paulistana*, os Almeidas pertenciam ao tronco mais vasto dos Lemes (Lems), originários da cidade de Bruges. Essa raiz flamenga, perdida no meio de suas origens, parecia a Mário de Andrade "inimaginável".

[10] Neste quadro, que se encontra no Museu do Ipiranga, em São Paulo, Almeida Júnior retratou, nos bandeirantes que estão no bote, várias personalidades paulistas da época.

Almeida Júnior, *A partida da monção*, 1897, óleo s/ tela, 390 x 640 cm, Museu do Ipiranga, São Paulo.

podia passar despercebido a quem, como Mário, há muito vinha se preocupando com a "dor miúda, de incapacidade realizadora do ser moral", com "a imensa e sagrada dor do irreconciliável humano" que a seu ver tinha viajado "na primeira vela de Colombo" e ainda vivia entre nós.[11] Perto da irresolução do homem brasileiro, moldado pelo calor e a preguiça, que ele havia descrito em *Macunaíma*, as qualidades de homem de mando de Leite Moraes, a sua confiança obstinada no projeto e no "ethos" europeu, surgiam como um violento contraste. A própria decisão de escolher um caminho de volta que o afastava paradoxalmente do litoral, mergulhando na selva, o identificava à "insistência turrona paulista" do grande rio das Monções —

---

[11] As frases entre aspas foram retiradas da importante reflexão do dia 22 de julho de 1927, de *O turista aprendiz*, São Paulo, Duas Cidades, 1976, p. 166.

o Tietê — que embora nascendo perto do mar se embrenhava pelo sertão.

Deste modo, no jogo completo de *sinais* que regem a meditação de Mário de Andrade sobre o Brasil e demarcam dois campos contrários e irredutíveis, o avô se alinharia na vertente do Tietê. De acordo com a densa trama alegórica do "Brazão", há de fato duas vertentes em sua poesia. De um lado, como cartas do mesmo naipe, agrupam-se os valores europeus: o boi, o bandeirante, a esfera armilar, a trombeta da Catalunha, a Bruges inimaginável, "as audácias de Pirineus ambiciosos", enfim, todos os sinais que definem a *felicidade do projeto*, *a sabedoria da vontade*. Defronte, se estende a vertente inundada "do imenso rio", o "mundo de águas lisas" da Amazônia, onde reina Macunaíma. Estão aí, nesse país nirvanizado, o bicho-preguiça, o maleiteiro, mestre Carlos, a jurema inebriante, "a calmaria serena" das lagoas — os sinais de *infelicidade do acaso* e da *sabedoria da indiferença*. É no intervalo dessas sabedorias rivais que se joga o destino dramático do brasileiro. Assim, o barco que Mário de Andrade imagina descendo o Araguaia e levando em pé na proa, sob uma "tenda de asas e gritos", a figura imperial de Macunaíma-Leite Moraes, tem uma função bem mais profunda que ampliar com a sua dissonância o tom de paródia da grande saga nacional. Revela, acima do sarcasmo, a aspiração de mitigar "a dor dos irreconciliáveis", embora no campo provisório da ficção.

**III.
Teatro**

Teatro ao Sul

"Quando a sociedade, inquieta por conhecer a sua fisionomia verdadeira, procura espelhos onde se possa perscrutar à vontade, surgem então as testemunhas da realidade, pintores, romancistas ou dramaturgos que a recompõem, oferecendo-lhe a imagem desejada." Esta observação de Pierre Abraham, que se aplica admiravelmente ao Brasil, onde o levantamento da realidade tem sido feito mais pela arte que pelas ciências do homem, veio-me à lembrança no momento em que eram encenadas concomitantemente em nossos teatros *A moratória*, de Jorge Andrade, e *Santa Marta Fabril S.A.*, de Abílio Pereira de Almeida.[1] Tomando por tema dois aspectos fundamentais da nossa história social — a decadência econômica e consequente desnivelamento social do fazendeiro de café, e a decadência moral da família urbana de alta burguesia a partir da crise de 1929 — o teatro se antecipava no Sul aos estudos sociais, encarregando-se da tarefa realizada no Norte pelo romance.

Com efeito, quase ao mesmo tempo em que Gilberto Freyre publicava *Casa-grande & senzala*, surgia no Nordeste o nosso

---

[1] *A moratória*, peça de estreia de Jorge Andrade, foi encenada em 1955 pela companhia Teatro Popular de Arte, no Teatro Maria della Costa, em São Paulo, com direção de Gianni Ratto. *Santa Marta Fabril S.A.* foi representada no Teatro Brasileiro de Comédia em 1955, dirigida por Adolfo Celi. [N. da E.]

romance moderno, revelando-nos na ficção a decadência da sociedade patriarcal ligada à cultura do açúcar e do cacau. O mesmo, no entanto, não aconteceu no Sul. A derrocada de 29 não condicionou o aparecimento do romance do café e, fora uma ou outra tentativa pouco feliz, a tomada de consciência da crise através da literatura só começa a efetuar-se agora, tardiamente, e num gênero como o teatro, muito pouco vinculado à nossa tradição artística. Quais as razões deste atraso e desta preferência? Em primeiro lugar, porque no Sul a crise da sociedade patriarcal se apresentou de maneira muito mais complexa. No Norte, a relativa morosidade do processo permitiu se formasse à margem do naufrágio uma classe de remanescentes disponíveis que, tendo perdido os privilégios, vieram a público tentando recriar na arte o mundo perdido. O "testemunho da realidade" foi dado, assim, pelos membros mais seriamente atingidos pela crise e tivemos o grupo admirável de "romancistas da memória", de que José Lins do Rego foi o expoente mais alto.

No Sul, entretanto, ao mesmo tempo em que a ordem antiga se rompia, a urbanização se processava de maneira acelerada. A decadência de todo um setor da sociedade era compensada pelo desenvolvimento de outro e a perda de prestígio do fazendeiro se cruzava com a ascensão econômica e social do imigrante. Presenciava-se, sem fôlego, uma substituição simétrica de estilos de vida e não o lento desaparecimento de um mundo cuja agonia se pudesse acompanhar com lucidez.

Por outro lado, a competição que logo se estabeleceu não poupava ninguém. Dilacerado entre as imposições do presente e a saudade do passado, o sobrevivente nostálgico escorregava sem sentir para o emprego modesto da grande cidade. Então a nostalgia da antiga ordem se revelava, quando muito, no ressentimento incontido, primeiro contra o filho de italiano, depois contra o filho de sírio ou judeu e, sem forças para se realizar na arte, apenas divagava pelas páginas da *Genealogia paulistana*. Agentes do correio, funcionários de banco, escriturários subalternos, chefes de seção, todos guardavam no anonimato da grande cidade a lembrança viva da ascendência ilustre, formando a numerosa galeria dos vencidos. Do naufrágio iriam salvar-se apenas os "viajantes sem bagagem", isto é, aqueles que perdendo a memória do grupo puderam acomodar-se às oportunidades novas das profissões liberais e da técnica. E assim, o equilíbrio social do Sul e o seu progresso econômico se deram em detrimento da literatura.

Além disso, seria o romance o gênero mais adequado, o espelho ideal para refletir uma realidade de tantas faces? Ligado no Brasil a uma tradição linear — narrativa, pitoresca ou apenas psicológica —, não parecia equipado para uma sondagem complexa onde se cruzavam experiências e problemas inumeráveis: o desmembramento da grande propriedade agrícola, a passagem da monocultura à policultura, a substituição da supremacia rural pela competição urbana, a ascensão econômica e social do imigrante etc. — e todas as consequências psicológicas daí decorrentes. Este amplo panorama solicitava antes uma abordagem cinematográfica, dando uma visão de conjunto; ou uma abordagem teatral, que escolhesse de cada vez apenas um aspecto da realidade. O romance talvez viesse depois, aprofundando os problemas, quando já se tivessem demarcado, numa perspectiva cartográfica, as grandes linhas espaciais da realidade.

E de certa maneira, foi o que aconteceu. Proposto pelo cinema e pelo teatro em *Terra é sempre terra* e *Paiol velho*,[2] o tema

---

[2] A peça *Paiol Velho*, de Abílio Pereira de Almeida, encenada pelo Teatro Brasileiro de Comédia em 1951, forneceu a base para o filme da Vera Cruz, *Terra é sempre terra* (1952), dirigido por Tom Payne. [N. da E.]

do café e da crise nos voltava com maior intensidade em *A moratória* e *Santa Marta Fabril S.A.*

Mas a insistência do Sul por estas formas artísticas não significa apenas uma escolha estética, um determinado tema impondo o seu meio preferencial de expressão: decorre ainda do momento que estamos atravessando. O grande surto de progresso do teatro e do cinema, ligado ao desenvolvimento urbano de São Paulo, abria efetivamente para o escritor nacional novas oportunidades de realizações. Enquanto o romancista necessitava, para se manter, apoiar-se em outra atividade remunerada, dedicando à literatura apenas os seus momentos de lazer — portanto, jamais empenhando na criação a totalidade do seu esforço —, o autor de peças de teatro ou de roteiros de filmes podia fazer da fantasia a sua profissão: ao mesmo tempo em que realizações artísticas eram empreendimentos com possibilidade imediata de lucro, representando a primeira oportunidade de harmonizar o mundo da imaginação com o imperativo profissional. Além do mais, em oposição às formas artísticas individualistas a que estávamos habituados, como o romance e a poesia, estas novas tentativas estéticas traziam para o nosso meio a experiência inédita do trabalho grupal de criação, mais coerente com a vida urbana. E era curioso notar que, no esforço comum, o paulista tradicional, remanescente da antiga estrutura — Jorge Andrade ou Abílio Pereira de Almeida —, vinha oferecer a experiência de seus grupos de origem, o seu "testemunho da realidade", ao técnico estrangeiro recém-chegado, para que este, através da experiência artesanal, a transformasse no espetáculo. A conjugação das duas experiências apresentava-se, além do mais, como um símbolo de que os antigos ressentimentos haviam sido ultrapassados e caminhávamos agora para a construção de um novo mundo.

A distância que separa a leviandade de *Santa Marta Fabril* da aspereza trágica d'*A moratória* é mais aparente que real. Na verdade, é apenas o afastamento que existe entre uma comédia e um drama. Pois uma e outra peça são construídas a partir do mesmo esquema, um grave golpe econômico que põe em choque uma família, determinando e esclarecendo daí em diante o comportamento das personagens. Assistimos em ambas o esforço desesperado de sobrevivência de dois grupos, o ajuste de contas entre marido e mulher, pais e filhos, sociedade e seus membros. No levantamento desta sociedade em crise, o tema é o fracasso. E se todos se culpam mutuamente, de maneira tácita ou implícita, se tentam eximir-se da responsabilidade atirando-a no governo, nos partidos políticos, na educação que tiveram, é porque todos — personagens de drama ou de comédia — sabem-se de antemão condenados, porque pertencem a um mundo caduco. Aliás, a grandeza d'*A moratória* deriva em parte de Jorge Andrade não tomar partido no conflito que descreve e permitir, de braços cruzados, que se cumpra o destino doloroso das suas personagens; ao passo que a relativa inconsistência de *Santa Marta* vem de seu autor esposar a ideologia de sua classe de origem, adocicando um ou outro destino e tirando-lhe, portanto, a coerência.

É verdade que, descrevendo a alta burguesia da indústria, Abílio Pereira de Almeida não se furta a retratar friamente a quadrilha das acomodações, onde os princípios éticos são trocados pelo benefício econômico. Nem hesita — e este a meu ver o grande valor da peça — em analisar um dos maiores tabus da nossa história cívica, a Revolução de 1932. Para todo um grupo de que Tonico é o paradigma, e cujos membros vegetam inúteis pelos chás e pelas mesinhas de jogo, o movimento constitucionalista vai permanecer como a última oportunidade de justificação. Que sentido têm suas vidas agora que se limitam a receber

O elenco da peça *Santa Marta Fabril S.A.*, de Abílio Pereira de Almeida, em 1955. Da esquerda para a direita: Leonardo Villar, Célia Biar, Dina Lopes, Fredi Kleeman (no papel de Tonico), Margarida Rey, Cleyde Yáconis e Walmor Chagas.

os dividendos das empresas, sem ao menos empenhar o esforço na construção da fortuna? É pois para sufocar o sentimento doloroso da própria derrota, que desejam conservar fresca na memória a última tentativa que tiveram de se ultrapassar num feito excepcional; que se aferram aos sinais exteriores, símbolos do antigo heroísmo — como a barba de Tonico — ou às alusões periódicas que trazem para o correr da conversa a lembrança daquela pretensa idade de ouro da conduta. Na verdade, tudo não passa de uma desculpa a mais nas mil e uma desculpas de uma existência malograda. Lançando no teatro a psicologia do revoltoso de 32, Abílio Pereira de Almeida revelou, além da coragem de afrontar a sua classe, um agudo senso psicológico. Quando a distância do fato histórico tiver trazido ao público a necessária isenção, ainda haveremos de ver explorado mais a fundo este tipo que introduziu definitivamente em nossa galeria teatral.

Mas se *Santa Marta Fabril* inventa principalmente *um tipo*, *A moratória* descobre sobretudo *um tema*, abrindo para a literatura teatral do Sul uma nova era. Na verdade, representa para o nosso meio o que os romances de Lins do Rego representaram para o Nordeste: a descoberta de um riquíssimo filão literário, o drama do café.

É possível que, à primeira vista, a peça de Jorge Andrade se ressinta de um certo esquematismo de situações e de psicologia; mas se o faz é para transformar esta característica em sua grande qualidade. Descuidando propositadamente da situação engenhosa ou da personagem de exceção, traz para o palco, com uma coragem só encontrada nos artistas autênticos, os grandes lugares comuns da arte: a ligação do homem com a terra, a luta contra o destino, o desentendimento entre pais e filhos.

No mundo que converge para a fazenda existe um tempo único, o *tempo da fazenda*, o presente e o passado. Já havíamos visto em *A morte do caixeiro viajante* a mesma coexistência de presente e passado. Mas, na peça de Arthur Miller, o passado ressurgido pela memória é o passado de um indivíduo e as lembranças evocadas afastam a personagem de seu núcleo familiar, definindo-o como um ser específico, isolado de seu grupo; em *A moratória*, ao contrário, é o passado que congrega as pessoas, funcionando como a memória coletiva e dando sentido ao presente. Daí a importância enorme — de que talvez nem o autor tenha dado fé — do tempo intemporal em que a peça escoa e a fazenda ora é perdida, ora recuperada, num movimento idêntico ao dos dois pratos numa balança. Constituindo este tempo reversivo, sem antes e sem depois, Jorge Andrade nos deu, magistralmente, o tom trágico da obra, tom de desespero, onde não há propriamente crescimento na ação, pois ela volta sempre ao ponto de partida, enclausurando as quatro personagens principais num círculo de ferro — o tempo intemporal do grupo.

Presas ao tempo e ao espaço da fazenda, as pessoas movem-se, reclusas, em linhas simples, sem arabescos. Nem Quim, nem Marcelo ou Lucília traem uma psicologia individual mais complexa. São antes o Pai, a Mãe, o Filho, a Filha; e os atos, pensamentos e desejos que deles derivam, ligam-se menos à história isolada de cada um do que à história da propriedade a que pertencem. É a perda da fazenda que explica a revolta do pai, o fracasso do filho, a crispação subterrânea da filha, a desencantada abnegação da mãe. É a fatalidade de homem de mando privado da ação, que leva Quim a gastar-se nos atos miúdos, espreitando o filho que acorda tarde; é a liberdade dos largos horizontes em que se criou, solto e irresponsável como um animal, que destrói em Marcelo qualquer possibilidade de acomodação à nova existência. Aliás, é admirável a maestria com que Jorge Andrade nos obriga, enquanto o drama caminha, a eximir de culpa a personagem à primeira vista desprovida de sensibilidade moral de Marcelo, para descarregarmos sobre Quim a responsabilidade da desgraça. Na verdade, um não é mais culpado que o outro; ambos são vítimas, menos de si, que do deslocamento de valores da sua época. E se a própria fazenda lhes escapa das mãos é porque ainda se encontram presos à moral dos contactos individuais e da palavra empenhada, que já não cabe na sociedade em mudança. Assim, pai e filho não se opõem propriamente, antes se completam: são a mesma personagem tomada em dois momentos diversos da história do grupo. E quando em face um do outro ajustam as contas, numa das mais belas e pungentes cenas da peça, a acusação mútua que fazem soa como exame de consciência de uma classe que sente o seu momento ultrapassado. Rompidos os quadros em que ambos se apoiavam, não poderão mais se aco-

Fernanda Montenegro e Elísio de Albuquerque nos papéis de Lucília e Joaquim, em *A moratória*, de Jorge Andrade, 1955.

modar à nova ordem. Seu destino será, daí em diante, negá-la. Não tem outro sentido a revolta de Quim, a bebedeira de Marcelo, que assim estão exercendo, num esforço derradeiro, o que ainda lhes resta de liberdade.

Na ordem que esboroa Lucília é o último esteio. A literatura sociológica já nos alertara para este fenômeno da acomodação feminina nos momentos de crise. Ser secundário, de existência subalterna, não lhe é tão penoso trocar uma sujeição por outra, o domínio do pai ou do marido pela escravidão da máquina de costura. Pois assim como a fazenda desenvolveu em Quim o instinto de mando e em Marcelo o ódio a qualquer sujeição, treinou Lucília nas tarefas miúdas de dentro de casa, nos pequenos gastos, na economia cotidiana. A sua força é a da criatura sem liberdade, empenhada nos compromissos, na aceitação do mundo e do presente. Por isso, apenas ela conseguirá se libertar da fazenda e penetrar no novo universo que se constrói.

Para os demais o mundo acabou. O casal de velhos já se despediu da vida na cena por todos os títulos magistral do adeus à fazenda. Os despojos que carregam consigo para a cidade não bastarão para recriar o mundo perdido. Em breve a máquina de costura soterrará com o seu terrível ruído urbano o espaço e o tempo do campo, a memória, as caçadas, os galos da madrugada. Então, só restará a morte. Helena, espécie de mirante lúcido a cavaleiro da desgraça do lar, morrerá, supomos, serena e resignada como viveu; Marcelo há muito vaga num limbo indeciso. E se Quim desejava para si a morte vitoriosa do avô, em plena caçada, no meio de seus cães, morrerá um dia, rodeado de sombras; talvez dentro de casa, ao se abaixar para erguer do chão os alfinetes da filha; talvez na rua, indo buscar no ponto da jardineira o latãozinho de leite da fazenda. Terá a morte terrível do herói a quem se roubou o destino.

A moratória nos revela um autor prisioneiro, como as suas personagens, do espaço e do tempo perdido da fazenda. Mas consciente de que este mundo extinto só pode ser refeito pela imaginação, Jorge Andrade lhe dá permanência através da obra de arte. *A moratória* é a primeira obra-prima do moderno teatro brasileiro.

Machado em cena

O recente espetáculo que o Teatro Cacilda Becker realizou com grande êxito levantou para alguns dos assistentes certos problemas relativos à ligação entre o texto e a montagem. O programa se compunha de *Pega-fogo*, de Jules Renard, e *O protocolo*, de Machado de Assis.[1] A primeira peça — obra-prima do teatro naturalista francês — é uma das maiores interpretações de Cacilda; esperava-se, pois, que a sinceridade admirável com que a grande atriz vive o papel do molequinho de catorze anos atingisse facilmente o público, como de fato aconteceu. A grande incógnita da noite era *O protocolo*.

As experiências teatrais de Machado de Assis, quase todas de mocidade, parecem à simples leitura desprovidas da centelha que permite num texto prever o bom espetáculo. É verdade que os recursos de que lança mão hoje em dia um diretor talvez conseguissem salvar o tom excessivamente literário do diálogo, a monotonia de construção das cenas e a banalidade da situação. Mas como reagiria uma plateia pouco afeita ao teatro, ante

---

[1] O espetáculo, que reunia as duas peças, estreou no Teatro Dulcina, no Rio de Janeiro, em 18/6/1958, com direção de Ziembinski. No ano seguinte foi encenado em São Paulo, no Teatro Leopoldo Fróes. [N. da E.]

uma comédia tão inatual, onde, ao que sabíamos, o diretor havia acentuado pela estilização todos os traços do artificialismo? A representação valeu por um teste: no palco, a peça se revelou extremamente teatral, e o público reagiu de maneira exemplar a todos os achados da direção.

Os que a tinham lido antes e a supunham muito frágil, concluíram surpresos que o êxito fora apenas de Ziembinski. Na verdade, Ziembinski é um grande diretor e consegue resultados tanto melhores quanto mais difíceis são as provas a vencer. Diante de peças muito perfeitas, onde o domínio completo da carpintaria teatral já mostra o caminho a seguir, sente-se pouco à vontade, de asas cortadas. Para se realizar plenamente, é preciso que um ou outro defeito lhe espicace a imaginação. Mas, a meu ver, o que fez da direção d'*O protocolo* um grande êxito foi, justamente, o fato de, percebendo-lhe as deficiências, ter sabido retirar do próprio texto e do próprio Machado os elementos que possibilitaram a vitória.

Um texto teatral não é lido da mesma maneira pelo leigo e pelo especialista. O primeiro, preso principalmente aos valores da palavra, vê nele apenas um trecho de literatura, onde se percebem a fluidez do diálogo, a intensidade das falas, as características superficiais das personagens, o interesse do enredo e, mais dificilmente, o engenhoso das situações. A leitura do perito difere completamente desta visão mecânica e linear, em que as personagens são estáticas e as falas se encadeiam sem pausas. Para ele, a palavra é móvel e expressiva; já contém a entonação e a pausa que a deve sublinhar, suscita o gesto que a completa e, ao se inscrever no tempo e no espaço, dá existência à personagem que exprime. Aos olhos do diretor, é como que um cardiograma onde se podem ler os movimentos do coração — e foi assim que Ziembinski parece ter lido *O protocolo*. Tentemos refazer o seu caminho.

A peça é despretensiosa, o principal interesse parecendo residir no diálogo, muito ágil, apesar de cerebral. Construída de maneira esquemática (talvez fosse melhor dizer geométrica), apresenta quase sempre duas personagens no palco, sendo que a entrada de uma terceira antecede a saída da segunda e os cinco figurantes só se reúnem na cena final. A história gira à volta do arrufo de um jovem casal em lua de mel (Elisa e Pinheiro), da investida de um galanteador que tenta tirar partido da crise (Venâncio) e da reconciliação final dos esposos, com o auxílio de uma prima (Lulu). O enredo se limita a isto; mas há, de permeio, um álbum que Venâncio oferece a Elisa com dedicatória inflamada e que, indo parar nas mãos de Pinheiro, provoca entre marido e mulher a explicação que vinham evitando. Feitas as pazes, Venâncio é desmascarado e posto na rua com o seu álbum.

Para contar estes poucos fatos, Machado se serve da alusão, evitando qualquer diálogo direto e fazendo com que as personagens se movam graciosamente no mundo dos apólogos. O método é típico da sua arte, mas adquire aqui novo sentido: é um subterfúgio que utiliza para exercer a sua malícia, sem ofender o público recatado a que se dirige. Nas mãos de uma direção hábil pode, além do mais, representar uma fonte excelente de comicidade, como na admirável cena do ajuste de contas entre os cônjuges, que vale a pena transcrever:

"— Fui tirada há meses da casa de meu pai para ser sua mulher", diz Elisa, ofendida com as suspeitas do marido; "agora, por um pretexto frívolo, leva-me de novo ao lar paterno. Parece-lhe que eu seja uma casaca que se pode tirar por estar fora de moda?"

A réplica é graciosa e aparentemente inofensiva. Mas Machado, que afeta um extremo pudor no dizer, leva a comparação adiante. Servindo-se do símbolo, está na realidade aludindo à vida sentimental dos dois e às dificuldades que advirão para o marido da recondução de Elisa à casa paterna.

"— Durante esse tempo como pretende andar?" — prossegue a esposa. "Em mangas de camisa?" Pinheiro retruca, amuado, que "durante esse tempo não andará, ficará em casa". Mas Elisa, que conhece bem o marido, não acredita na sua reclusão voluntária: "terá dificuldade em conter-se entre as quatro paredes desta casa", conclui. Mas eis que é assaltada por um mau pensamento: o marido poderá "aproveitar o isolamento para ir ao alfaiate provar outras casacas". Há ainda uma hipótese pior... Mas ela "quer crer que não fará vir o alfaiate à casa"... O diálogo é tão gentil que nenhum ouvido poderá se chocar; no entanto, o autor disse tudo, com a malícia digna do Machado dos romances posteriores.

Esse *tom*, que Ziembinski descobriu com agudeza n'*O protocolo*, e que no palco deu tanta comicidade à cena referida, foi o fio condutor da sua direção. O diálogo artificial teve, como consequência lógica, a estilização.

Encontrado o tom da peça, faltava resolver outros problemas, como o de conferir às personagens maior densidade psicológica, mais existência. A leitura já tinha revelado que Elisa era a personagem central e que a peça convergia naturalmente para ela. Tratava-se, pois, de torná-la mais viva, mais complexa, transformando-a numa mulher machadiana. Foi o que o diretor conseguiu na cena do divã.

Esta cena foi totalmente construída a partir das possibilidades do diálogo, uma vez que o texto não contém esclarecimentos que possam ter servido à direção. Elisa está na sala, a sós com Venâncio, e acaba de receber o álbum, presente de aniversário. Conhece de sobra as intenções do *don juan* e, se não as alimenta, também não as repele; conserva-o àquela distância perturbadora com que a mulher virtuosa cultiva um admirador. Sabemos, pela única indicação expressa no texto, que ao receber o presente, Elisa *folheia o álbum*. Mas Ziembinski fará com que, folheando-o, *leia a dedicatória apaixonada*, ficando ao mesmo tempo perplexa e vertiginosa.

Entretanto, não devolve o presente. E esta atitude dúbia torna perfeitamente legítima a interpretação que o diretor deu à cena seguinte. "— Foi excelente esta ideia do divã", deve dizer Venâncio, sentando-se. Ora, Ziembinski o fez sentar-se *no mesmo divã* em que já se encontrava Elisa, e sublinhou a tonalidade ambígua do diálogo pelo jogo do ator, que, à medida que fala, vai chegando cada vez mais perto da moça: "— Foi excelente esta ideia do divã. É um consolo para quem está cansado, e quando à comodidade junta o bom gosto, como este, então é ouro sobre azul. Não acha engenhoso, d. Elisa?".

A resposta de Elisa é lacônica; mas Venâncio sabe que o silêncio é muda aquiescência, e prossegue, aproximando-se cada vez mais: "— Devia ser inscrito entre os beneméritos da humanidade o autor disto. Com trastes assim, e dentro de uma casinha de campo, prometo ser o mais sincero anacoreta que jamais fugiu às tentações do mundo. Onde comprou este?" "— Em casa de Costrejean", respondeu Elisa, se encolhendo. "— Comprou uma preciosidade", diz Venâncio. "Com outra que está agora por cima e que eu não comprei, fazem duas, duas preciosidades", arremata Elisa. O jogo cênico dos atores fez esquecer o significado aparente das palavras, trazendo à tona o sentido oculto do diálogo. Encolhida no canto do sofá, Elisa passou da aceitação da corte ao susto, e do susto à defensiva. Bastou a cena breve para desenhar nitidamente o seu perfil psicológico: é matreira, *coquette*, dissimulada, dança um momento à beira do abismo para, passada a breve vertigem, se reequilibrar virtuosa. O olho penetrante de Ziembinski percebeu nesse esboço de mocidade o germe de Sofia e Capitu.

Mas havia na comédia outros problemas, mais difíceis de resolver, como a brusca reviravolta no comportamento dos cônjuges e o desenlace atropelado. Pois se durante todo o tempo Elisa e Pinheiro se obstinam na turra, negando-se a ouvir a voz do bom-senso (Lulu), por que irão fazer as pazes quando a suspeita do marido parece afinal se concretizar, com a descoberta da dedicatória no álbum? A reconciliação, no momento mais grave da crise, não podia deixar de soar falso no espetáculo, como soara falso na leitura. Ziembinski venceu o obstáculo com o mais simples dos recursos, procurando no diálogo anterior uma frase que já pudesse insinuar o desejo de capitulação. Diz Pinheiro, respondendo à queixa de Elisa: "— Conjecturas suas. Reflita, que não está dizendo coisas assisadas. *Conhece o amor que lhe tive e lhe tenho, e sabe de que sou capaz*". Bastava que esta fala fosse dita repassada de ternura contida para que se destacasse no contexto de recriminações, como promessa de paz. Não importa que a réplica seguinte devolva Pinheiro e sua dignidade ao território inimigo: "— Mas, voltemos ao ponto de partida. Este livro pode nada significar e significar muito". — Entre os dois já estava içada a bandeira branca.

O mesmo processo, que consiste em antecipar o "tempo da reconciliação", será utilizado em relação a Elisa; e quando, no fim da cena, aquela se efetua, não duvidamos mais de sua verossimilhança.

No entanto o ponto alto da direção situa-se nos últimos momentos da peça, na cena em que Pinheiro acaba devolvendo o álbum a Venâncio. O episódio é muito breve e se compõe de dezessete falas, secas e curtas, com exceção da frase de Pinheiro, que desata o nó da intriga e é longa, explicativa, rompendo desagradavelmente o ritmo acelerado do trecho. Havia aqui dois problemas a contornar. Inicialmente, para que se aceitasse a veracidade do desenlace, era preciso fazer o tempo escasso *render*, atuar sobre o público, fazendo-o crer que os acontecimentos tinham efetivamente evoluído. Em seguida, cumpria aliviar o peso excessivo da fala de Pinheiro, que criava um tempo morto, mal encaixado na vivacidade cheia de brio do final. A impressão deixada pela leitura é que a habilidade do diretor não conseguiria disfarçar esses cochilos de fatura. No entanto, Ziembinski percebeu com grande acuidade o descompasso rítmico do texto e procurou uniformizar a duração temporal, tornando-a mais fluida e tirando partido ora das pausas, ora do diálogo expressivo e da movimentação das personagens. Sua primeira iniciativa é introduzir um elemento inesperado de surpresa na réplica de Pinheiro, cortando-a pelo meio: "— Ouvi falar de uma conferência e de umas notas... uma intervenção da sua parte na dissidência de dois estados unidos pela natureza e pela lei; gabaram-me os seus meios diplomáticos, as suas conferências repetidas e até veio parar às minhas mãos...". A frase era interrompida com hesitação, sem ruptura, como se as últimas palavras tentassem se esbater, sobre os primeiros gestos de Pinheiro, procurando o álbum. Logo a pantomima da busca se generaliza, atingindo uma a uma todas as personagens. O jogo silencioso de "cabra-cega" que se desenha no palco dura alguns segundos, até que encontrado afinal o álbum, Pinheiro o ergue num gesto triunfante, devolvendo-o a Venâncio e retomando a réplica interrompida: "... este protocolo, tornado agora inútil, e que eu tenho a honra de depositar em suas mãos".

    O efeito cômico deste recurso é excelente e nada tem de arbitrário. O álbum havia sido, durante toda a peça, o núcleo central da peripécia, o catalisador da ação, o pretexto para as personagens se revelarem. Criador de arabesco — álbum que se dá, que se recebe, que se folheia, que se surpreende, que se devolve — era natural que acabasse reunindo, num último desenho, as quatro personagens que baralhara.

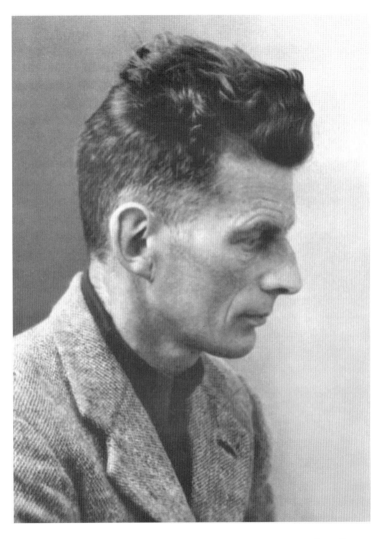

O dramaturgo Samuel Beckett (1906-1989) publicou *Esperando Godot* originalmente em francês, em 1952.

Pascal e Samuel Beckett

Por ocasião das primeiras representações de *En attendant Godot*, Jean Anouilh fez o comentário a meu ver mais profundo sobre a inquietante peça de Samuel Beckett, referindo-se a ela como "os pensamentos de Pascal interpretados pelos Fratellini". Nesta frase breve definiu o aspecto fundamental da obra: dar o sentido da miséria do homem sem Deus, por meio da comicidade mecânica do circo. Na ligação aparentemente arbitrária dos dois termos residia, na verdade, a maior invenção do autor. Consciente talvez de que o circo, como o folclore e o mito, representava uma espécie de resíduo da sabedoria popular, de visão singela da posição do homem no mundo, Beckett foi buscar em seu vocabulário os elementos de que necessitava para expor uma filosofia. Ou melhor, percebeu que as situações aparentemente desprovidas de nexo, que constituíam o seu cerne, revelavam a perplexidade do homem em face do mundo e que, portanto, sob o comportamento dos *clowns* fluía subterrânea a corrente do desespero. Assim, sem lançar mão de retórica e apenas inscrevendo as situações dadas num novo contexto — e, portanto, reinterpretando-as — deixava-as falar e exprimir os três tipos fundamentais de relação: do homem com as coisas, do homem com seu semelhante e do homem com Deus.

Um dos núcleos da comicidade do circo é justamente a impotência do homem, não apenas em face da sorte, mas como vítima dos outros, vítima de si, vítima das coisas. Este último aspecto, transplantado para o cinema através dos grandes cômicos da tela — sobretudo Chaplin — passou a simbolizar a situação do homem moderno que, não mais preocupado em estabelecer relação com a natureza, procura decifrar o sentido da sua relação com as coisas, descrevendo a oposição sistemática que exercem à sua vontade. Como um aprendiz-feiticeiro ele se encontra perdido, impotente entre os seres inanimados e os objetos que criou: ora é o relógio desmontado que multiplica as peças como cogumelos sob os seus dedos; ora é o balde d'água que lhe desaba na cabeça ou o martelo que lhe esmaga o dedo; ora é o automóvel que enguiça, o pneumático que estoura, a gasolina que acaba. Ou, simbolizando todo este mundo em rebeldia, a terrível "máquina de comer" de *Tempos modernos*, que acaba destruindo-o com a sua fúria funcional.

Mas não quero insistir nesse aspecto da comicidade cinematográfica, já certa vez admiravelmente analisada, creio que por André Bazin, a respeito de Carlitos. Quero apenas assinalar que, também na peça de Samuel Beckett, as coisas não existem tranquilas ao alcance da mão do homem: perseguem-no, inquietam-no, opõem-se sistematicamente ao seu poder. Seja a cenoura que Stragon não consegue encontrar no bolso — o qual no entanto contém tudo: papeizinhos, pedras, barbantes, pedaços inúteis de rolha — e, uma vez descoberta, não é tenra e doce como deseja Wladimir, mas dura e negra; ou já não é mais cenoura, é apenas um nabo. Seja o sapato que resiste aos esforços que Wladimir faz para descalçá-los e, pequeno demais, martiriza-lhe os pés; seja a corda frágil que não sustentará o corpo na hipótese eventual de um suicídio. Sentimos pois que o homem se move no centro do universo, isolado e só, perdido entre as coisas que não desempenham mais a função de servi-lo.

É diante da humanidade precária de Stragon e Wladimir,

Cacilda Becker (Stragon) e Walmor Chagas (Wladimir) em *Esperando Godot*, direção de Flávio Rangel, 1969.

pobres seres à mercê dos objetos, que surge a figura vitoriosa de Pozzo. À primeira vista ele nos parece significar o avesso dos dois, isto é, o domínio do mundo: eis porque entra em cena estalando o chicote e acompanhado de um séquito de coisas: malas, relógio, cachimbo, alimento, banquinho e pulverizador. E trazendo a seu serviço outro homem, sujeito a ele como os demais objetos. Além disso, contrastando com as ideias vagas e a fala rudimentar dos dois vagabundos, sabe expor o pensamento com fluidez, falar longamente sobre si ou sobre o crepúsculo, mostrando assim exercer o domínio das palavras. Não estranha, pois, que Wladimir e Stragon tomem a sua aparição pela chegada providencial de Godot.

No entanto, num momento de vertigem e abandono, também Pozzo vai proclamar a sua miséria. Não é um vitorioso, é um vencido. É apenas o homem referido por Pascal, que "deseja ser grande e se vê pequeno; deseja ser feliz e se vê miserável; deseja ser perfeito e se vê cheio de imperfeições; deseja ser objeto do amor e estima dos homens e só vê seus defeitos produzirem aversão e desprezo". E porque não pode destruir esta realidade, destrói-a na sua consciência e na consciência dos outros, sacrificando a sua pessoa real a uma personagem imaginária. Sua força é pois fictícia e, na verdade, nada tem sob o seu domínio. Pois assim como Lucky lhe está sujeito, também ele está preso a Lucky, que o explora. E os bens que definiam a sua superioridade em relação aos outros — cachimbo, relógio, pulverizador — vão, à medida que deles necessita, retraindo-se misteriosamente ante a sua vontade. Pozzo, como Wladimir e Stragon, é miserável e só.

E Lucky? Qual o sentido deste pobre rebotalho humano que jamais descansa, dormindo em pé sob o peso das malas, fechado no maior mutismo ou, quando se põe a pensar, transformado num mecanismo incontrolável, vencido pelo verbo? Assim como Pozzo simboliza o homem cheio de amor-próprio que se mostra forte para esconder a covardia, Lucky simboliza o homem que, feito para pensar, vê transformar-se numa máquina destruidora aquilo em que consistia o seu mérito e o definia em sua mais alta dignidade. Eis porque, no dia seguinte, Pozzo volta cego e Lucky, mudo. São as mesmas personagens que temos diante dos olhos, mas vistas agora sob outra luz. Pois se tendo os olhos abertos para o mundo Pozzo se recusa a examinar; se possuindo o dom do pensamento Lucky não o utiliza bem — cego e mudo é que nos parecem mais coerentes. E quando rastejam desesperados no chão, tentando levantar-se, é de Wladimir e Stragon que irão, paradoxalmente, receber auxílio.

Neste mundo absurdo em que tudo foge ao seu poder, em que não mais controla objetos e pensamento, em que o trabalho é uma agitação inútil e a vaidade a máscara do desespero, o homem tenta escapar à solidão unindo-se ao semelhante. A solidariedade que estabelece com o próximo é feita menos de compreensão que do medo de encarar a si próprio. Mas salva-o do momento, da atmosfera rarefeita entre "nada e tudo" onde vegeta ressequido. Apoiados um no outro, mas alheios e incomunicáveis, os homens vencem o tempo nulo e provisório de *enquanto Godot não vem*, que renasce cada manhã com o despontar do sol, invencível como um dragão de sete cabeças. E contra o qual lutam com os pés, as mãos, os chapéus, os sapatos e as imprecações.

Para matar o tempo todos os recursos, efetivamente, são lícitos. Diante do espetáculo da exploração do homem pelo homem podem, por exemplo, apostar ora num parceiro, ora noutro, à mercê da convicção maior ou menor dos argumentos. E com isso estão vencendo o tédio e esquecendo a própria miséria. A morte mesmo surge então como passatempo. E se logo rejeitam a ideia, não é pelo horror que lhes causa a destruição, mas porque um dos dois pode escapar com vida da aventura. E o que faria sozinho, impotente, sem o expediente do jogo, em face da realidade terrível de si mesmo? Que faria, *enquanto Godot não vem*, do longo tempo de espera que divide o raiar do dia do cair da tarde? Pois amanhã, como ontem e hoje, Godot pode, através de um emissário, desculpar-se da demora adiando novamente a vinda.

Mas virá Godot um dia? O longo tempo de espera será na verdade, como quer Pascal, "um ponto médio entre nada e tudo"? Ou será apenas um vazio entre dois vazios? Terá valido a pena a aposta em que se jogou, por mero interesse, uma vida pela outra? Não passará tudo de um embuste do emissário? Pois se Godot protela tão sistematicamente a vinda é porque de certo... não existe.

Tomando a proposição de Pascal e desenvolvendo-a através do comportamento grotesco das quatro personagens, Samuel Beckett chega a uma conclusão inversa à do filósofo jansenista: se a vida em si não tem sentido, também não tem sentido a longa espera. O homem aceitou o desafio, para perder a aposta.

A escolha de Antígona

A diferença essencial que salta aos olhos de quem procura contrapor a Antígona de Sófocles à Antígona de Anouilh[1] é que, se a primeira morre impelida pela necessidade de afirmar alguma coisa, a segunda se deixa matar porque não renuncia ao direito de dizer não. Assim, diante da lucidez majestosa da heroína grega, sacrificando-se para que prevaleça a verdade divina, a figura frágil da personagem de Anouilh, morrendo sem saber por que, poderia parecer anêmica e incoerente. A prioridade na tragédia caberia deste modo a Creon, eclipsando com a lógica de seu raciocínio e das suas ações o anarquismo lírico da sobrinha. Foi este contraste que chamou a atenção da crítica na época da estreia da peça. E se bem que Anouilh, fiel à sua concepção de tragédia, se mantivesse imparcial, não escolhendo entre uma e outra de suas criaturas, a simpatia do público ia quase sempre para o tirano, mais consequente na aparência do que a rebelde.

Mas — é preciso não esquecer — o tema da fuga ou da renúncia incoerente é muito querido de Anouilh. A maioria das

---

[1] Em 1952, o Teatro Brasileiro de Comédia montou um espetáculo duplo reunindo a *Antígona* de Sófocles e a de Jean Anouilh, com direção de Adolfo Celi. O presente artigo foi escrito nessa ocasião e publicado em *O Estado de S. Paulo*, em 21/8/1952. [N. da E.]

suas "peças negras" caracteriza-se pelo fato de, num determinado momento do enredo, o herói ou a heroína dizer inesperadamente *não*, ao que parece ser o seu destino, fugindo sem saber bem por que, ao apelo da felicidade. É o caso, por exemplo, de *La Sauvage*, de *Le Voyageur sans bagage*, de *Eurydice*. Ora, se isso é em Anouilh uma obsessão, presente até nas "peças róseas" (onde o dilema se resolve, é verdade, num gracioso acordo final), a tarefa do crítico é procurar o sentido que o autor atribui a esse gesto tantas vezes repetido.

O primeiro esboço mais sério desse conflito se encontra em *La Sauvage* e Teresa já é a personagem contraditória que, mais tarde, desabrochará em Antígona. Filha de dois músicos reles de coreto, é uma pobre menina que acaba sacrificando tudo a que aspirava na vida — amor, decência, fartura — por causa da fidelidade devida aos pais e a Gosta, indivíduos desprezíveis, que nada significavam para ela. No entanto, estão unidos por um passado comum de misérias, que continuará a uni-los para sempre, aconteça o que acontecer, interferindo em sua felicidade. "Eu podia ter fingido e fechado os olhos com toda a força", diz ela. "Mas sempre haveria por aí um cão sem dono, atrapalhando a minha felicidade..." Esse compromisso com o passado, com as pessoas que a amam e que necessitam dela é um compromisso consigo mesma, um caso de consciência. A renúncia de Teresa é, na verdade, uma escolha.

O problema central de *Antígona* não parece muito diverso. Mas *La Sauvage* foi escrita em 1934 e *Antígona* em 1943, durante a guerra; os tempos eram outros e, com a chegada dos dias sombrios, a questão vai colocar-se de maneira mais áspera. A escolha já não pode ser feita entre uma e outra vida, mas será entre a vida e a morte.

Quando a tragédia começa, Antígona vai morrer, porque, desobedecendo às leis de seu tio Creon, ousou enterrar Polínice,

O dramaturgo francês Jean Anouilh (1910-1987) foi um autor bastante encenado nos palcos brasileiros nas décadas de 1950 e 60. *Antígona*, uma de suas peças de maior sucesso, estreou em Paris em 1944, durante a ocupação nazista.

o irmão rebelde. Mas Polínice não é uma razão; como os pais de Teresa em *La Sauvage*, é apenas um pretexto — um pretexto que só existe para dar lugar à escolha. O próprio Anouilh o afirma pela boca de Creon, já no final da peça: "Polínice foi apenas um pretexto. Tendo de renunciar a ele, Antígona encontrou outro, logo em seguida. Para ela o que importava era recusar e morrer". Ora, se o motivo da escolha é um pretexto, o que vale é a escolha em si, o gesto de escolher. Mas a peça de Anouilh é construída de acordo com uma lógica inexorável. E para acentuar o caráter lúcido da escolha assumido pela recusa, o autor coloca três vezes em seguida a heroína em face do dilema, tornando-lhe a decisão gradativamente mais difícil.

Da primeira vez, Antígona se defronta com Ismênia; é acenando-lhe com o medo que a irmã tenta demovê-la. "— Eles vão nos acuar. Vão nos prender com mil braços, mil caras e um só olhar. Vão cuspir em nosso rosto. E teremos de desafiar seu ódio, na carreta; seu cheiro e seu riso nos acompanharão até o suplício. E lá estarão os guardas, com as cabeças torpes entaladas nos colarinhos duros, as mãos grossas e limpas, o olhar bovino [...]. E sofrer? Vai ser preciso sofrer, sentir a dor subindo até ao ponto de não a podermos mais suportar."

Mas Antígona já pensou em tudo e venceu o medo: vai de novo lançar terra sobre o corpo do irmão.

O segundo momento na escolha é o diálogo com Hemon. A presença do noivo propõe-lhe de maneira lancinante o problema da frustração no amor, da vida que se deixa vazia, das noites desperdiçadas. No entanto, como se sentiria orgulhosa de ser sua mulher, aquela em quem "à noite, quando ele chegasse em casa, pousasse a mão distraído, como num objeto familiar".

Mas Hemon é um caso liquidado e, pela segunda vez, Antígona escolhe: "— Você jurou, Hemon. Vá embora. Vá embora depressa, sem dizer nada".

O diálogo mais doloroso é o terceiro, com Creon. Este oferece-lhe a vida em troca do silêncio. O sacrifício que insiste em fazer é absurdo: Polínice não valia mais que Etéocles. "Eram dois trapaceiros, querendo passar a perna um no outro e por isso acabaram se esganando num ajuste de contas." Além disso, tem certeza que vai morrer por Polínice? Precisando de um dos irmãos para transformar em herói, Creon mandou procurá-los entre os mortos. Encontraram os dois abraçados, irreconhecíveis. Então os soldados trouxeram para os funerais o corpo mais conservado, deixando que o outro acabasse apodrecendo onde estava. Pela primeira vez, sentindo a fragilidade do motivo que a leva à morte, Antígona titubeia e hesita como quem vai voltar atrás.

Programa da montagem do TBC em São Paulo, em 1952, que reuniu, com grande êxito, a tragédia de Sófocles e o drama de Jean Anouilh, tendo Cacilda Becker no papel principal.

Mas logo se retesa e insiste na escolha: não, jamais se agarrará à felicidade como quem defende um osso.

Parece que já não há mais dúvida possível. Se nem o medo, nem o amor, nem a razão conseguiram demovê-la da escolha; se colocada três vezes diante do dilema, três vezes disse "não"; se aceitou Polínice como um pretexto e não como um motivo — o gesto de Antígona deve ser mais consequente que a lucidez fria de Creon.

Com efeito, que fez Creon — ele que "gostava de música, encadernações raras, passeios lentos pelos minúsculos antiquários de Tebas"? Um dia "abandonou os livros, as coleções, arregaçou as mangas" e tomou o poder. Não porque acreditasse no mando, mas porque não teve coragem de recusá-lo. Recusar seria agir como "um operário que recusa a tarefa", diz ele. No entanto, como pactuou, dizendo "sim" e aceitando um poder que o afastava de si, não pode mais olhar nos olhos a menina magrinha que se ergue poderosa, na sua frente, dizendo "não". Como disse "sim" sem querer, vai ser obrigado a matar Antígona sem desejar. "Você disse sim. Agora nunca mais deixará de pagar."

Antígona também amava a vida e as coisas simples: o ar fresco na pele, "todos os bichinhos e todas as flores do campo que não podia colher". Como Creon, também não acreditava em nenhum dos valores que a rodeavam, os ritos funerários, a lei da cidade. Mas não quis, como o tirano, aceitar o poder e suas consequências como um mal necessário; não quis proferir as palavras que sabia mentirosas, sob o pretexto de que "só é verdade aquilo que não se diz". Se Creon não acredita e cala, Antígona não acredita e proclama "não". "Eu ainda posso dizer 'não' a tudo o que não amo, ainda sou o meu único juiz." E é por essa razão que sabe rejeitar, num último alento, a pobre felicidade que Creon lhe oferece e que ela teria de defender com usura, a troco de si mesma. "O que seria a minha felicidade? Em que mulher feliz Antígona iria se transformar? Que miudezas teria de fazer, dia a dia, para arrancar com os dentes o seu naco de felicidade? A quem deveria mentir, a quem deveria sorrir, vender-se? Quem teria de deixar morrer, desviando o olhar?" É muito caro o preço da felicidade. E levantando-se pálida e solitária contra a força do tirano, Antígona pede a Creon que mande chamar os guardas.

As *Três irmãs*

No momento em que se multiplicam os conjuntos teatrais e os diretores se atropelam à procura de textos, é sintomático que as peças de um escritor da importância de Tchekhov continuem presentes apenas nas representações de amadores. Ainda há pouco, os alunos da Escola de Arte Dramática de São Paulo encenaram *Três irmãs*; foi esta a segunda vez — se bem me lembro — que se representou no Brasil uma de suas quatro peças maiores, pois *Tio Vânia* já tinha sido levada à cena pelo grupo do Tablado, no Rio.[1]

Ao mesmo tempo que afugenta os diretores profissionais, Tchekhov atrai, pois, os aprendizes de teatro. E é justo que assim aconteça. Para os primeiros, que jogam a sua responsabilidade na perfeição do espetáculo, estes textos, aparentemente despojados e tão semelhantes à vida, representam uma das provas mais sérias da carreira. Desprovidos de ação dramática e personagens de exceção, correm a todo o momento o perigo de cair na monotonia se o diretor não conseguir encontrar o tom exato,

---

[1] A peça *Tio Vânia* foi encenada pelo Tablado, no Rio de Janeiro, em 1955, com tradução de Aníbal Machado e direção de Geraldo Queirós. *Três irmãs* foi apresentada por alunos da EAD no segundo semestre de 1956, em São Paulo, na tradução de Esther Mesquita e com direção de Alfredo Mesquita. [N. da E.]

valorizando cada detalhe, suprindo pela atmosfera a ausência de situações de conflito e pelo matiz do comportamento a falta de contrastes vivos, fáceis do público apreender. Paradoxalmente, portanto, encenar Tchekhov é tarefa mais ingrata que encenar um texto clássico. Pois nestes, o enredo, a peripécia, o poder encantatório das imagens apoiam a representação, suprindo possíveis deficiências do artista ou da montagem. Para os profissionais de teatro Tchekhov é tarefa sempre adiada, ambição de apogeu na carreira.

No entanto, as dificuldades que afastam dele os profissionais acabam atraindo os amadores. Para estes, as peças de atmosfera representam excelente campo de pesquisa, exercício de contenção, da voz, do corpo, enfim de todo o jogo que se orienta no sentido da harmonia do conjunto. Além disso, a ausência de heróis, banindo a possibilidade de interpretações excepcionais, dá praticamente a todos os atores as mesmas oportunidades de brilho. Neste sentido, Tchekhov é uma disciplina admirável.

Parece-nos, pois, acertada a escolha que a EAD fez, elegendo *Três irmãs* para um de seus textos de exame. E se não assistimos a um espetáculo impecável, tivemos a ocasião de ver como funciona no palco uma peça que muitos de nós só conheciam de leitura. Foi esta oportunidade que me sugeriu alguns dos problemas que passarei a analisar com o leitor.

A realidade que Tchekhov coloca diante de nossos olhos no palco não se delineia nitidamente logo à subida do pano.

"Tchekhov tem como os impressionistas — diz Tolstói — uma forma própria. Observando-o trabalhar, vemo-lo espalhar as cores como se não procedesse a nenhuma escolha, dispondo-as aparentemente ao acaso dos gestos, como se as pinceladas não tivessem nenhuma relação entre si. Mas se nos

O dramaturgo Anton Tchekhov em visita a Lev Tolstói,
na casa deste em Gaspra, Crimeia, no ano de 1901.

afastamos um pouco para olhar, recebemos uma impressão extraordinária do conjunto: diante de nós está um quadro claro, indiscutível."

Assim, é a custo, como quem vai distinguindo feições vagas na bruma, que divisamos os vários temas que urdem a trama de suas peças e estabelecemos o nexo secreto que une tantos monólogos desencontrados. Com esta técnica fragmentada, o autor constrói a sua atmosfera peculiar, de desencanto, melancolia, poesia nostálgica — atmosfera anti-heroica por excelência — onde as personagens desfilam vítimas passivas do destino, paralisadas na ação.

A galeria do escritor é a dos vencidos, que afetam em suas quatro peças os vários graus da derrota e das frustrações. Ninguém luta encarniçadamente por um ideal, nenhum homem se eleva sobre os demais como a encarnação da paixão pessoal ou de grandeza de caráter. E se há sempre um abismo separando o sonho da realidade, poucos procuram transpô-lo, perseguindo a realização consciente de seu próprio fim. Nas *Três irmãs*, Olga sonha com um marido que pudesse querer bem, uma casa onde conseguisse descansar; no entanto, acaba aceitando, exausta e contra a vontade, a direção do colégio. Irina, que esperou anos a fio o amor romântico, curva-se afinal à corte do feio Tuzenbach, como quem vai lentamente "deslizando para um precipício". André, em quem as irmãs depositam tantas esperanças e que se havia preparado intimamente para a vida universitária, vê-se reduzido com o tempo a marido enganado e membro obscuro de uma comissão municipal. E mesmo Macha, a fogosa Macha, que toca tão bem piano, recita versos de Púchkin e pensara ter-se casado com um homem inteligente, só muito tarde percebe que Kuliguin é apenas uma caricatura da inteligência: um professor pedante de ginásio, que cita latim errado.

Neste mundo de frustrações e mal-entendidos, a escolha não ocorre e a conduta é imposta do exterior para o interior. Na medida em que o indivíduo aceita o papel que lhe é atribuído, está sufocando para sempre o herói que porventura trazia dentro de si. Da luta inglória restará sobre cada um a garra segura do comportamento sancionado que, destruindo a liberdade própria ao homem, se estampa exteriormente na marca do uniforme, de funcionário público, de oficial do exército. Alguns, é verdade, acomodam-se perfeitamente a esta fôrma, que no fundo corresponde ao seu ideal de vida. E longe de sentir os membros tolhidos, agitam-se eufóricos, pavoneando as frases feitas e o otimismo de quem se sente realizado contido na norma. É o caso de Kuliguin. Para Olga, no entanto, o vestido azul-marinho de professora de ginásio é opressivo: dentro dele vai ficando dia a dia mais velha, magra e ressequida, como quem se conforma com um papel atribuído que a distancia da vida e do humano.

As *Três irmãs*

Programa da encenação da peça de Tchekhov pela EAD, em 1956.

Como pausa na vida mesquinha, nas tarefas miúdas cumpridas sem amor, estabelece-se de vez em quando na casa dos Prozorof — por exemplo, no fim de um dia cansativo, por ocasião de um aniversário — um espaço fictício e recluso, isolado do espaço real da cidade provinciana. Nele vemos mover-se em tácito entendimento aqueles que participam da mesma comunidade de lembranças: os oficiais da guarnição, temporariamente alojados na cidade, e as filhas do falecido general, que vieram de

Moscou. Não é então difícil descobrir, por trás das frases esgarçadas em que as personagens se comunicam, dois *Leitmotive* principais, que estão constantemente se cruzando: o *tema das irmãs* e o *tema dos oficiais*.

Olga, Irina e Macha procuram abolir o presente. Fogem dele enquanto esperam ansiosas o dia em que, afinal, irão para Moscou e novamente vai adquirir sentido aquilo que na cidade do interior parece um luxo inútil ("um acréscimo tão inútil como um dedo a mais na mão"): as boas maneiras, as várias línguas que conhecem, o amor pela música e pela poesia. O seu tema é *ir para Moscou*, ou melhor, *voltar para Moscou*, rever os lugares antigos em que se morou, as ruas de que ainda se guardam os nomes. Moscou é o tema da memória e do passado.

Mas se as três irmãs — e também André — esperam o dia em que poderão retornar ao passado, os oficiais — Verchinin e principalmente Tuzenbach — anseiam pelo futuro, por um tempo em que o trabalho redimirá o presente. O seu tema é *trabalhar*; é sufocar na tarefa cumprida com esforço o sentimento de culpa de sua classe, o remorso das botas outrora tiradas pelo mordomo: "A avalanche vem se aproximando de nós, o temporal já está perto e logo varrerá a preguiça, a indiferença, o ódio ao trabalho, o fastio corrompido de nossa sociedade".

As personagens se vinculam, portanto, à nostalgia do passado ou à premonição do futuro, formando dois grupos distintos. Contudo, desligada de ambos, delineia-se a figura de Natacha, a única a se mover no presente. Ela não se inscreve no território comum das lembranças, em que vivem as três irmãs e os oficiais; e, por isso, entra para o círculo restrito dos Prozorof como elemento perturbador de desorganização. Natacha não é apenas a intrusa, a estranha que vem de fora para lhes roubar o irmão e romper o equilíbrio de um universo ordenado (como a veem as cunhadas); é, na verdade, a erupção brusca do presente no mundo das saudades e visões. Encarada da perspectiva das irmãs (e do passado), talvez pareça vulgar e má. No entanto, do ponto de vista do presente, é a única pessoa viva da casa, tão viva que, às vezes, parece a André "antes um animal que um ser humano". Ela representa, possivelmente, a vitalidade dos pequenos comerciantes em ascensão, dos filhos dos servos há pouco libertados, que capitalizaram em silêncio a energia que agora despendem. Só ela persegue, determinada, a realização de um fim, só ela se afirma colocando-se no primeiro plano, em detrimento dos demais. Por isso, quando os irmãos recuam como sombras para o passado, vai estendendo o seu domínio sobre a casa, planejando substituir velhas árvores por canteiros de "flores miúdas e perfumadas", alastrando os filhos pelos quartos de que expulsou marido e cunhadas, instalando o amante na sala, rompendo com a tradicional cordialidade entre senhores e empregados, destruindo André e toda a antiga harmonia dos Prozorof.

E Tuzenbach? Não é ele, também um ser que se afirma? Acaso não existe no seu pedido de reforma do exército um desejo consciente de exercer a liberdade, apagar o passado ocioso, transformando em ato uma convicção longamente amadurecida? ("Pedi a minha reforma. Estou farto do exército. Levei cinco anos refletindo e afinal resolvi começar a trabalhar.") Sem dúvida. Mas abandonando a farda e entrando em cena com o traje civil, Tuzenbach recuperou apenas aparentemente a liberdade perdida de indivíduo. Pois o Barão permanece ainda, por família, um aristocrata e não conseguirá, com um simples gesto, apagar a marca profunda de sua contradição interna. Como o herói dramático de Hegel, "traz imanente em si o princípio contra o qual se levanta e será conduzido e quebrado por aquilo que faz parte da esfera de sua própria vida". A morte, no duelo com um antigo companheiro de armas, vem demonstrar nitidamente como permanecera preso aos valores tradicionais de sua classe, os quais acabam voltando-se contra ele e destruindo-o.

Assim, a oposição entre o passado e o futuro não encontra na peça de Tchekhov nenhuma conciliação além de Natacha. Só ela tem direito ao presente. Quando os últimos clarins da guarnição se tiverem perdido ao longe, Irina e Olga irão petrificar-se nos uniformes; Macha talvez continue refugiando-se no sonho e André afogará a derrota no jogo. Mais do que antes irá estender-se sobre a casa dos Prozorof o enorme cansaço do fim do dia, símbolo de um presente abolido. Pois "para aqueles que não têm objetivos imediatos ou remotos, só resta na alma um grande espaço vazio".[2]

---

[2] De uma carta de Tchekhov de 25 de novembro de 1892, *in* W. H. Bruford, *Chekhov and his Russia*, Londres, Kegan Paul, 1947.

**IV.
Cinema**

Fellini e a decadência

Do ponto de vista plástico e como exploração expressiva da cor, o *Satyricon* [1969] de Fellini deve ser posto ao lado de *Julieta dos espíritos* [1965]. *Julieta* era a análise de um temperamento feminino, apreendido num momento de crise afetiva e de exaltação erótica, compensatória, da fantasia — por isso o diretor apoiou a narrativa nos símbolos psicanalíticos, revelando um senso cenográfico que lembrava muito Salvador Dalí. *Satyricon* tomou como tema uma narrativa da decadência romana na época de Nero e teve de procurar outro caminho; a solução natural foi ambientar a pesquisa da cor na pintura mural de Herculano e Pompeia, portanto, numa pintura contemporânea da obra. A imaginação plástica demonstrada por Fellini nos dois filmes é surpreendente; mas neste, é admirável a transposição que vai fazendo do código da palavra para o código da imagem. Desde o início, quando a figura de Encólpio, em pé, ao lado dos fragmentos do afresco, desliza graciosa, paralela ao muro, sentimos que penetramos no espaço da pintura romana — restrito, emparedado, sem escalonamento de planos, onde lemos as formas linearmente, como num friso. Logo as equivalências se sucedem, felicíssimas, e o filme abandona qualquer intenção arqueológica, para conservar, na obsessão ininterrupta do fogo, o vermelho incandescente dos afrescos da Vila dos Mistérios; no céu e no mar, os azuis intensos. A utilização da cor passa de abstrata a violentamente emocional, mas a composição das cenas continua repetindo com fidelidade o espaço retalhado dos interiores romanos, a desolação da paisagem, na proximidade seca das rochas. Nesta perspectiva, a névoa e o vento, recurso muito fácil, de que Fellini abusa, perdem o sentido de conotação mecânica de mistério e horror, para assumir a função estética de esmaecer os sons e as formas: o equivalente da transparência azulada da têmpera, na pintura da casa de Lívia, por exemplo.

O processo narrativo é episódico e nisso segue mais ou menos de perto o livro, onde, como nos romances picarescos, a história é um pouco frouxa e "vagabundeia à mercê da fantasia". No filme, a narração chega a ser desconexa e fragmentada e a unidade é conseguida com a presença constante de Encólpio em cena — transposição do foco narrativo para a primeira pessoa. A escolha da forma episódica, no entanto, não representa apenas uma fidelidade a Petrônio; ela é comum a Fellini, é o seu processo mais espontâneo de narrar.

Também o tema de *Satyricon* não é novo no universo felliniano. A decadência é o tema central de *La dolce vita* [1960], e se bem que a época seja então a contemporânea, em vários momentos do filme o diretor alude ao passado, para mostrar a dessacralização atual dos valores: alusão dramática, na imagem final do olho do peixe; sarcástica, quando Anita Ekberg, símbolo do erotismo, sobe as escadas internas da basílica de São Pedro, envergando um traje clerical completo; ou quando o pobre Cristo de gesso dependurado no helicóptero sobrevoa Roma, os monumentos da "cidade eterna" e as mulheres que tomam banho de sol na cobertura dos prédios. Em *La dolce vita* a comparação entre o presente e o passado visava o contraste; em *Satyricon*, vale como identificação.

É na atmosfera geral, na maneira de apresentar as personagens e no tratamento que dá ao amor, que Fellini se afasta radi-

Detalhe de afresco da Vila dos Mistérios, em Pompeia, assim denominada porque seu conjunto de pinturas foi associado aos mistérios dionisíacos.

calmente da novela e começa a perseguir os seus próprios fantasmas. O livro de Petrônio nos dá uma visão satírica, mas jamais trágica dos acontecimentos. O festim, por exemplo, é um trecho excepcional de ficção, pela segurança como vem descrito, a movimentação teatral das personagens, as surpresas do entrecho, a caracterização dos convivas etc. Como toda sátira, o texto se refere com insistência ao momento histórico, e temos de recorrer ao comentador para saber que em Agamenon está caricaturada a grande eloquência e em Eumólpio a poesia clássica. O traço caricatural pode ir até a grosseria — como nos episódios do fracasso viril do herói ou das peripécias eróticas em que se metem Encólpio, Eumólpio, a matrona Filomena, seu filho e sua filha. Mas mesmo aí a comicidade é sadia, popular e o tom da narrativa, no romance, lembra mais o *Macunaíma*, de Mário de Andrade, que o *Satyricon* de Fellini.

No filme, tudo se transfigura. À crítica se substitui o pesadelo, à comicidade o grotesco, à festa a visão apocalíptica, às personagens o paroxismo das máscaras. — Existirão mesmo personagens, no filme? A maioria, ou melhor, a totalidade dos figurantes é tratada de maneira caricatural, disforme, monstruosa — são máscaras, apenas. Mesmo as personagens, Trimalcião, Fortunata, Licas, Trifene, as várias mulheres que encarnam o *amor ferinus*, são máscaras. A própria mulatinha encantadora, com a sua fala extraordinária, o seu gorjeio leve de pássaro, é máscara de exotismo. E serão personagens os dois amigos, Encólpio e Ascylto, ou significam o desdobramento do herói, a personagem e o seu duplo? E Gyton? Não será apenas o ideal amoroso, um "eterno feminino" a seu modo?

A concepção do amor em Petrônio é cínica, mas tranquila, pois descreve o amor homossexual como norma, como natureza, e o heterossexual como desvio. Não há consciência infeliz, porque não há culpa. Em Fellini estamos no extremo oposto. A relação amorosa sempre foi para Fellini muito complexa e ele jamais conseguiu realizar uma síntese perfeita entre o ideal feminino e o apelo do sexo. O momento de lucidez desta concepção polar é *Oito e meio* [1963], e o episódio exemplar, o da Saraghina. A mãe e a Saraghina são os dois termos da oposição, e todas as demais mulheres, o desdobramento deste duo terrível. No entanto, mesmo conotando *amor ferinus*, a Saraghina é um sinal ambíguo. Na dança erótica, quando atrai os rapazinhos, é demônio; mas na praia, como o sorriso bom e a *écharpe* esvoaçando ao vento, como uma grande asa branca, é anjo. Guido-menino coteja as duas visões e não sabe concluir. Mas em *Satyricon*, Fellini aboliu a tensão e anulou a ambiguidade. Agora estamos submersos na danação do sexo. Temos de nos render, fascinados, a esse carnaval de harpias, de monstros devoradores, cuja multiplicação não representa um enriquecimento de sentido do feminino, mas o paroxismo de uma única obsessão — o amor bestial. Entre o homem e a mulher não existe, em todo o filme, nenhuma outra relação.

É preciso retificar: existe, uma única vez, inexplicável, destacando-se contra o pano de fundo de anormalidade e horror, no episódio do duplo suicídio do casal. Só neste momento vemos na tela, juntos, um homem e uma mulher (e não máscaras). O rosto é limpo, o gesto orgânico e quase hierático de tão simples. A cena, despojada e silenciosa em confronto com o tumulto que a circunda, parece um quadro de David ao lado de uma composição de Bosch. A própria ação que exprime é desconcertante. Pois no conjunto dos episódios imediatos, dos acontecimentos que se atropelam a esmo, empurrando o narrador, sem que ele tenha tempo de optar, define uma escolha, uma decisão. Uma série de gestos preparatórios — a libertação dos escravos, a despedida dos filhos, as últimas recomendações — antecedem o gesto final e preparam o espaço da morte. Quando o sangue já corre nas veias abertas, o homem e a mulher ainda se comunicam, um fala, o outro escuta. Depois a morte apaga tudo. Poucas vezes a arte deu uma imagem tão altiva do humano, do destino.

É evidente que, surgindo assim recortada na estrutura da obra, opondo a ordem ao turbilhão, o rosto à máscara, o humano ao desumano, a sequência nos acena com um sentido. Qual será? Fellini não esclarece. Apenas descreve, compara. Aliás o episódio não é novo — é a retomada, em registro romano, do suicídio de Steiner em *La dolce vita*. Revela, portanto, um traço obsessivo, o que nos dá um pequeno acréscimo de informação. O suicídio de Steiner era um gesto de liberdade, um modo de recusar o mundo. O suicídio do casal talvez seja o último exercício da razão.

Há uma outra leitura possível da sequência, que não invalida a primeira e recupera Petrônio como personagem. Também é sugerida por um contraste, mas entre a própria vida do escritor, fútil, devasso, e a sua morte exemplar. Segundo uma tradição, inverossímil, Petrônio, procônsul e cônsul da Bitínia, condenado à morte, escreveu o *Satyricon* enquanto se esvaía, depois de ter aberto os pulsos. Impressionado com este episódio, cuja narração, feita por Tácito, acompanha sempre em nota as edições do livro, Fellini o teria transposto no filme, disfarçado — a sua última máscara — como uma dedicatória comovida ao coautor:

> "O imperador se achava então na Campânia e Petrônio o acompanhara até Cumas onde recebeu ordens de ficar. Não suportou a ideia de vegetar entre o medo e a esperança, mas não quis cortar bruscamente a própria vida. Abriu as veias, depois tornou a fechá-las, depois abriu-as de novo, levado pela fantasia, falando aos amigos, escutando-os por sua vez. Mas nos seus conceitos nada havia de sério, nenhuma ostentação de coragem. E da parte deles, nenhuma reflexão sobre a imortalidade da alma e as máximas dos filósofos. Só queria ouvir versos jocosos e poesias leves. Recompensou alguns escravos, castigou outros. Chegou a sair, depois deitou-se e adormeceu para que a morte, embora forçada, parecesse natural".

O salto mortal de Fellini

> "................ Menino sai!
> Você é o estranho periódico
> Que me separa do ritmo
> Unânime desta vida...
> E o que é pior, você relembra
> Em mim o que geralmente
> Se acaba ao primeiro sopro:
> Você renova a presença
> De mim em mim mesmo..."
>
> Mário de Andrade,
> "Reconhecimento de Nêmesis"

Oito e meio [1963] pode não ser a realização mais alta e mais perfeita de Fellini, mas é sem dúvida, tanto do ponto de vista estrutural quanto de significado, o filme que sugere à crítica os problemas mais fascinantes. Ao construir uma narrativa livre, dissolvendo o entrecho linear numa certa atemporalidade, Fellini se inscreveu na linha de vanguarda da narrativa contemporânea, sobretudo na linha do *nouveau roman*, que havia atingido o cinema em obras como *Hiroshima, meu amor* [1959], *O ano passado em Marienbad* [1961], *Morangos silvestres* [1957]. À primeira vista, *Oito e meio* apresenta pois aquelas características de "obra aberta", como define Umberto Eco, que fazem explodir a estrutura tradicional do enredo para "mostrar uma série de acontecimentos carentes de nexo dramático no sentido tradicional". Contudo, se o seu processo narrativo não obedece à tradição e desrespeita o tempo cronológico do relógio, não deixa por outro lado de estabelecer um tempo particular, que chamarei de *tempo subjetivo de Guido*, a personagem central, e que nasce da interseção de dois planos: o plano horizontal do presente e o plano vertical das lembranças do passado, dos sonhos, dos devaneios e das aspirações mais profundas. Em *La Modification*, de Michel Butor [romance, 1957], a viagem de Paris a Roma é o tempo objetivo, minucioso, que desvenda gradativamente o tempo interior da personagem e esclarece a modificação do seu projeto inicial; em *Oito e meio* são os acontecimentos de rotina numa estação de águas e a dificuldade de um cineasta em compor o seu filme, que camuflam ou servem de pretexto para que, verticalmente em relação a eles, vá se organizando a verdade profunda de Guido. A verdade do presente, aquela que é aparente, é Guido acordando angustiado do pesadelo, sendo examinado pelos médicos, esperando a amante na estaçãozinha de estrada de ferro, vendo-a almoçar ou dormindo com ela no "Hotel da Ferrovia", encontrando conhecidos, discutindo com a esposa, escolhendo os figurantes para o filme que está em vias de fazer. O presente instaura assim um tempo curto — três ou quatro dias, se contarmos bem — em que, no veraneio da estação termal, tenta organizar as ideias, fazer coincidir as personagens de ficção com os intérpretes disponíveis e dominar todo o complexo mecanismo da produção. Mas cortando verticalmente esta verdade horizontal, vai se instituindo concomitantemente uma verdade mais profunda e subterrânea, atemporal, fracionada, que completa e retifica o presente. É este tempo irreal — passado e vivido ou desejado e suposto — que à medida que o filme progride se torna gradativamente real e presente. Tão real e presente, que a partir de certo momento — a partir do encontro com a atriz Cláudia, para ser bem precisa — se instala definitivamente como o único significante.

O que levou Fellini a escolher esta perspectiva? Exibição virtuosística de técnica? Desejo de mostrar-se atualizado? É claro que não. A escolha da técnica foi uma imposição do assunto e para compreendermos a sua necessidade o confronto com *La dolce vita* é esclarecedor.

Em *La dolce vita* Fellini adotara um processo narrativo semelhante ao do romance tradicional, usando um tempo cronológico e fazendo o protagonista deslizar num espaço homogêneo e horizontal. Deste modo, a peregrinação de Marcelo pelas várias camadas da sociedade — pois como repórter tem acesso aos grupos mais diferenciados — assume uma função semelhante à das viagens no romance picaresco, ou à da peregrinação e da fuga, de tantos filmes conhecidos (*O fugitivo* [1932], *Odd man out* [1947], *A pérola* [1948], mais recentemente *Easy rider* [1969] etc.): "constatar a unidade do homem na diversidade dos lugares". Em *La dolce vita* a tônica recai na análise da sociedade e através de Marcelo nos pomos em contacto com a vida noturna da alta burguesia, os salões intelectuais onde brilha Steiner, a degradação da religião nas camadas populares, o mundo das vedetes de cinema, a aristocracia cosmopolita da festa do príncipe Mascalchi. O resultado é um largo afresco da sociedade romana, onde o comportamento da personagem de certo modo se apaga como comportamento individual para se transformar no comportamento típico de uma época. Marcelo é um homem na paisagem e, por isso, se impunha a narrativa horizontal.

Mas ao filmar *Oito e meio* — e segundo as suas próprias declarações — o que Fellini visava não era um *mural*, mas um *retrato*; mais propriamente um autorretrato, como iremos ver. Portanto, a análise de um comportamento único, irredutível, onde os gestos da personagem seriam condicionados pela sua história individual e não pela história do grupo. O tempo seria agora, não o tempo de uma época como em *La dolce vita*, mas o *tempo interior* da personagem.[1] As cenas iniciais do filme são neste sentido exemplares, e a queda de Guido, do céu em que flutua como um enorme espantalho, ao mar, nos adverte do que será o filme: um mergulho no seu ser mais profundo.[2] O devassamento impiedoso irá questionar tudo: o comportamento no amor, o processo pessoal da criação, as angústias religiosas. E a chave de tudo estará na infância, ou nos sonhos e devaneios do adulto.

Portanto, é a memória ou a fantasia que definem o Guido do presente, feito dos destroços do menino. Em *La dolce vita*, a peregrinação de Marcelo se processava no espaço; a de Guido, em *Oito e meio*, se dá no tempo e vai do real ao imaginário. O que *é* não tem peso maior do que o que *foi* ou do que *podia ter sido*. A fluidez verbal da narrativa — tão difícil de conseguir através da imagem — assume neste filme a naturalidade da frase literária, quando a simples flexão de um verbo efetua magicamente a conversão temporal. O cinema deixou de ser aqui a arte do *presente do indicativo*.[3]

É sabido que a narrativa cinematográfica é, de certo modo, prisioneira do presente. Toda ação filmada se dá como *acontecendo* no próprio ato da filmagem, como imediatamente presente. Deste modo, se o diretor deseja intercalar na narrativa fílmica um trecho do passado — realizar um *flash back*, por exemplo — é obrigado, para que a sua intenção se torne compreensível, a *ad-*

---

[1] Em *Satyricon*, que é a retomada do mesmo tema em registro romano, Fellini voltou à narrativa linear, episódica.

[2] No final desta análise, examinaremos a sequência do ponto de vista da angústia da criação.

[3] A expressão é de Jean Bloch-Michel em *Le Présent de l'indicatif* (Paris, Gallimard, 1963).

Guido (Marcello Mastroianni), no congestionamento de trânsito durante a sequência do pesadelo, na abertura de *Oito e meio*, 1963.

vertir o espectador que se trata de segmentos temporais díspares; isto é, vê-se obrigado a sublinhar no próprio plano da imagem a heterogeneidade temporal, pondo o passado "entre parênteses". É esta a função do *flou*, que no *flash back* tradicional dissolve as últimas imagens do presente nas primeiras imagens do passado; ou da oposição de sequências rodadas em preto e branco e em tecnicolor (*Rosas de sangue* [1960], de Vadim); ou o recurso mais sutil do ralentando dos sinos, que Claude Autant-Lara usa em *Le Diable au corps* [1947] e Buñuel retoma em *Belle de jour* [1967], quando o tilintar dos guizos da carruagem funciona como o arauto do mundo imaginário.

Tais recursos conferem efetivamente à narrativa uma flexibilidade temporal maior, e era natural que Fellini os utilizasse numa película como a sua, que, centrada sobre a personagem, necessitava encontrar equivalentes plásticos, ora para as flexões verbais como "eu sou", "eu era", "eu fui", "se eu fosse" etc., ora para as conversões temporais que faziam a ação transitar do presente ao passado e do real ao imaginário. A utilização sistemática deste processo tornava o arcabouço tradicional da narrativa cinematográfica ineficaz e por isso Fellini viu-se obrigado a reestruturá-lo, organizando um novo sistema, que, tornando a estabelecer as articulações entre os planos, devolvesse a fluidez ao entrecho. Vejamos como o conseguiu, analisando a concatenação das sequências, sobretudo certas conversões temporais.

1. A primeira conversão temporal se dá na sequência inicial do pesadelo de Guido. O filme começa no plano *imaginário*, mas logo o espaço alucinatório do sonho é unido plasticamente ao *espaço real do presente* através do ritmo da imagem: movimento descendente do corpo que cai no mar (sonho); movimento ascendente do braço procurando agarrar-se no ar (realidade presente). Os dois planos foram unidos através da *montagem tradicional*, sugerindo o despertar angustiado de Guido.

2. O momento seguinte de ruptura é a primeira *visão de Cláudia*. Guido está no parque da estação termal e se encaminha para beber água na fonte. A orquestra toca ao ar livre a "Ca-

Primeira aparição de Cláudia (Cláudia Cardinale), que surge
diante de Guido como figura de pureza e salvação.

valgada das Valquírias" e na manhã de claridade ofuscante ele vê Cláudia aproximar-se, esvoaçando, para lhe oferecer o copo d'água. Ele agradece encantado, olhando-a por cima dos óculos. Mas logo a visão encantadora é substituída pela presença real da jovem da fonte, cansada, impaciente, que com os cabelos em desalinho enxuga com as costas da mão o suor do rosto.

Não é difícil perceber que Guido foi vítima de uma pequena alucinação, provocada no plano superficial pela luminosidade excessiva da manhã e no profundo por um desejo inconsciente, que no decorrer do filme se esclarecerá melhor. Cláudia é a encarnação da pureza feminina e a sua aparição só nos deixou confusos porque ainda não soubemos decifrar, neste primeiro contacto, a mensagem do código da imagem: Cláudia esvoaçando e vestida de branco conota irrealidade, eterno feminino.

3. O *segundo sonho de Guido* é apresentado de maneira semelhante. Ele acabou de possuir a amante e está dormindo a seu lado, no quarto modesto do hotelzinho da estação. Nisso vemos surgir à esquerda da tela, de costas, a figura da mãe, que se aproxima de nós recuando lentamente, enquanto repete devagar o gesto de quem apaga qualquer coisa com um lenço na mão direita. A personagem está pois no mesmo espaço físico do casal de amantes na cama, mas os seus gestos mecânicos, a iluminação e a perspectiva diversa em que é enfocada nos avisam que se trata de um sonho. Logo a seguir estamos apenas no espaço do sonho — um cemitério. A cena é muito complexa, povoada de várias personagens, a mãe, o pai, Guido, Luísa e duas pessoas ligadas à produção do filme, creio que Pace e Agostini. De tudo devemos fixar apenas alguns elementos. Quando Guido beija a mãe, que está sempre se queixando do cansaço de um trabalho sem fim, o beijo filial se transforma inesperadamente num beijo de amor, e a figura feminina, que está vestida exatamente como a mãe e se desvencilha de seus braços, é Luísa, sua mulher. Em toda esta cena Guido veste uma farda e uma capa, que posteriormente vamos reconhecer como o uniforme que em criança usava no colégio. O pai, a mãe e a mulher são evidentemente a censura de sua transgressão amorosa e estamos diante de uma fantasia da consciência infeliz, um sonho punitivo.

4. A *primeira lembrança da infância* segue-se imediatamente ao episódio do mágico que, de parceria com Maya, adivinha os pensamentos dos espectadores. Aqui o elemento de ligação entre o presente e o passado, a senha mágica que nos faz ingressar

no território da infância, é a expressão *asa nisi masa*,[4] isto é, a palavra *anima* modificada através de um processo de desdobramento das sílabas, semelhante ao jogo da *língua do pê*. Na sequência referida anteriormente, o sentimento de culpa da infração amorosa opunha no inconsciente a imagem de Carla-Saraghina à imagem da Mãe-Luísa; nesta, a oposição se faz entre o mundo inautêntico do adulto e o paraíso perdido da infância. Em ambas a ligação se dá por *contraste*.

5. A *segunda visão de Cláudia* se encontra intercalada na sequência em que, depois do dia exaustivo que passou lidando com os membros da produção, Guido volta à noite para o quarto. Havia pouco tivera no corredor do hotel um diálogo muito vivo e desagradável com Conocchia, quando este, pondo em dúvida a sua capacidade criadora, insinua que está decaindo. Guido vem cantarolando a abertura de *O barbeiro de Sevilha*, mas sente-se que ficou perturbado. Ao abrir a porta do quarto monologa: "Uma crise de *inspiration*? E se fosse a queda final de um mentiroso, pluft!?". Alternando-se com esta dúvida e como amaciando o seu efeito corrosivo, vemos surgir Cláudia de branco, adejante, arrumando as coisas e dizendo maquinalmente: "Vim para ficar, vim para pôr ordem, vim para ficar, vim para pôr ordem...". Todos os seus gestos, fazendo a cama de Guido, trazendo-lhe os chinelos e botando-se mesmo entre os lençóis, definem o ritual feminino da espera submissa. Estamos portanto diante de uma *fantasia compensatória*, que tem por finalidade abrandar no espírito da personagem a suspeita de decadência, acentuada pela discussão recente com Conocchia.

---

[4] "*Asa nisi masa*" tem aqui a mesma função de ligação que "*rosebud*" no filme *Cidadão Kane* (1941), de Orson Welles.

6. A *segunda lembrança da infância* segue imediatamente à entrevista com o cardeal. Em vez de responder às dúvidas que trouxeram Guido à sua presença, o cardeal o interrompe, pedindo que ouça o pássaro que está cantando e põe-se a discorrer sobre a lenda de Diômedes. Escutando distraído o passarinho cantar, Guido observa uma mulher de preto, de meia-idade, que desce o barranco com o vestido arregaçado e as pernas gordas à mostra. Imediatamente depois desta imagem segue-se o episódio do colégio e a sequência longa e fundamental da Saraghina. A lembrança da infância foi provocada, portanto, por um jogo complexo de associações, que se poderia chamar de audiovisuais — associação auditiva: canto do pássaro que se transforma no apito do vigilante; associação visual: pernas de mulher gorda de preto + cardeal = Saraghina + padres do colégio. Além disso, neste episódio como naquele que ele evoca, a situação em que Guido se encontra em face da Igreja é a mesma, de incompreensão e abandono. Portanto, a identificação dos planos foi feita por *analogia*.

7. É ainda por *analogia* que devemos explicar a sequência do banho coletivo nas termas. A fumaça, as escadarias, as toalhas que envolvem os figurantes à guisa de túnicas, são alguns elementos que nos fazem associar esta cena às descrições literárias do inferno ou às grandes alegorias da pintura do Renascimento. A comparação analógica do presente com o passado é comum a Fellini e será mesmo a ideia geradora do seu filme posterior, *Satyricon*.

8. A sequência do harém — que juntamente com a da Saraghina esclarece o comportamento amoroso de Guido — é inventada a partir de um aprofundamento gradativo dos desejos secretos e o seu tema aflora na narrativa através de dois níveis de significação de complexidade crescente. Primeiro se insinua ti-

midamente, na cena do café ao ar livre, como a fantasia de um entendimento perfeito entre a mulher e a amante; em seguida, desabrocha plenamente na invenção genial do harém, mito masculino do paraíso amoroso. Deste modo, o devaneio inicial em que se perde, procurando fugir da situação embaraçosa criada pelas duas mulheres que tem, transforma-se naturalmente na fantasia de uma coexistência pacífica de todas as mulheres que deseja ou desejou. Por conseguinte, como em outros momentos do filme, o imaginário foi ligado ao real por *contraste*. Por enquanto é o que nos interessa neste episódio, ao qual voltaremos adiante.

Como se vê, o exame paciente de algumas das articulações dos planos (pois não examinamos todas) revela no tecido da narrativa felliniana uma superfície aparentemente unida mas repleta de pequenos encaixes quase imperceptíveis. Servindo-se indiretamente, quer das rupturas temporais, quer das rupturas no real (sonho, pesadelo, fantasia compensatória, lembrança, mito pessoal), Fellini procurou soldá-las ao presente elaborando um sistema individual de montagem, baseado quase sempre na comparação, onde ocorre desde a simples utilização de um princípio rítmico (a que se refere o item 1), até o contraste de sentido, a analogia de sentido, a alegoria. O processo teve como consequência uma narrativa fluida, mas feita de segmentos temporais heterogêneos, marcados através do léxico da imagem, que nos advertem sobre as intenções do autor. Assim, o andar adejante e o vestido branco de Cláudia conotam *visão*, enquanto o seu comportamento normal e o seu vestido preto a situam no real, como atriz; os gestos maquinais e repetidos da Mãe conotam *sonho*; o comportamento levemente estilizado que Carla e Luísa assumem a certa altura da cena do café indicam a guinada do real para o devaneio — e assim por diante. E têm o mesmo sentido as mudanças de tratamento na iluminação, na música, no ritmo. Na cena da entrevista coletiva, por exemplo, é a passagem de um ritmo normal para um ritmo acelerado que nos adverte que a ação se transportou para o plano da alucinação. Na maioria das vezes, porém, a pontuação é tão sutil e diluída que já não é mais possível determinar em que plano estamos, e somos forçados a aceitar a ambiguidade. O importante é que se admita esse tempo explodido, onde a preeminência do real e do presente foi anulada.

    O tratamento do espaço não é em *Oito e meio* menos original que o do tempo. De certo modo o espaço também explodiu. A imagem não é mais caçada na linha do horizonte pela câmara cinematográfica, mas tem como campo a amplidão da tela. Ousaria dizer que, neste filme, Fellini se aproxima da pintura barroca, ao desprezar a prisão da moldura, anulando-a através da expansão das linhas de força que marcam os eixos dinâmicos da composição. Aquelas não são traçadas, porém, pelos movimentos de câmara e à maneira dos filmes de arte de Emmer; são definidas pelo caminhar ininterrupto das personagens, pela procissão humana sempre fluindo. Creio que um dos melhores exemplos do processo se encontra na cena da fonte, onde tudo concorre para a impressão dinâmica de espaço irradiado, desde a claridade da manhã até as rajadas sinfônicas da "Cavalgada das Valquírias". A insistência das *escadas* é outro sintoma da obsessão do espaço ilimitado: escadas que todo o mundo sobe e desce sem parar, no hotel, nas termas, no harém, na torre interplanetária. O resultado é um admirável espaço cenográfico que se desfralda diante de nossos olhos, opulento como um painel de Tintoretto.

    No entanto, contrapondo-se ao desejo de amplidão e muitas vezes corrigindo-o, Fellini lança mão de certos processos de

Guido no cenário grandioso da estação de águas,
onde se passa a maior parte da ação do filme.

composição fechada, insistindo nos enquadramentos em perspectiva euclidiana e nos enquadramentos simétricos. Em dois momentos a escadaria do hall do hotel é focalizada numa simetria absoluta. Lembro-me daquele em que a câmara a apanha de baixo para cima, com os dois leões dispostos em ordem, um de cada lado; o eixo central da composição é marcado longitudinalmente pela passadeira branca e, ao alto, pelo relógio escuro, pesando sobre ela como uma fermata. Também na sequência da estaçãozinha de estrada de ferro, onde Guido espera a chegada de Carla, o portão desenha simetricamente, de cada lado da entrada, a mesma renda *art nouveau*. E o silêncio da praça deserta para onde Cláudia-atriz conduz Guido de automóvel deriva sobretudo da distribuição tranquila dos elementos arquitetônicos, tratados como um fundo de quadro de Botticelli.

A alternância de grandes espaços abertos, ampliados pelas linhas de força, e espaços fechados, contidos pela utilização das simetrias ou pelo encontro das linhas de fuga, empresta ao filme um curioso movimento respiratório, uma pulsação contínua, análoga ao latejar temporal já analisado; acentua a impressão de instabilidade da personagem que, livre e prisioneira, atua no presente, mas permanece irremediavelmente ligada ao sortilégio do passado.

A preeminência da infância, marcada de maneira inequívoca pelos episódios da Granja e da Saraghina, aflora ainda no decorrer da ação através de uma série de sinais de que o mais eloquente é o uniforme do colégio. Já nos referimos à cena insólita do cemitério, onde Guido, homem feito, aparece vestido com a farda colegial. Em todo o filme é a única vez em que a personagem-adulta enverga a indumentária completa da personagem-criança. Mas um dos elementos, a capa, surge numa outra sequência, pelo menos: está embaixo do braço de Agostini, quando este ajuda a arrastar Guido, que sapateia e resiste, para a entrevista coletiva; e será posta sobre os seus ombros quando ele se dispõe afinal a enfrentar os jornalistas. Pode-se dizer que a capa é, no plano da imagem visual, o que é o infantilismo no plano do comportamento: uma metonímia da infância. Aliás, a imaturidade da personagem é sublinhada de vários modos: através

Guido no banho preparado pelas mulheres de seu harém imaginário,
no qual se misturam figuras femininas de toda a sua vida.

da fala tatibitate, quando brinca com o relógio que recebeu de presente; quando, na sequência do harém, revive nos braços das mulheres desejadas o ritual infantil da saída do banho; quando, na sequência do quarto, no hotelzinho da estação, pinta no rosto de Carla, antes da posse amorosa, as sobrancelhas grotescas da Saraghina, pedindo que repita o gesto de oferta carnal, que no tempo do colégio esta fazia para os meninos. Resumindo, seria possível afirmar — usando uma expressão e um conceito que Eco emprestou de Panofsky — que a capa do uniforme e o comportamento infantiloide de Guido compõem o código iconográfico da infância e "criam em nós condições de reconhecimento", estabelecendo que um homem ou um menino com uma capa de uniforme colegial nos ombros ou debaixo do braço conota infância.[5]

Da mesma forma, a cena do beijo, na sequência do cemitério, testemunha com admirável força simbólica o eros dividido da personagem, incapaz de fundir numa imagem única os dois aspectos do amor. É para reforçar esta dissociação dolorosa que Fellini inventa para o amor — como já o fizera em relação à infância — um léxico nítido, cuja legibilidade perfeita se manifesta em vários níveis, nas atitudes, no comportamento e na vestimenta das mulheres.[6] Concentra, por exemplo, em Carla o ideal feminino do homem médio italiano, acentuando o seu "corpo de Rubens, macio e sem ângulos" e o andar ritmado de pavoa — como a ele se refere o próprio diretor.[7] A cena em que, na presença do amante, ela devora com apetite um frango, falando sem parar, e com visível carinho, no marido ausente, define de modo impecável a sua vitalidade transbordante e estúpida, incapaz de um julgamento moral. A roupa que usa — conjunto preto de casaco justo e chapeuzinho, guarnecidos de pele — prolonga no exterior a sua essência íntima, vulgar mas ostensivamente feminina. Luísa, ao contrário, é marcada como seu oposto simétrico: magra, nítida, angulosa, de óculos e cabelos

---

[5] Para a semiótica da imagem, ver Umberto Eco, *La struttura assente*, Milão, Bompiani, 1968 [ed. bras.: *A estrutura ausente*, São Paulo, Perspectiva, 1971]; para a imagem iconográfica, consultar sobretudo Erwin Panofsky, "Estilo e meio no filme", *in* Adorno *et al.*, *Teoria da cultura de massa*, introdução, comentários e seleção de Luiz Costa Lima, Rio de Janeiro, Editora Saga, s/d [1969], p. 319 [nova edição: Rio de Janeiro, Paz e Terra, 1978].

[6] Esta oposição será retomada e desenvolvida mais adiante.

[7] Ver o livro de Camilla Cederna, *8 $1/2$ de Fellini: histoire d'un film racontée par Camilla Cederna*, trad. francesa, Paris, R. Julliard, 1963.

lisos muito curtos, está sempre com uma saia preta e um blusão branco que mal desenham suas formas; encarna o recato feminino, a distinção levemente assexuada. Entre a amante e a esposa, Guido oscila, incapaz de escolher. Fisicamente, sente-se atraído por Carla, mas é com fastio incontido que a deixa falar, girando desatento a bolsinha nos dedos, como quem está apenas fazendo hora para arrastá-la para a cama. Na verdade seu pensamento está em Luísa que, no entanto, há muito tempo deixou de desejar: "Com quem terá saído? Que perfume agradável está usando agora!" — "Então aquele sujeitinho delicado está apaixonado por Luísa?", pergunta inquieto a Rosella, sua melhor amiga.

Apesar de tratadas com extrema agudeza por Fellini e interpretadas magistralmente por Sandra Milo e Anouk Aimée, Carla e Luísa não chegam a ser personagens. A bem dizer, não existem *personagens* na galeria inesquecível de figuras femininas que movimentam graciosamente a narrativa. As figuras centrais não correspondem sequer a tipos básicos, isto é, A Esposa (Luísa), A Amante (Carla), O Eterno Feminino (Cláudia); pois o leque de possibilidades femininas é menos amplo do que parece à primeira vista e se reduz à oposição básica das duas faces de Eros, à duplicação pura e impura do amor, encarnada na Mãe e na Saraghina.

Este rígido universo maniqueísta repete-se nos demais discursos do filme, onde cada personagem tem sempre como contrapartida o seu duplo simétrico. Tomemos por exemplo a oposição Cláudia/Glória. A primeira — a Cláudia dos devaneios — está sempre de branco. É a metamorfose mais pura do ideal amoroso e também a expressão poética e autêntica da mocidade. A ela irá se opor a imagem de Glória — sempre de preto — símbolo da juventude falsa e sem autenticidade, como fica evidenciado na sequência do *night-club*, quando teme que o mágico desvende suas intenções secretas. Na iconografia elaborada de Fellini as duas representam, na verdade, a retomada da dupla tradicional do cinema mudo, a ingênua e a vigarista. Nesta perspectiva, o par formado por Glória e Mezzabota — ela muito jovem, ele já descendo a rampa da velhice — funciona como o registro caricatural do par Cláudia-Guido. Mezzabota, sobretudo, é a réplica grotesca de Guido, na semelhança física, na desenvoltura com que, exibindo falsa mocidade, entra na pista para atacar energicamente um *twist*. A intenção crítica se evidencia quando Fellini alterna a cena com a tomada dos casais velhos que, finda a valsa vienense que dançaram, se dirigem alquebrados e silenciosos para as suas mesas. O contraste faz divisar imediatamente em Mezzabota o perfeito "velho que não se enxerga", situação a que o nosso Guido acabará reduzido se insistir em levar adiante as suas aspirações amorosas em relação a Cláudia.

A figura de Conocchia desempenha no discurso da criação um papel análogo ao de Mezzabota no plano erótico; isto é, representa o duplo degradado do diretor de sucesso, aquilo que Guido será dentro em pouco, quando a inspiração o tiver desertado; enfim, uma caricatura da criação, pobre farrapo humano com quem se grita, chamando de "velho maluco". — "Tome cuidado, Guido", adverte Conocchia com melancolia — "você também já não é mais o mesmo..."

Resumindo, o elenco aparentemente tão rico de personagens que desfilam diante de nossos olhos, manifestando a espantosa imaginação romanesca e cenográfica de Fellini, é menos diferenciado do que parece. Na verdade, não é composto de *personagens*, no sentido lato do termo, de *tipos*, isto é, de entidades definidas psicologicamente como modos de ser irredutíveis, manifestação da arte superior e culta; mas de *topos*, isto é, módulos imaginativos que encarnam ideias arquetípicas e se encontram mais próximos da concepção de folhetim ou da história em quadrinhos.[8] E chego assim à discussão do que me parece ser uma das fontes de inspiração de *Oito e meio*: o universo dos *fumetti* ou dos *cartoons*.

Como já demonstrou Panofsky num ensaio célebre, foi no cinema mudo e na história em quadrinhos que se originou, concomitantemente, um código iconográfico de significação unívoca, determinado pela raiz popular dessas artes. Dele derivou a caracterologia maniqueísta que prevaleceu num período inicial, opondo as personagens em pares simétricos como a ingênua e a mulher fatal, o mocinho e o vilão. Mas logo a arte cinematográfica passa a dirigir-se a um público mais refinado e, como consequência, pode abrandar a rigidez do código através do uso crescente da ambiguidade. Os *cartoons*, ao contrário, permanecem presos a uma clientela vasta e pouco exigente — em grande parte infantil — e à contingência da publicação periódica em jornais e revistas. Estes dois fatores — o público rudimentar e o fracionamento constante da narrativa — impõem a necessidade de fixar com nitidez as personagens e as ações na memória do leitor, acarretando a utilização de processos mnemônicos eficientes; condicionam, por conseguinte, o seu estilo de *mass-media*, o tratamento do entrecho, da personagem, da plástica, a preferência por certos processos como a simplificação, a estilização, o maniqueísmo, as situações arquetípicas etc.

É sabido que Fellini conhecia bem os recursos narrativos da história em quadrinhos, de que sempre se declarara admirador entusiasta. Seu interesse pelo gênero não se limitava à leitura, pois na extrema mocidade, da mesma forma que Zavatini, escre-

---

[8] Estou adotando aqui a distinção esclarecedora entre *tipos* e *topos*, proposta por Umberto Eco (ver *Apocalittici e integrati*, Milão, Bompiani, 1965 [ed. bras.: *Apocalípticos e integrados*, São Paulo, Perspectiva, 1970]).

vera roteiros para os *fumetti*, chegando mesmo a conceber, além do entrecho, o desenho de alguns. Nada de extraordinário, por conseguinte, que ao realizar *Oito e meio* tivesse procurado identificar os dois universos maniqueístas que haviam dominado a sua infância: o dos *cartoons*, que exprimiam o desejo de sonho e fantasia, e o da formação católica, que atava o menino à atmosfera sufocante do pecado. Essas duas referências seriam responsáveis por algumas das imagens centrais do filme, como as escadas e a torre de lançamento do foguete. E embora conotem o mesmo desejo fundamental da personagem de se ultrapassar (na realização amorosa, religiosa ou artística), foram retiradas de fontes diversas: as primeiras pertencem ao inventário do catolicismo, presente nos Evangelhos e fixado definitivamente pela pintura religiosa a partir do Renascimento; a segunda evoca a temática da ficção científica e da exploração interplanetária, tão ao gosto dos *cartoons*.

Um outro motivo, de ordem estética, justificava a reintegração da ordem maniqueísta da infância ao universo artístico do adulto. Como já foi dito anteriormente, Fellini substituíra o tempo progressivo do filme por uma duração extremamente ambígua, voltando as costas aos processos narrativos tradicionais. Desta forma, para que a legibilidade do discurso não fosse afetada, foi obrigado a diminuir simetricamente a ambiguidade da personagem. Isto é, como passou a jogar com um tempo imprevisível e diverso a cada momento, viu-se forçado a renunciar à complexidade moderna da personagem, fazendo-a reverter ao estereótipo, à personagem sempre igual a si mesma. De certo modo, invertia a postura da narrativa psicológica, que consistia em criar tipos de comportamento imprevisível e de aparência irreconhecível (sobretudo através da variação da vestimenta), mas inscritos num tempo homogêneo e em ambiente familiares.

A influência dos processos representativos dos *fumetti* em *Oito e meio* se faz notar, sobretudo, na concepção hieroglífica das personagens. As roupas do filme não representam, como é usual, costumes históricos, isto é, roupas de uma época ou de uma classe social; adquirem uma função quase abstrata, emblemática, ligando-se, de um lado, à personagem que definem imediatamente do exterior; de outro, à sequência onde se inscrevem plasticamente, como elementos indispensáveis da composição. A simbiose alcançada entre a vestimenta e quem a usa é tão perfeita que não se pode mais conceber uma sem a outra: Carla sem o toque de peles, Glória sem o *collant* de cetim preto, Cláudia sem o vestido branco singelo e Luísa sem o conjunto severo de saia e blusa. E que dizer das vestimentas belíssimas de Caterina Boratto e Madeleine Lebeau — ambas tão inatuais em relação à época do filme — senão que evocam de maneira inequívoca o estilo dos *Twenties*, fixado e conservado pela arte de Milton Caniff?

Mas não é apenas no conceber a personagem como um *topos* que notamos a influência dos quadrinhos. Duas figuras, sobretudo, parecem ter emigrado, sem disfarce, das páginas das publicações do gênero para a tela do cinema: Glória e o Mágico. Por isso, vou me deter nelas um momento.

A primeira, a que Bárbara Steel emprestou a sua máscara muito nítida, é apenas a retomada em registro crítico das heroínas de forte conotação erótica dos *cartoons*, que Álvaro Moya apelidou, num momento feliz de *humour*, "as taradinhas dos quadrinhos". Com rosto curto, boca enorme e carnuda, nariz pequeno de gata, sobrancelhas diabolicamente arqueadas, cabelos negros e lisos — sempre vestida de preto — lembra a Valentina de Guido Crepax ou a Copper Calhoon de Caniff. Quanto ao Mágico, de casaca, bengala e cartola, capaz de ler o pensamento dos outros, é sem dúvida uma reencarnação do Mandrake de Lee Falk. A sua figura negra estará ligada no decorrer da narrativa ao sortilégio da infância e, no discurso da criação, às forças obscuras, tão responsáveis pela obra de arte quanto a claridade luminosa da consciência crítica.

As reminiscências dos recursos gráficos dos *fumetti* repontam ainda na cenografia. A elas se deve, por exemplo, o ar de *estranhamento* causado pelo primeiro contacto com o filme, a sua atmosfera fantasmal; as tomadas em profundidade de campo, ampliadas pelas linhas vertiginosas de fuga; a utilização frequente dos escorços; o claro-escuro cortante de algumas sequências tratadas à maneira de Caniff ou Will Eisner. Outras tomadas feéricas trazem à lembrança o desenho de Alex Raymond — obsessão confessada de Fellini. E que dizer de certos enquadramentos maneiristas — por exemplo, a curiosa tomada de Glória, com um olho contornado pelo enfeite do vestido; ou aquela em que Cláudia encara o interlocutor ausente, enquanto tamborila o lábio com um dedo; ou a da mãe, tapando uma das vistas com a mão, para nos fixar, indagadora, com a outra — que dizer desses enquadramentos, senão que transportam para o celuloide a função fática característica dos quadrinhos, o seu recurso usual de interpelar diretamente o público?

E, finalmente, derivariam dos *cartoons* duas sequências de difícil compreensão do filme: a do enforcamento de Daumier, na sala de projeção dos testes, e a do suicídio de Guido, debaixo da mesa, no episódio da entrevista coletiva com a imprensa. Trata-se, na verdade, de duas curiosas visualizações de metáforas — recurso frequente nos quadrinhos; a primeira — correspondendo, aproximadamente, à expressão "só matando esse homem" — é uma fantasia inocente de vingança, através da qual o protagonista procura se libertar do cerco inexorável da consciência crítica; a segunda, por sua vez, traduziria a expressão "só me matando", que deve ter ocorrido a Guido, ao se ver acuado pelas perguntas em cadeia dos repórteres.

O salto mortal de Fellini

Mas apesar de profundamente enraizada na infância, como revelam os temas, as imagens, as obsessões e mesmo certos processos estilísticos, esta obra de Fellini é também o perfil de um homem: focaliza Guido, cineasta de 46 anos, durante os preparativos de um filme, quando parece atravessar uma crise de inspiração. As imagens iniciais, na sequência do engarrafamento de trânsito, já definem o seu estado psicológico de aflição e desespero, quando o apresentam preso dentro do automóvel, tentando em vão escapar, enquanto dos outros carros e das janelas dos prédios as pessoas o olham silenciosas e ausentes. É um homem em terrível apuro e nós somos, como as pessoas que o cercam, testemunhas impassíveis da angústia em que se debate. As dificuldades que enfrenta e que o filme irá desvendar gradativamente sem uma ordem aparente são inúmeras, mas se distribuem de acordo com três níveis: o amor, a consciência religiosa e a criação. Todas se revelam como fugas do presente e conduzem a um ponto comum — a infância.

As dificuldades no plano do amor já foram referidas, mas é necessário voltar a elas. Efetivamente, o discurso amoroso de Fellini — não só em *Oito e meio*, mas praticamente em todos os seus filmes — supõe sempre duas Vênus antagônicas, dois Eros de natureza diversa, o Amor divino e o Amor bestial, que neste filme estariam encarnados na Mãe e na Saraghina.[9] Colocado entre os dois, que simbolizam o Bem e o Mal, o menino e o

---

[9] Para Marsilio Ficino (1433-1499), existiriam três formas de amor: o *amor divino*, contemplativo, que se eleva do visível e particular ao inteligível e universal; o *amor humano*, que se contenta com a beleza visível, e o *amor bestial* (*Amor ferinus*), que indiferente à própria beleza sensível, se entrega à devassidão e aos prazeres sensuais (*apud* E. Panofsky, *Essais d'iconologie*, Paris, Gallimard, 1967, p. 217). O universo de Fellini só contaria com as formas extremas, excluindo as intermediárias.

adulto não conseguem optar. No colégio, Guido-menino contempla longamente a imagem da santa no esquife, e o corpo corroído, proposto à veneração, lhe parece repulsivo; Saraghina, ao contrário, apontada pelos padres como o próprio demônio — "*Tu non sai che la Saraghina è il diavolo?*" — tem um sorriso bom e acolhedor. Onde estarão Bem e Mal? Em que corpo habita o pecado? Aos olhos do menino, o enorme corpo de hipopótamo de Saraghina se converte numa visão angelical, recortando-se contra o céu e deixando a echarpe esvoaçar à sua volta como uma grande asa branca; aos olhos do adulto, ao contrário, o belo corpo de Carla, estendido febril no leito, surge ofegante e despudorado como a imagem bestial do amor. Nem menino, nem homem feito, Guido consegue dissociar as duas faces de Eros. E é por isso que, durante a filmagem, ao ser interpelado pelas duas "sobrinhas" de Agostini, confessa que não saberá, realmente, fazer um filme sobre o amor; que tendo contado a Cláudia o entrecho da película, ouve resignado o comentário da atriz: "*Lei non sà volere bene*"; ou que, na cena do harém, aceita que as mulheres enfurecidas lhe atirem no rosto a acusação de que é uma criança e não sabe amar: "*Lei non sà fare l'amore*".

O debate religioso que atravessa o filme não chega igualmente a nenhuma conclusão. Ora é o menino que não consegue penetrar nos desígnios misteriosos da Igreja, ora é esta que não sabe ou não quer responder às indagações do adulto. A vigilância constante de Daumier resume numa frase a fragilidade da discussão: "Se quer fazer qualquer coisa de polêmico sobre a consciência católica na Itália, necessita de um nível intelectual mais culto. Suas recordações são as de um romântico... Parte de uma ambição de denúncia e chega ao favorecimento de uma atitude cúmplice... Veja que confusão...".

O processo criador de Guido retoma as dúvidas expressas no comportamento amoroso e na consciência religiosa, pois também será tecido de indecisões e suspeitas de decadência. A luta encarniçada com Daumier, o escritor francês, traduz a sua dificuldade em fazer coexistir inspiração e lucidez, o tempo caprichoso da arte com a duração acelerada do filme; em disciplinar as lembranças e encarnar no ator a concepção que tem das personagens. Aos poucos vamos nos certificando que a criação é nele incoerente e indisciplinada como o seu modo de amar. É natural, pois, que para a racionalidade fria e pouco nuançada de Daumier o filme se reduza a uma sequência de episódios fortuitos, talvez divertidos em seu realismo ambíguo, mas confusos quanto ao objetivo do autor. A opinião do crítico, partilhada pelos companheiros da produção, sobretudo Conocchia e Pace, que veem os dias se sucederem e o diretor não chegar a nenhuma decisão, é que Guido "embarcou levianamente numa aventura confusa e é melhor renunciar a tempo".

As conclusões pessimistas a que se chega nos três níveis principais do debate — Guido não sabe amar, Guido não sabe criticar a posição da Igreja, Guido não sabe criar — serão sublinhadas por três grandes cenas coletivas, concebidas sob a forma exemplar de alegorias.

A verdade amorosa de Guido, referida de maneira fracionada no decorrer da narrativa através de seu comportamento contraditório com as mulheres, de sua permanente disponibilidade afetiva, é explicitada na invenção genial do harém. O entendimento perfeito que desejou entre a esposa e a amante amplia-se então para todas as mulheres que cruzaram sua vida, invocando-o com o apelo dos olhos, do corpo ou da voz. Elas o estarão esperando no fim do dia, solícitas e apaixonadas — a belíssima hóspede do hotel, que apenas vislumbrou de passagem, a aeromoça de Copenhague, Saraghina, a cantora de cabaré — para lhe oferecerem a pretinha que ainda faltava à coleção, lembrança afetuosa que ele agradecerá enternecido: *"Grazie, come sei gentile! Che pensierino delicato!...*". Guido é o centro absoluto dum universo domesticado onde, como nas tribos primitivas, a esposa legítima (Luísa) ocupa o lugar de destaque, afastada já da competição amorosa, mas perfeitamente identificada com a ideologia do senhor. No entanto, a fábula aparentemente autocomplacente não escamoteia a fragilidade do autoritarismo masculino, pois deixa entrever que a multiplicação das mulheres está na razão inversa da potência viril. Longe de representar uma apoteose do galismo, a sequência denuncia o aspecto arcaico do comportamento amoroso do homem italiano, como fica patente na cena da rebelião, em que as mulheres gritam em coro ao macho poderoso que tenta dominá-las a golpes de chibata: "*Lei non sà fare l'amore!*".[10]

O segundo episódio de conjunto é a cena das termas, alusão evidente à descida aos infernos — ou purgatório — exemplificando a relação do católico com a Igreja. O tema dessa relação é comum em Fellini e assumira grande importância em *La dolce vita*. Mergulhado na degradação, Marcelo Rubini, o protagonista, não conseguia ouvir o apelo incessante de Deus e a condenação divina era simbolizada na admirável imagem final do olho fixo do peixe; em *Oito e meio*, ao contrário, é a Igreja que, interpelada, não sabe mais responder às indagações dos fiéis. Está reduzida a uma ruína arqueológica, um canal inútil que não leva

---

[10] A sátira talvez assuma o aspecto de autocrítica, pois é sabido que Fellini foi sempre acusado de não compreender a mulher. Comparada à de Antonioni, a sua galeria de perfis femininos é bem pobre. Como já foi dito, ele fracassa sempre que se aplica à análise de uma psicologia feminina normal, só sentindo-se à vontade quando desenha personagens marginais, cantoras de café-concerto (*I vitteloni*), retardadas mentais (*La strada*), prostitutas (*Le notti di Cabiria*). O caso de *Giulietta degli Spiriti* é revelador: o filme gira em torno da reabilitação da mulher e, curiosamente, resultou na sua pior obra.

a lugar nenhum, e esta ideia se encontra expressa em larga medida na presença obsessiva das escadas — escadaria do hall do hotel, escadaria das termas, escada da torre interplanetária — por onde, no decorrer da narrativa, a multidão flui sem cessar.

A entrevista com a imprensa é o terceiro episódio coletivo e resume o debate acirrado entre o impulso criador, livre e intuitivo, e o policiamento sem tréguas da razão. De certo modo assistimos aqui ao desdobramento alucinante da consciência crítica. Agora, não é apenas Daumier que procura com o seu raciocínio implacável destruir e invalidar o processo criador de Guido; a relação de conflito se ampliou enormemente e é todo um público enfurecido que agride o artista, exigindo esclarecimentos e retificações. A curiosidade da imprensa, que em *La dolce vita* se atirava devoradora sobre o acontecimento ou a vida pessoal dos figurões, em *Oito e meio* se repasta nas dúvidas e perplexidades do criador. As perguntas que os jornalistas vinham fazendo de modo desordenado assumem agora a forma do delírio, e uma multidão sequiosa exige a todo custo que lhe desvendem os segredos da criação. Enquanto Guido se abriga amedrontado embaixo da mesa, os *paparazzi* gritam histéricos: "Ele está perdido! Não tem nada a dizer!". O episódio é, ao mesmo tempo, uma sátira bem humorada de Fellini à sua incapacidade de lucidez e uma acusação à neurose de bisbilhotice, que na sociedade moderna não poupa nem ao menos os caminhos insondáveis da criação.

Mas se os três episódios esclarecem o debate do filme, na medida em que recapitulam os temas principais, ainda não nos apresentam uma conclusão final. Esta é projetada num quarto episódio de conjunto, ainda não referido, ponto de convergência dos demais e de todas as linhas auxiliares que serviram à discussão: trata-se da última sequência, o desmonte da torre interplanetária e a sarabanda final das personagens.

O filme vai terminar. Guido não conseguiu pôr ordem nas ideias ou na vida e por isso desiste da obra, permitindo que se inicie o desmonte da plataforma espacial. A consciência crítica, encarnada em Daumier, está como sempre a seu lado e o felicita: foi melhor assim. Afinal o custoso são as decisões; agora, "é jogar sal no terreno, como faziam os romanos para purificar o campo de batalha" e começar tudo de novo. Mas Guido já não está prestando atenção em Daumier; na verdade não ouviu as suas palavras finais, quando este se referiu ao elogio de Mallarmé à página em branco... Há alguns instantes está distraído, atento ao mágico que vem sorrindo ao seu encontro e lhe pergunta: "— Podemos começar?". Gloriosa, rompe a música de circo e uma a uma vão chegando todas as personagens — da infância ou do presente — que a lucidez não soube ordenar. Guido aproxima-se da mulher e diz: "— Luísa, sinto-me libertado. Tudo é confuso, mas esta confusão sou eu. Aceite-me como sou". Aos poucos forma-se a imensa roda que tem à frente Guido-menino, tocando uma cornetinha. Guido-adulto caminha a seu lado e lhe pousa carinhosamente a mão no ombro. O homem não precisa mais afugentar o menino, "o estranho periódico" que o separava do "ritmo unânime da vida"; já pode acolher sem medo a infância e a fantasia, todas as lembranças que desfilam brancas e vagas, porque ainda não ascenderam totalmente à existência, não foram incorporadas à arte sob a forma de personagens. O filme vai começar.

Mas, então, o que assistimos até agora? O que se passou, efetivamente, entre a sequência inicial do pesadelo aflitivo de Guido e as cenas finais onde, sustando o desmonte da plataforma espacial, aceita a colaboração do mágico? Assistimos à *crise de trabalho* de um criador, àquele momento grave no qual, segundo Dino Formaggio, o artista salta da imaginação para a ação, depois de ter sabido esperar com calma o lento amadureci-

A banda de *clowns* no cenário da torre de lançamento espacial, nas cenas finais de Oito e meio.

mento dos processos mentais. Testemunhamos a sua "paciência artística", a espera consciente da hora, da medida, em que "sem antecipação e sem retardo se dá a conversão do ato em valor".[11] Vimos como a criação se auscultou no material que movia, nas marcas profundas que a infância imprimira no adulto, nas perplexidades do amor, da política, da religião; vimos como as mais variadas influências artísticas, sofridas no decorrer de uma vida, acabaram se emparelhando no espaço da obra de arte, alheias à hierarquia dos meios expressivos. E para quê tudo isso foi posto em jogo? Para que pudéssemos apreender, em toda a plenitude, a aventura extraordinária de Guido, o salto poético que o fará passar de uma extensão do eu a outra radicalmente diversa, o que, de certo modo, está prefigurado em dois momentos do filme: no pesadelo do início e na metáfora visual da torre interplanetária, sobre a qual a narrativa termina.

Desde o momento da abertura, Fellini nos colocara no âmago da tensão central do filme, advertindo que a crise de trabalho dilacera a personagem entre "o ímpeto feliz da liberdade recuperada" e "a obscura inquietação da queda" — como fica muito claro pela descrição minuciosa do roteiro:

> "Guido voa entre o céu e a terra, no ímpeto feliz da liberdade recuperada. Um vento forte o arrasta; ele se deixa levar, planando por um momento para logo subir mais alto, dando um leve impulso com os pés. Lá embaixo, ao longe, cintila a extensão do mar, que parece atraí-lo irresistivelmente. Este desejo se mistura a um súbito medo, como se estivesse a ponto de cair.
>
> E com efeito, alguma coisa começa a perturbá-lo. O ímpeto de felicidade que o impelia se transforma em obscura in-

---

[11] Dino Formaggio, *Fenomenologia della tecnica artistica*, Milão, Casa Editrice Nuvoletti, 1953, cap. II, p. 387.

quietação. Percebe que há uma corda amarrada à sua perna que, impedindo-o de subir mais alto, dirige o seu voo. Lutando para resistir a essa tração, Guido olha para baixo, seguindo a linha comprida que o liga à terra. E lá ao longe, na praia, pequenino, distingue um homem, segurando a ponta da corda e manobrando o seu voo como se ele fosse um papagaio de papel" (Camilla Cederna, *op. cit.*, pp. 117-8).

Como se vê, Guido está ameaçado de uma neurose semelhante à do Construtor de Ibsen, na análise que dele faz Binswanger, neurose que assalta frequentemente o artista temeroso de ter construído alto demais sobre bases muitos frágeis.[12] Como Sollness, ele é o criador aprisionado na sua temporalidade cotidiana, tentando evadir-se através da obra de arte, mas atormentado, de antemão, pelo medo do fracasso. A imaginação poderá alçá-lo muito alto, acima dos seus meios, e traz por isso como corolário o pavor da queda. A desproporção angustiosa entre o ímpeto criador e a precariedade dos meios de que dispõe para realizar seu intento, se traduz na fenomenologia do deslocamento vertical, das alturas e das profundidades, e é responsável, no filme, pelas metáforas de subida e descida, pela obsessão já mencionada das escadarias e, sobretudo, pela torre de lançamento do foguete.[13]

---

[12] *Apud* Paul de Man, "Ludwig Binswanger et le problème du moi poétique", *in Les Chemins actuels de la critique*, Paris, Plon, 1967.

[13] Talvez a fonte inspiradora da análise de Binswanger — cujas linhas gerais estou transpondo para a compreensão de *Oito e meio* — seja o trecho final da segunda parte de *Assim falou Zaratustra*, de Nietzsche, intitulado "Da prudência humana", que diz o seguinte: "Temível não é a altura, mas o declive. O declive de onde o olhar se precipita para baixo e a mão se estende para cima. Ali o coração é tomado de vertigem ante a sua dupla vontade".

Assim, a plataforma interplanetária que parecia ser apenas uma reminiscência do universo plástico da infância, uma imagem ornamental sem finalidade, constitui uma das alegorias centrais do filme. Sua presença muda e radiosa, inscrita no torvelinho da ação, simboliza o próprio salto poético, a que o criador ora renuncia, ora parece aderir. No final do filme, Guido como que renuncia a ele quando, já sem forças de continuar lutando com a consciência crítica, permite que se inicie o desmonte da plataforma; no entanto, vemos que permanece sensível ao seu sortilégio, quando Tina lhe pergunta sarcástica se está fazendo um filme sobre os marcianos: "Imagine que alegria se esta torre fosse verdadeira" — responde sonhador. "Ir embora, deixar tudo atrás de si... Que libertação! Que aventura maravilhosa!" Na verdade, apesar das dúvidas e indecisões, avanços e recuos, foi para a aventura de saltar da torre no espaço vertiginoso da arte que Guido se preparou longamente. O filme de Fellini é a fenomenologia deste gesto frágil e arriscado.

Os deuses malditos

> *"From forth the kennel of thy womb hath crept*
> *A hell-hound that doth hunt us all to death."*
>
> Shakespeare, *King Richard III*

Na entrevista que deu a Stefano Roncoroni sobre a gênese de *Os deuses malditos* [1969], Luchino Visconti confessou algumas de suas fontes de inspiração, como *Os Buddenbrook*, cuja influência na cena inicial do jantar de aniversário do velho Essenbeck é logo identificada pelos leitores de Thomas Mann. Confessou também outras leituras de informação sobre o período histórico, minuciosas, pacientes, conforme exigia o seu temperamento de arqueólogo, que só sabe alçar voo quando já travejou a estrutura da obra e a fincou solidamente no chão. Para criar a atmosfera ideológica da época, diz ter pensado em Hegel, autor que Aschenbach cita em dado momento; mas silencia a influência da teoria do ressentimento, de Nietzsche, de que o filme é, até certo ponto, uma exposição romanceada. Também não se referiu a Shakespeare, que no entanto lhe forneceu o tom dramático da narrativa, como a tragédia grega havia fornecido o de *Rocco e seus irmãos* [1960]. Impunha-se, de fato, a referência a *Macbeth*, onde foi buscar a relação tensa e apaixonada dos dois amantes unidos pelo crime, a análise admirável da ambição e de seu correlato, a consciência infeliz. É desses empréstimos que a criação artística se nutre, e o mistério da obra de arte consiste em oferecer, magicamente, através de um corpo velho, retalhado, cosido, a sua face sempre nova.

No início o filme de Visconti parece apreender o Nazismo de esguelha, atento somente às repercussões. Não vemos a História pronta e ordenada, porque estamos inseridos nos acontecimentos, olhando-os do lado de dentro. A semiologia oficial dos filmes do gênero nos habituou a uma Alemanha de parada, passo de ganso e oficiais estúpidos que falam aos berros. Em *Os deuses malditos*, Luchino Visconti evita meticulosamente esses lugares comuns. Evita mesmo caracterizar o Nazismo como fenômeno antijudaico e faz apenas algumas alusões a isto, de maneira ocasional, no episódio da menina que se mata e na cerimônia de casamento, quando Sofia e Friedrich declaram a "limpeza de sangue". A primeira impressão é que prefere contar a história da família Essenbeck, demorando-se nos detalhes realistas, na caracterização do ambiente, na vestimenta, nas maneiras, demonstrando pela nobreza aquele fascínio perverso que só encontra paralelo em outro grande criador de cinema: Stroheim. Mas *Os deuses malditos* não é um filme realista, e sim uma *mitologia*, na acepção que Roland Barthes dá a esta palavra; não têm apenas um sentido aparente de linguagem, são uma *fala*, e esta só pode ser entendida se o ponto de referência constante for o Nazismo. A sua leitura exige, pois, um deciframento, onde "cada objeto pode passar de uma existência fechada, muda, a um estado oral", a uma mensagem. As imagens existem com significação autônoma, mas podem cobrir uma outra significação, latente, bem mais profunda. Por exemplo: no jantar de aniversário o *S.S. Hauptsturmfuehrer* Aschenbach traz à lapela de seu *smoking* uma pequena cruz gamada de ouro; todavia, esta não é um mero distintivo, mas o *goldenen Parteiabzeichens*, a que só tinham direito militantes de destaque. Outro caso: a gordura e a própria fisionomia de Konstantin von Essenbeck já sugerem certa semelhança; mas é um determinado sintagma — a capa impermeável combinada ao chapéu de feltro quebrado na testa — que nos faz aproximá-lo de Goering, que aparece vestido assim em várias fotografias da época. Do mesmo modo, aqueles que reconhecem no episódio do hotel de Wiessee a chacina dos S.A. leem a Mercedes escura, que chega lentamente de madrugada, entre guardas silenciosos, como a presença de Hitler no local.

O processo de insuflar nos elementos do entrecho um sem-número de significações suplementares, que desafiam constantemente a atenção de quem as decifra, prolonga-se de maneira curiosa na escolha dos nomes, onde assume a forma lúdica de um quebra-cabeça. Assim, o nome da família protagonista do drama, Essenbeck, não foi escolhido a esmo: o radical Essen evoca a cidade da Renânia, berço da célebre família de armeiros Krupp e grande centro da indústria siderúrgica. Quanto a Aschenbach, é o nome da personagem principal d'*A morte em Veneza*, de Thomas Mann, novela querida de Visconti, que acaba de transpô-la para o celuloide. Na novela, Aschenbach representa a decadência e é, de certo modo, portador da morte; o seu homônimo desempenha (sob este único aspecto) papel parecido no filme, podendo além disso, pela importância que assume, ser aproximado de Satã. Bruckmann, sobrenome de Friedrich, o gerente da fábrica, é também o de uma família importante de Munique, ligada ao Nazismo; em suas *Memórias*, Speer fala de uma senhora Bruckmann, como mentora do gosto artístico de Hitler. Finalmente, é preciso não esquecer a personagem antinazista Herbert Thalmann, homônimo quase perfeito de Ernest Thaelmann, que liderava o Partido Comunista Alemão quando Hitler chegou ao poder. A associação é aliás sugerida na contenda que se estabelece durante o jantar, logo após a notícia do incêndio do Reichstag, quando Konstantin responde ao primo, que denunciava Goering por ter prometido enforcar os inimigos do Terceiro Reich: "Você está perdendo a cabeça, Herbert. Goering referia-se aos comunistas... Ou talvez você também seja comunista?".

Poderíamos dizer, resumindo, que ao lado de um primeiro estrato de ressonância, como a pequena cruz gamada na lapela de Aschenbach, temos um segundo, mais sutil, como o sintagma das roupas e do físico de Konstantin (a esta camada, como veremos, pertence o *travesti* de Martin); e, por último, um terceiro, como o dos nomes — flutuante, remoto, sem sentido preciso, mas crivando o texto com o fogo fátuo de suas significações possíveis.

O conhecimento do Nazismo reveste-se pois, em Visconti, de uma extraordinária precisão documentária, mas em seguida esta é afastada parcialmente, em proveito de um jogo hábil de sinais e significados. Daí a importância que adquire a correlação entre a roupa civil, o uniforme, a insígnia, a bandeira, a música, a decoração, os gestos, os nomes, os lugares. Estes elementos, que permitem uma espécie de condensação da história — pois se articulam como um sistema simbólico geral, presente em todo o filme —, organizam-se ainda em três sistemas particulares, formando os três blocos narrativos principais, que descreveremos a seguir. Cada um constitui um momento significativo na evolução do Nazismo: o pacto com o grande capital, que o subvencionou e possibilitou a sua chegada ao poder; a liquidação das S.A., que eliminou os seus aspectos populistas e garantiu o apoio dos militares, facultando a Hitler a sucessão de Hindenburg; o predomínio absoluto das S.S., caracterizando uma espécie de "Nazismo puro", que efetuou a destruição dos judeus e desencadeou a guerra. Além disso, no plano da narrativa há uma articulação de elementos recorrentes que asseguram ao longo dos três blocos a continuidade do sistema simbólico geral — como o fato dos três serem festas, terminadas de modo trágico e marcadas ritmicamente pela chegada sinistra dos S.S.; ou a constância do *travesti*, cuja análise diferencial será feita mais adiante.

Os primeiros intérpretes do Nazismo de um ponto de vista econômico, como Daniel Guérin e Juergen Kuczinsky, já mostraram que ele se fez acompanhar de espantosa concentração industrial, permitindo ao grande capitalismo alemão um predomínio nunca visto na economia do país. Visconti parece aderir a este ponto de vista, dando uma interpretação que poderíamos chamar de radical no sentido etimológico da palavra, isto é, que vai à raiz, aos fundamentos econômicos. A família Essenbeck funciona como estrutura-padrão, refletindo as diferentes etapas das relações entre o Nazismo e o capitalismo. Luchino Visconti mostra, na própria estruturação semiológica do filme, que o Nazismo foi de fato uma "guarda plebeia do grande capital", como dizia Konrad Heiden; mas guarda que não parou de o envolver e determinar, desde o contrato simbolizado na cena do jantar inicial até à absorção dos últimos membros da família pelas organizações do partido.

No jantar, assistimos com efeito, simbolicamente, ao pacto entre os nacional-socialistas e a indústria pesada. O Barão Joachim von Essenbeck representa a tradição aristocrática e predatória dos grandes magnatas do aço e das armas, e embora desprezando o arrivismo de Hitler — a quem se refere como "esse senhor" — capitula por motivos de interesse. A pressão política é representada por dois indivíduos: o sobrinho Konstantin, truculento e grosseiro membro das S.A., que ambicionava suceder ao tio, e ao parente afastado Aschenbach, impecável oficial das S.S. A luta de morte que se trava desde então entre ambos, no interior da família, e que se manifesta na diversidade das fardas que vestem, é a luta entre dois grupos rivais dos asseclas de Hitler. Konstantin adere ao ativismo plebeu do movimento em sua fase de conquista do poder, representando uma etapa a ser eliminada. Aschenbach, porta-voz da doutrina na fase de controle do Estado, é a linha de força que promove os acontecimentos: o assassínio do velho Essenbeck; o afastamento do sobrinho liberal e antinazista Herbert Thalmann; a preponderância do gerente ambicioso Friedrich Bruckmann por meio de sua amante Sofia, nora viúva do Barão; o assassínio de Konstantin por Friedrich, em Wiessee; a destruição de Friedrich e Sofia, já agora desnecessários e incômodos; finalmente, o advento do perfeito instrumento nazista, o jovem Barão Martin von Essenbeck, homossexual, pedófilo, toxicômano, incestuoso, sádico, absorvido e transformado em autômato pelos S.S., que provavelmente absorveram também seu primo Guenther.

Martin é definido com exagero intencional, porque não se visa à verossimilhança psicológica e sim a acentuar através da caracterização da personagem a desagregação da família e a monstruosidade da nova ordem que está emergindo. O pacto entre o Nazismo e o grande capital se efetua quando a resistência do velho patriarca cede em proveito do interesse do grupo — a indústria de que é chefe. Mas a família Essenbeck já está minada de todos os lados pelas divergências políticas e pelas lutas internas de interesses; o jantar de aniversário é o seu último momento de equilíbrio.

A festa é antecipada por um longo preparativo iniciado nos quartos, como o espetáculo começa no camarim dos atores. Antes de entrar em cena, cada figurante repassa o número que dali a pouco vai executar no palco e na vida: as duas meninas repetem versos, assistidas pela governanta; Guenther (filho de Konstantin), ensaia a sua peça de Bach no violoncelo; Herbert Thalmann acusa a transigência de sua classe com o Nazismo enquanto sua mulher Elizabeth lhe arranja a gravata e pede calma; Konstantin toma banho e pensa em como atrair Guenther para a sua causa; o velho Barão lembra-se do filho morto na guerra — enquanto no automóvel que roda em direção ao castelo, Aschenbach e Friedrich traçam os planos da batalha.

O castelo exibe o seu esplendor intacto. É um mecanismo em perfeito funcionamento, com o serviço impecável da criadagem, as relações cordiais entre patrão e empregado, os gestos de carinho que cercam a vida de família. Neste ambiente tranquilo a forma de expressão estética que surge é a representação teatral em homenagem ao velho Barão. Vista isoladamente ela pode ter um ar sentimental e mesmo *kitsch*; mas é uma forma perfeitamente adequada ao ambiente onde se realiza, um espetáculo comemorativo concebido nos moldes tradicionais, com palco, recitativo de crianças, audição musical de autores consagrados, a que se assiste com roupa de cerimônia. Esta atmosfera harmoniosa é quebrada bruscamente por dois elementos de choque: a imitação de Marlene Dietrich feita por Martin e a notícia do incêndio do Reichstag.

A alusão a Marlene no papel de Lola, n'*O anjo azul*, é um signo extremamente ambíguo. A sua significação aparente é erótica e aponta para a mulher equívoca de cabaré, de pose desenvolta, meias pretas, cabelos louros e cartola, mas que o meio já incorporou como símbolo de uma liberdade permitida. Encoberto por este, no entanto, há na imagem um outro sentido de tara e anormalidade — pois a mulher que vemos no palco não é Marlene Dietrich, e sim o *travesti* de Martin von Essenbeck, herdeiro da poderosa dinastia. A sua inclusão na ordem tranquila do castelo é uma afronta e o velho Barão manifesta o seu desagrado.

Mas, sobrepondo-se a este elemento de perturbação, explode como uma bomba a notícia do falso complô. A proximidade em que se dão os sinais de ruptura não é ocasional e o diretor marca por seu intermédio o paralelismo com que, dali em diante, vão se desenvolver as duas linhas do entrecho: a anomalia de Martin e a anomalia do regime. É o momento mais importante da trama, porque é o da queda das máscaras, quando a família começa a desintegrar-se e a ação descamba para a brutalidade. Visconti não se preocupa em preparar realisticamente a virada dos acontecimentos; faz com que eles precipitem de repente, num tempo mais breve que o romanesco, usando uma condensação que diríamos ser antes a da duração teatral.

Durante o jantar todas as cartas já estão lançadas: o velho Barão anuncia os entendimentos de sua indústria com o Nazismo, Herbert Thalmann se demite da vice-presidência retirando-se da sala com a mulher, Konstantin toma o seu lugar na mesa e no Conselho de Administração. Já está esboçada a luta entre este último e Sofia-Friedrich. Logo mais presenciaremos a chegada dos S.S., a fuga de Herbert, o assassínio do velho patriarca, a violação da pequena Thilde. É muito para uma noite apenas, mas não é demais para um primeiro ato shakespeariano.

O segundo episódio fundamental na estrutura do filme — inspirado na liquidação das tropas de assalto, as S.A., comandadas por Roehm — é o massacre na aldeia bávara de Wiessee, perto de Munique, onde Konstantin perde a vida. O assassínio do velho Joachim, na sequência do início, logo após Hitler ter recebido o apoio do capitalismo, é a primeira trapaça depois do pacto. A morte do nazista Konstantin, em Wiessee, simboliza o início da destruição dos títeres que controlavam a alta indústria. O episódio, construído de acordo com o mesmo ritmo do jantar de aniversário, começa de maneira festiva e descuidada, na alegria ruidosa das regatas, para ir desandando progressivamente, enquanto a madrugada avança, em sentimento profundo de tristeza e, finalmente, em tragédia.

Aqui também existe uma manifestação estética, uma *representação*, que significa um passo a mais na caminhada nazista. Mas agora a emoção artística é despertada pelos cantos partidários e culmina na cena em que os S.A. entoam, bêbados, o *Horst Wessel Lied* — *pendant* degradado da cena inicial do castelo, quando, em trajes de cerimônia, Guenther tocava Bach e as primas recitavam versos. A equivalência entre as duas sequências prossegue ainda na profanação das mulheres, pois à menina brutalizada por Martin, embaixo da mesa, correspondem as *garçonettes* despidas e atiradas para o ar pelos milicianos. Neste esquema simétrico, o próprio *travesti* reaparece. Mas não é mais o *travesti* de um indivíduo, atuando como elemento de choque e ruptura num meio que não é o seu; é o de todo um grupo, acolhido com aplausos. Em vez de exceção temos normalidade, adequação perfeita dessa manifestação estética baixa e grosseira à brutalidade militar do meio, marcado pela ambígua camaradagem masculina.

Caberia talvez uma nota marginal para esclarecer como se acham fundidas, na técnica da composição, a fidelidade aos acontecimentos e a liberdade da interpretação criadora. Na terrível "noite das facas longas", madrugada de 30 de junho de 1934, quando Hitler decidiu liquidar Roehm para captar o apoio definitivo do Exército e dos conservadores, o que ocorreu na pequena cidade balneária de Wiessee foi a prisão (dirigida pelo Fuehrer em pessoa) de Roehm, de seus ajudantes Uhl e von Spretti e do motorista que dormia com o *S.A. Obergruppenfuehrer* Heines, este último, executado no local. Ao que parece, foi a única morte, pois há dúvida quanto ao motorista, que teria sido levado com os demais para Munique, onde foram liquidados com dezenas de outros, enquanto se massacrava mais gente noutras partes, sobretudo em Berlim e na Silésia, num total que Hitler declarou ser de 76 em seu discurso apologético no Reichstag, mas que os entendidos avaliam, uns em cerca de 400, outros em mais de 1.000.

Portanto a sequência de Wiessee foi totalmente inventada, salvo a presença de Roehm, a chegada dos S.S. e a caravana de automóveis. Mas Luchino Visconti *montou*, num escorço concentrado, todos os elementos do grande drama: a atitude dos S.A. contra o Exército (que ambicionavam substituir, como um "exército popular"), a oposição mais ou menos patente a Hitler, os ruidosos costumes de bambochata, o homossexualismo bastante difundido em suas fileiras, a presença de Hitler no local (embora oculta por elipse), a síntese dos massacres que, naquela madrugada e pelo dia afora, ensanguentaram a Alemanha. Na história real, os chefes das S.A. iriam concentrar-se em Wiessee a 30 de junho, para uma visita de Hitler. Visconti antecipou o que poderia ter acontecido, enfeixando o que aconteceu disperso no espaço e sucessivamente no tempo.

No terceiro episódio, a ação torna a situar-se no castelo dos Essenbeck, para que, voltando ao lugar onde a narrativa começou, sinta-se concretamente o tempo escoado. O elemento estético é então expresso pela oposição dramática dos dois ambientes, nítida como a que separa o belo rosto de Sofia, na primeira parte do filme, da máscara de Ensor que exibe na cerimônia do casamento. Do velho castelo não resta mais nada: nem criadagem, nem pompa, nem protocolo. Das paredes nuas pendem, como numa câmara mortuária, os emblemas nazistas. As personagens requintadas do primeiro ambiente haviam sido substituídas, na cena do massacre, pela vulgaridade barulhenta, pelo sentido de corporação popular das S.A.; agora, uma ralé suja, carreada pelo Nazismo, forma o pano de fundo sobre o qual se destacam os preparativos do ritual sinistro de Martin: o casamento de Friedrich e da mãe que ele profanou, seguido do assassínio de ambos sob forma de suicídio imposto. Do mundo antigo, que começou a desaparecer com a morte do velho Barão, só resta uma ou outra sobrevivência, como a roupa de gala dos

Os deuses malditos

O jovem Barão Martin von Essenbeck (Helmut Berger), à esquerda, na cerimônia de casamento entre Friedrich Bruckmann (Dirk Bogarde) e sua mãe, Sofia (Ingrid Thulin).

noivos, a gentileza e o sorriso mecânico com que a baronesa ensandecida agradece a presença dos convidados. Do mesmo modo que as duas anteriores, a sequência vai terminar, simetricamente, com um crime. Mas também este evoluiu. Tornou-se cada vez menos individualizado, passou da relação direta entre o criminoso e a vítima, no assassínio do velho patriarca, à matança coletiva onde a morte de Konstantin se dissolve, até o último crime, impessoal, sem armas, sem sangue, sem riscos. Um assassínio à distância, que não exigiu sequer a presença do criminoso no lugar da execução. É que o crime, absorvido pelo sistema, tornou-se rotina.

O que foi feito de um dos elementos constantes da trama, o *travesti*? Terá desaparecido? Não; permanece, mas como um valor que mudou de sinal. Desde o início Martin foi tratado como um ser ambíguo, meio homem, meio mulher; e essa espécie de neutralidade de sentido, que é a sua essência, já se reflete no rosto delicado de adolescente, máscara vazia da qual Visconti dispõe com perícia, de acordo com a necessidade expressiva do entrecho. No começo, acentua o aspecto feminino, quando Martin reage medroso diante da mãe e dos parentes, roendo as unhas inseguro, excluído da disputa em que os demais se entrematam, segregado num terreno marginal, onde só pode comunicar-se — mesmo que seja pela tara — com as crianças e os menos favorecidos pela fortuna. Confinado nos espaços vazios, nos cantos escuros, esgueira-se por baixo dos móveis e é simbolicamente aprisionado no sótão pelo tio, como alguém escorraçado, fugidio e solitário. Quando ensaia as três pancadas do mando, imitando a autoridade do avô, está sozinho, na grande mesa da sala deserta. Sozinho, fechado no quarto, é que espera a amante, debatendo-se com as tendências secretas. Visconti sublinha de vários modos a existência isolada e subterrânea de Martin, fazendo o elemento significativo depender, ora da função da personagem no enredo, ora apenas da retórica da imagem. Na cena que se passa no escritório da fábrica, é a situação que define a marginalidade de Martin, mostrando-o impaciente e desatento, enquanto Friedrich e os membros do Estado-Maior do Exército brindam a um novo modelo de metralhadora. Dali a pouco, a caminho da casa da amante, age como um criminoso, olhando para os lados furtivamente, trocando de carros para despistar o rumo que segue. Às vezes, no entanto, desejando exprimir a sua constante vocação para o crime, o diretor se limita a apoiar-se na plástica da imagem. O ritmo fluido da sequência é então cortado por uma tomada particular: por exemplo, o *clo-*

se-up de seus olhos. Duas vezes utiliza a imagem dos olhos: como elipse na profanação da prima e como prólogo na profanação da mãe. No primeiro momento, a utilização é, aliás, mais complexa, pois se inscreve na montagem admirável com que sugere a violação de Thilde: ouvimos o grito lancinante no meio da noite, sincronizado à imagem do velho Barão erguendo-se indagador na cama; e a frase termina com a tomada dos olhos de Martin, fosforescentes como os de uma pantera.

Martin e o crime são coextensivos. Mas no início o crime é desvio, infelicidade, tara, anormalidade. Martin surge como um degenerado marginal, que não cabe nos quadros éticos dominantes; um homem disfarçado de mulher, travestido de Lola--Marlene.

O Nazismo, no entanto, criou um estado de coisas onde os degenerados, longe de destoar, encaixam-se normalmente. A personalidade disponível de Martin, a sua humanidade ausente, será de agora em diante preenchida num sentido inverso: o seu último *travesti* será a farda de S.S. Daí a importância simbólica do gesto com que põe o boné na cabeça, acorde final onde encerra a evolução coerente que o transformou de mulherzinha assustada em oficial duro e implacável. É fardado de S.S., da cabeça aos pés, que, integrado na ordem nova, preside à destruição definitiva da antiga ordem, à qual pertencia mas que nunca o acolheu integralmente. O crime final de Martin esclarece com luz retrospectiva os crimes anteriores que cometeu: eles deixam então de ser faltas, para se tornarem as provas sucessivas de um longo ritual iniciatório, equivalente macabro da seleção que Himmler achava necessária para essa espécie de ordem de cavalaria, quintessência do Nazismo — os S.S. treinados nos *Ordensburgen*. A intenção flagrante do diretor, criando a personagem, foi mostrar, paralelamente à formação do Nazismo, à sua constituição definitiva como força única do Estado, esmagando antagonismos, divergências e adesões insuficientes, a emergência de um indivíduo monstruoso, como os que ele gerou. O filme é, concomitantemente, a anatomia do Nazismo e a história de um nazista padrão, isto é, Martin von Essenbeck.

Os deuses malditos manifestam, portanto, um agudo conhecimento político, tornado singularmente eficaz pela força da sua estrutura oculta, que a análise desvenda. Mas se não conhecêssemos os fatos e não pudéssemos avaliar o rigor com que Luchino Visconti os transfigura, efetuando uma habilíssima redução estrutural, o filme guardaria ainda assim o seu impacto de obra de arte, pela coerência do primeiro nível de significação, isto é, a história da disputa pelo poder econômico dentro de uma família.

Post-scriptum

Lucros líquidos da firma Krupp à medida que se acelerava o rearmamento promovido pelo Nazismo (em milhões de marcos):

1935 .... 57.216.392,00
1938 .... 97.071.632,00
1941 .... 111.555.216,00

Diálogo e imagem n'*O desafio*

O encontro patrocinado pela Cinemateca Brasileira, há poucas semanas atrás, visando a debater o filme *O desafio* [1965], de Paulo César Saraceni,[1] longe de auxiliar o entendimento entre os cineastas brasileiros e os escritores, revelou um desacordo flagrante. Pois se de um lado os escritores, preocupados sobretudo com a coerência que deve reger toda obra de arte, procuravam analisar o filme com respeito e objetividade, mas de acordo com certas exigências artísticas, de outro, os cineastas — ou melhor, os seus satélites — respondiam de maneira apaixonada, como se as restrições feitas equivalessem a ofensas pessoais. Uma vez estabelecida a divisão falsamente irredutível entre pessoas que fazem e pessoas que julgam, o entendimento não foi mais possível. Talvez por não se sentir armado para discutir o filme em seus vários e ricos aspectos, um grupo partiu para a acusação, atacando sem que ninguém soubesse bem por quê, a vaga "geração de 45". Levando a polêmica para esse lado, escamoteava-se o problema principal, que era o de debater o filme de Saraceni, na presença e com o auxílio de seu diretor.

---

[1] Este texto foi publicado no "Suplemento Literário" de *O Estado de S. Paulo* em 18/6/1966. [N. da E.]

O fio magnetofônico, gravado durante o debate, tornou possível a transcrição de algumas intervenções, que posteriormente foram publicadas. Lendo as observações que então fiz a Saraceni, notei que não exprimiam com clareza o meu pensamento. E como um contacto posterior com o filme veio confirmar algumas impressões do primeiro momento e suscitar novas dúvidas, gostaria de repetir melhor aqui o que enunciei mal naquela oportunidade.

O desafio é um filme importante dentro do movimento do Cinema Novo brasileiro e as suas qualidades já foram apontadas pela crítica. Mas se hoje em dia ninguém mais tem dúvida em colocar Saraceni na primeira linha dos nossos cineastas, acho que é servir mal ao seu talento aumentar o coro passivo dos elogios, fechando os olhos à análise. Esta, ao contrário, evidencia algumas fraquezas que, a meu ver, comprometem a clareza da narrativa, sem contudo invalidá-la, e que poderíamos reduzir a três: má escolha do diálogo, inadequação entre o diálogo e a imagem, tensão contraditória entre um projeto e uma realização.

É sabido que o filme de Saraceni não pretende contar um enredo qualquer, com o único pretexto de criar belas imagens, mas apresentar a repercussão de uma crise política na consciência de um jovem intelectual — que, aliás, assume em face dela uma posição justa, com a qual nos identificamos. Como o tema central é focalizado no ambiente de uma grande cidade e se desdobra em vários temas secundários (o desajuste inevitável entre os membros das classes em conflito, sua consequência nas relações amorosas, o contraste entre a vocação contemplativa e o apelo da ação etc.), a complexidade do assunto autorizava a escolha de uma narrativa bem apoiada no diálogo. O erro de Saraceni, no entanto, foi confiar excessivamente no poder esclarecedor da palavra, optando por um diálogo não só explicativo e estático, mas dentro da pior convenção teatral. É verdade que, neste pon-

Diálogo e imagem n'*O desafio*

to, a culpa cabe apenas em parte ao nosso diretor, pois, com pouquíssimas exceções, o cinema brasileiro ainda não conseguiu criar um diálogo especificamente cinematográfico. É mesmo curioso que tendo assimilado tão bem, no tratamento da imagem, a lição dos grandes cineastas da atualidade, Saraceni permaneça insensível à utilização que sabem fazer da palavra e que, às vezes, se reduz à escolha segura das frases essenciais para definir uma crise, dispensando digressões inúteis. Em *A aventura*, por exemplo, o comportamento contraditório de Sandro é esclarecido em dois ou três trechos falados importantes que, no entanto, não se referem ao problema central da personagem, mas apenas aludem a ela de maneira indireta. Assim, a bela meditação do campanário de Notto, ante a tranquila beleza da cidadezinha barroca, adverte o espectador que Antonioni o havia atraído para uma pista falsa e que a chave da personagem não devia ser procurada na consciência infeliz do "don juan" e sim na renúncia ao apelo da arte. Mas em nenhum momento do filme a personagem esclarece o público, exclamando: "O meu problema fundamental é não ter tido a coragem de seguir a minha vocação".

No entanto, é assim que age Marcelo, o herói de *O desafio*. As suas perplexidades, as suas dúvidas, o seu anseio de ver melhoradas as condições de vida do povo, a raiz do desentendimento com a amante, tudo isso vem explicitado com inocência no diálogo, como se Saraceni temesse não ser totalmente compreendido.

Mas concedamos que a escolha deste diálogo racional, com "princípio, meio e fim" — como durante o debate o definiu Haroldo de Campos — correspondesse melhor à intenção didática de clareza absoluta. Neste caso a escolha seria válida, se não estivesse, no filme, em flagrante contradição com o tratamento da imagem. Pois, paralelamente às falas demasiado lógicas, em que tudo é dito e quase nada omitido, vai fluindo uma imagem moderna, requintada, organizada de acordo com um esquema alusivo e elíptico. O resultado final é uma realidade híbrida, regida por dois princípios irreconciliáveis de composição. A bela sequência inicial demonstra bem essa dificuldade com que Saraceni se defrontou, de integrar os dois elementos numa perspectiva unificadora. — O automóvel guiado por Ada corre pela paisagem. Desde as primeiras imagens cria-se na tela a tensa atmosfera de ruptura: enquanto Ada dirige o carro, vai lançando ao companheiro o olhar aflito e indagador, e é assim que vê Marcelo acender o cigarro, abrir o porta-luvas, tirar o livro de dentro, folheá-lo, tornar a guardá-lo, distraído. A lenta insinuação da crise é feita de maneira sutil pela imagem apenas, mas vai ser rompida quando a primeira fala nos atira bruscamente no universo sem mistério da palavra.

No entanto, em outros momentos Saraceni consegue sugerir com grande felicidade, apoiando-se apenas no poder evocativo da imagem, a situação de conflito entre os amantes. São muitos os símbolos de limite, de confinamento, de que se serve para sublinhar o afastamento progressivo entre Ada e Marcelo: na sequência à beira d'água, a bela utilização da viga de construção, separando as duas silhuetas de perfil; na sequência do quarto, o enquadramento talvez um pouco demagógico dos amantes abraçados, enquanto no cartaz da parede o cangaceiro de *Deus e o Diabo* ergue entre as duas cabeças o punhal vingador; e mais bonita que todas, porque menos evidente em sua intenção, a cerca escura de ferro, na qual de noite, no jardim, Ada se apoia infeliz, segregada do mundo. Em sua simplicidade e silêncio, esta imagem sugere o isolamento da personagem com muito mais força que a explosão melodramática de Ada diante do marido, invectivando a sociedade. É na utilização expressiva desses elementos que reconhecemos o estofo de cineasta de Saraceni; em sua capacidade de criar alusões plásticas, símbolos de conflito ou cortes secos de sequência — como o que opõe a figura ausente e rarefeita de Ada à força um pouco andrógina e popular de Maria Bethânia.

Mas o desacerto mais grave de *O desafio*, que um segundo contacto com o filme tornou nítido, é o que defini no início desta análise como a tensão contraditória entre um projeto e a sua realização.

Inicialmente, o filme pretende contar sobretudo a história de Marcelo, intelectual pequeno-burguês que, surpreendido por uma brusca transformação no governo, sente-se atingido em suas dúvidas políticas como em sua capacidade de criação e em sua vida amorosa. Ainda há pouco, o crítico Almeida Salles salientava, a esse propósito, o aspecto de "apelo à responsabilidade" que a seu ver o filme assume, de "meditação política como dado da consciência individual".[2] Se isso é verdade, *O desafio* deveria ser acima de tudo um filme *sobre Marcelo*; e Ada, a mulher burguesa, que a crise está afastando do amante, apenas um episódio de seu drama — episódio um pouco mais importante que o encontro com o intelectual cínico ou que o contacto com os companheiros na redação da revista.

Ora, de acordo com a divisão estabelecida desde o início entre a função esclarecedora do diálogo e a função impregnante da imagem, Saraceni viu-se obrigado a atribuir na narrativa, por necessidade polêmica, a Marcelo, as partes mais dialogadas (e, portanto, mais defeituosas), a Ada as sequências silenciosas (e, portanto, mais perfeitas), que realizou em belos *close-ups*. Assim, à medida que o filme progride, o valor artístico desigual dos dois

---

[2] Francisco Luís de Almeida Salles, "O desafio Saraceni", *in* "Suplemento Literário" de *O Estado de S. Paulo*, 11/6/1966.

tratamentos acaba nos aproximando antes de Ada que de Marcelo. Aliás, o próprio diretor termina empolgando-se pela fascinante personagem feminina, que a imagem explora amorosamente, afastando-se aos poucos e sem perceber do protagonista principal, tão malservido pela palavra. O equívoco que se estabelece é perturbador e compromete as intenções iniciais de Saraceni. De tal modo que, se fosse possível projetar *O desafio* sem o som, para atentarmos apenas à pregnância da imagem, talvez víssemos surgir na tela um filme diametralmente oposto ao que foi imaginado. Como nesses desenhos em que se pode ler alternativamente a figura como fundo e o fundo como figura, veríamos então, num passe de mágica, a personagem apagada de Marcelo se esfumar e Ada assumir com autoridade o primeiro plano, a inversão de perspectiva transformando *O desafio*, paradoxalmente, numa exaltação dos valores burgueses. É que, a despeito das boas intenções, a criação tem dessas armadilhas.

Terra em transe

Talvez fosse possível analisar *Terra em transe* [1967] independentemente de *Deus e o Diabo na terra do sol* [1964], se desde as imagens iniciais do seu segundo filme Glauber Rocha não advertisse que se trata de uma meditação retomada. *Deus e o Diabo* terminava num admirável ritmo centrífugo; a corrida de Manuel, ampliando-se através da explosão da música e do sentido apocalíptico de seu texto — "o sertão vai virar mar — o mar vai virar sertão" — parecia apontar confusamente para uma esperança. *Terra em transe*, em sentido inverso, começa num movimento centrípeto: a câmara focaliza primeiro o mar, que das alturas parece imenso e desconhecido como a superfície da lua, avança lentamente para uma praia que se delineia lá embaixo, descendo sempre à medida que penetra no interior do continente. Glauber volta, pois, ao seu ponto de partida, como quem reconhece que a esperança havia sido prematura e era preciso testar de novo as premissas, de outra perspectiva. O segundo filme parece estar retificando o primeiro, do mesmo modo por que a generosa afirmação de mocidade de Carlos Drummond de Andrade — "o meu coração é maior que o mundo" — foi corrigida na idade madura pelo verso desencantado — "não, o meu coração não é maior que o mundo, é muito menor".

Desta vez não estamos no sertão, mas na cidade — que é, ora a capital de um suposto país sul-americano, Eldorado, ora a capital de Alecrim, uma das suas províncias. A história é narrada em *flash back*, de maneira descontínua; os episódios vão sendo apresentados como surgem na lembrança de Paulo Martins, personagem principal, que está ferido de morte. Paulo Martins é um intelectual, e o tema de *Terra em transe* uma crise política; não obstante, nós sentimos que nos dois filmes o âmago da problemática de Glauber Rocha é a busca.

Em *Deus e o Diabo*, o título maniqueísta propunha desde o início a simplicidade relativa do universo de Manuel, que se debatia entre os desígnios do bem e os apelos do mal, apenas vislumbrando, exausto, que a luta se poderia também ferir do lado do homem. Por isso, a narrativa era linear, como a sua mentalidade, organizando-se em episódios autônomos e sucessivos. Mas para Paulo Martins a procura começa onde termina a do vaqueiro, a busca de uma verdade pessoal cruzando-se com "a luta por uma realidade mais alta, mais completa e mais de todos". A verdade passa a ter, pois, muitas faces, e o protagonista avança entre tacteios, acertos e erros, movimentos de generosidade e recuos de covardia. O delírio, baralhando a história, confusa e alternada, parece o seu espaço necessário.

Terra em transe gira em torno de um momento político de crise. Num país imaginário, que supomos situar-se na América Latina, a miséria grassa sem solução. De um lado estão os governantes e os seus asseclas, apoiados nos privilégios de classe, no poder e nos trustes internacionais; de outro, o povo, miserável e abandonado. A consciência desta situação é expressa no filme sobretudo por duas personagens, cada uma definindo uma perspectiva: Paulo Martins, intelectual bem-intencionado mas oscilante, cheio de dúvidas, ainda muito preso à política paternalista de Porfírio Diaz, que acaba de ser eleito senador; Sarah, representando as posições mais radicais da esquerda. Ambos têm a convicção de que seus esforços isolados são inoperantes e é

Terra em transe

Sarah (Glauce Rocha), militante de esquerda, e o poeta e jornalista Paulo Martins (Jardel Filho) tramam, sem sucesso, utopias libertárias para Eldorado.

necessário encontrar um líder, que unifique as oposições e simbolize as esperanças do povo. Pensam tê-lo encontrado em Vieira, político da província de Alecrim; e depois dos entendimentos de praxe a sua candidatura é lançada numa grande convenção popular.

Terminada a campanha com a eleição para governador do novo líder populista, Sarah e Paulo Martins, de certo modo os responsáveis pela vitória, e que no início se tinham deixado empolgar pelo movimento, começam a sentir que Vieira é um líder fictício, imposto de cima para baixo, como se impõe uma mercadoria pela propaganda. "Agora vamos ver como o governador irá cumprir as suas promessas de candidato" — dizem ambos. De fato, ninguém quer mudar nada e o povo foi apenas um instrumento. Mas a consciência popular, vagamente despertada, põe em choque uma estrutura que permanece a mesma. Surgem as lutas entre o povo ludibriado e Vieira, mas ainda é tempo de sufocar as aspirações informes, que não aprenderam a se exprimir com clareza. Não podendo cumprir as promessas, o governo adota a repressão policial, mas a luta já o desgastou e agora é a estrela de Porfírio Diaz que começa a subir, mostrando que o breve *intermezzo* populista foi apenas um hiato no processo que tendia ao reforço das posições tradicionais.

É no torvelinho desta crise, onde ocorrem muitas outras coisas, que se debate Paulo Martins, incapaz de ultrapassar a sua própria confusão. Ele é um exemplo de ser dividido, dilacerado entre duas mulheres, dois líderes, duas sensibilidades, uma vez que mesmo a sua poesia, que pretende exprimir uma angústia moderna, é vazada numa retórica do passado. A montagem final paralela representa de maneira eficiente o seu impasse, quando vemos alternadamente, no delírio da agonia, ora a sequência em que Vieira avança no meio do povo entusiasmado, ao som do rufar seco dos tambores, ora a sequência em que Porfírio Diaz desfila sozinho e teatral tendo numa das mãos o crucifixo e na outra a bandeira negra desfraldada.

Reduzido pelo crítico ao seu esqueleto racional o filme pode dar a impressão falsa de banalidade. Mas a força de Glauber não consiste em exprimir um pensamento discursivo, e sim na maestria com que usa a imagem para criar um universo plástico de equivalências, um sistema de metáforas e alegorias. No trecho de *Terra em transe* há pouco referido, por exemplo, a montagem paralela traduz a dificuldade de opção de Paulo Martins. No entanto, cada termo da oposição, tomado isoladamente, tem autonomia de sentido, funcionando como alusão que o público apreende sem esforço, ao ler na convenção ou no comício uma caricatura do populismo, e no desfile paranoico de Porfírio Diaz, a "marcha da família, com Deus, pela liberdade".

O senador Porfírio Diaz (Paulo Autran), agarrado ao crucifixo e à negra bandeira fascista, resume em sua figura as aspirações ditatoriais mais conservadoras.

A tendência de Glauber Rocha para o requinte formal, fugindo sistematicamente das soluções naturalistas, pode, num polo oposto, exprimir-se pelo esquematismo. É o que acontece no tratamento que costuma dar às personagens. Desde *Deus e o Diabo* vinha ensaiando uma técnica de caracterização, que naquele filme refletia-se sobretudo em Antônio das Mortes, e que consiste, basicamente, em *despersonalizar* ao máximo a personagem, reduzindo-a a porta-voz de uma expressão coletiva. Em *Terra em transe* o processo se generaliza. Não há mais pessoas nem tipos; cada figura se transforma numa espécie de *amostra significativa*. Assim, Paulo Martins representa a esquerda festiva, Sarah a esquerda real, Porfírio Diaz a política paternalista, Vieira as lideranças populistas. A individualização, explorada com traço intencionalmente grosso, visa um fim expressionista e chega francamente à sátira — como, por exemplo, quando Fuentes, o industrial progressista, avançando para a câmara como um ator brechtiano, chega ao primeiro plano e nos conta diretamente que é proprietário de *todas* as minas de ferro, *todas* as minas de prata, *todas* as minas de ouro, *todas* as estações de rádio, *todas* as emissoras de televisão, *todos* os jornais de Eldorado... É esta transparência absoluta da personagem, essa clareza essencial, que aflora no seu aspecto exterior, petrificando-se em máscara, manifestando um *aparecer* que é o seu próprio ser. Por isso Vieira estará sempre de roupa de linho branco, colete preto, cabelo escorrendo na testa, charuto na mão.

Levando adiante essa necessidade de clareza absoluta das personagens, Glauber instala cada uma delas em seu habitat natural, como um santo no seu nicho. Estejam onde estiverem, o lugar verdadeiro de Vieira é o comício, junto ao povo; o de Porfírio Diaz, o seu palácio dourado, que não deixa de evocar o Xanadu de *Cidadão Kane*; o de Fuentes, a orgia noturna; o de Martins, a redação do jornal. Esta esquematização não é gratuita e decorre da própria estrutura aberta de *Terra em transe* — é a exigência estrutural de *fechamento*, que corrige na sua legibilidade a dispersão temporal da narrativa. Da mesma forma, o aparecimento caótico dos acontecimentos no delírio não é um truque formalista, pois a desordem em que se apresentam acentua, no plano da imagem, a perplexidade ideológica de Paulo Martins.

O amadurecimento técnico de Glauber é evidente, e ao retomar neste filme os seus temas anteriores para tecer novas variações, sempre o faz no sentido do despojamento e da segurança artesanal. Despojamento relativo, é certo, neste baiano que não cita Castro Alves por acaso e que se sente atraído por cenários barrocos, lances de escadaria, clareiras entre as árvores, movimentos encaracolados de câmara, bruscas rajadas musicais. Todas essas preferências, mais a utilização declamatória de um texto literário de valor duvidoso, traem uma sensibilidade derramada, à beira do discurso. No entanto, a seu modo Glauber está se policiando. Num trecho deste segundo filme, retoma certo achado de grande beleza plástica de *Deus e o Diabo*, onde a câmara circulava vertiginosamente em torno dos amantes abraçados na caatinga. A frase era muito brilhante, mas não dava impressão de ser autêntica. Ela ressurge agora em *Terra em transe*, num registro mais abafado e íntimo, na cena da convenção, quando a dança comovida das cabeças de Sarah e Paulo exprime a busca recíproca de apoio e comunicação.

Mas onde a força inventiva de Glauber Rocha alcança o momento mais alto, é quando focaliza ou caracteriza o povo. Se em *Terra em transe*, ao tratar ambientes e personagens, a direção se permite alguns excessos de retórica, no meio do povo tudo se torna cortante, as oposições são de preto e branco, não há jogos espetaculares de planos e as cenas se passam mais ou menos ao rés do chão. O burlesco e o sarcástico são utilizados, mas a violência não será tão ostensiva quanto no primeiro filme e estará sempre um pouco além da imagem, nas evocações que desperta.

O povo de Glauber, dentro de seu processo habitual de caracterização da personagem, já apontado, é ao mesmo tempo plural e singular. É a massa compacta que ovaciona Vieira e que a câmara apreende em panorâmicas estupendas; mas é sobretudo o pobre operário (ou posseiro?) a que Flávio Migliaccio empresta a sua fisionomia torturada. A concepção cruel e desmistificadora está aqui bem longe da que Boal-Guarnieri utilizam em sua última peça.[1] A do teatro, personificada em Tiradentes, procura

---

[1] Trata-se de *Arena conta Tiradentes*, encenada pelo Teatro de Arena, em São Paulo, em 1967, mesmo ano de *Terra em transe* e da publicação deste artigo. [N. da E.]

elevar à categoria artística o chavão patriótico dos livros de leitura e do quadro de Bernardelli. É o povo na sua concepção mais melodramática, eu diria mesmo a mais *kitsch*, de herói, que renasce eternamente das suas mil mortes. A concepção de Glauber é a do deserdado, do João Ninguém. Ambas traem a raiz comum e remota do Cristo — mas se o teatro preferiu o Cristo Triunfante na sua versão *mass-media*, o cinema escolheu o Cristo da linhagem flamenga.

Esta identificação entre o povo e Cristo, entre o comício e o Calvário, que supomos tenha ocorrido na imaginação de Glauber, é extremamente secreta e mal aflora no nível da consciência. No entanto, a alusão ao Caminho da Cruz insinua-se nas cenas populares, que à primeira vista parecem desenrolar-se no plano da festa. A praça ainda é o lugar do povo, onde os blocos carnavalescos misturam-se aos oradores da rua, mas a acidez da sátira já está corroendo a alegria. Quando se dá a mudança de tom? Em que momento exato começamos a indagar se assistimos a uma apoteose ou a um Calvário? Pois todos se apressam em defender o povo, mas afinal, quando o chamam e ele sobe ao palanque, é para desfiar de maneira incoordenada o seu rosário de misérias que ninguém está disposto a ouvir. Os que o empurram para a frente querem defendê-lo, ou então, como os fariseus, expondo-o à multidão, para que ela o insulte? Em *Deus e o Diabo* também era inequívoca a alusão ao Martírio, no episódio em que Manuel subia a escadaria sem fim com a pedra na cabeça. A cena era muito longa, insistente, e por isso, aflitiva; mas o olhar se distraía nos ouropéis, respirava na paisagem e nos estandartes tremulando. Aqui não há nenhum disfarce, tudo é seco e rápido como uma execução. O estilo se tornou elíptico e cheio de abreviaturas, os contrastes se sucedem com visível intenção grotesca, como a figura desfeita e patética do operário, opondo o seu lamento à arenga do orador decrépito, entalado no colarinho duro. Aos poucos os enquadramentos apertam as pessoas umas contra as outras, não deixando nenhuma brecha por onde o ar circule; e no espaço opressivo os homens se defrontam com ódio, cara a cara, mão contra o rosto. O povo escarnecido de Glauber Rocha, que se amordaça, que se faz calar com uma bala na boca e se abandona estendido no chão — objeto que o olhar curioso percorre — não ficaria mal ao lado da série terrível de Cristos ultrajados que a pintura flamenga nos legou, de Bosch a Ensor.

Mas não será artificial aproximar o cinema da pintura e, sobretudo, descabido comparar Glauber Rocha a Hieronymus Bosch? Não sei. Sinto um parentesco latente entre essas cenas de *Terra em transe*, o *Ecce homo* de Frankfurt e *O caminho da cruz* de Gand. Terá muita importância o fato de Bosch exprimir "o sentimento de mal-estar e de inquietação que paira sobre os campos e as cidades do Norte da Europa por volta do ano de 1500", e Glauber insistir no presente e na América Latina? As duas visões traem a desesperança, e a de Bosch (como a crítica nos informa) deriva da obsessão do fim de alguma coisa, que tão cedo não será compensada pelo advento de nenhum acontecimento extraordinário.

Fernando Torres no papel de Cláudio Manuel da Costa, à esquerda, e o diretor Joaquim Pedro de Andrade, no canto oposto, durante as filmagens de *Os inconfidentes*.

Os inconfidentes

Já não é mais necessário chamar a atenção para as qualidades excepcionais de *Os inconfidentes* [1971], sobretudo depois que o filme foi aplaudido em Veneza e consagrado pela crítica internacional. Mas é sempre útil meditar nos motivos que fazem dele uma das obras mais importantes do cinema brasileiro, embora sujeita a discussões.

O terceiro filme de ficção de Joaquim Pedro de Andrade vem comprovar uma das características mais curiosas do diretor, que é tomar sempre como ponto de partida uma obra consagrada pela literatura ou um fato consagrado pela História — poema de Drummond, narrativa mítica de Mário de Andrade, imagem da Conjuração Mineira na representação coletiva — para, através do processo criador, ir contestando, ininterruptamente, aquilo que havia erigido como universo de seu discurso. Prisioneiro da tradição, Joaquim Pedro não pode, no entanto, render-se à leitura respeitosa e submissa do texto. Ao contrário de Bresson que, em situação semelhante, recua para a sombra e protege amorosamente as imagens que libertou de sua prisão verbal, Joaquim Pedro se encolhe na tocaia para, sem ser pressentido, saltar com mais êxito sobre a presa. Será uma forma de amor essa atenção feita de vigilância, recusa ao abandono e agressividade? Ou vingança ressentida de criador, consciente de que a sua imaginação age sempre de maneira parasitária sobre um primeiro discurso autônomo?

Tomemos como exemplo *O padre e a moça* [de 1965]. A adaptação cinematográfica da obra de Carlos Drummond de Andrade já oferece, no título do filme, o primeiro afastamento, imperceptível, em relação ao original, na medida em que substitui a vírgula do título do poema: "O padre, a moça", pela conjunção *e*: "O padre *e* a moça". Esse detalhe não teria importância se logo não se seguissem outras substituições sintomáticas, tão radicais, que muito pouco se conservou da poesia. A história de Drummond relata um amor ao ar livre, em campo aberto, uma fuga fantasmal e sem abrigo. Não é apenas a narrativa de um amor impossível, é uma fábula, onde os dois amantes percorrem um espaço e um tempo mágicos e os sentimentos que se exprimem são abstratos, como a rebeldia em face do mundo, o sentimento de transgressão e castigo, de inocência e culpa. Por isso o tempo é infinito, o espaço é sem limites e as personagens, gerais e descarnadas: o padre, a moça, os perseguidores, os repórteres, o Bispo, o Diabo, a presença virtual de Deus. Na versão de Joaquim Pedro, ao contrário, o espaço e o tempo se coagularam e a narrativa se fixa na cidadezinha longínqua onde o padre apeia do cavalo — cidadezinha descrita com minúcia, com o casario desolado e a procissão de beatas papudas. Os sentimentos também não são mais universais; o diretor enriquece o relato com intrigas suplementares, definidas com o senso de detalhe do romance realista, descrevendo o amor infeliz do impotente, que observa à distância a janela da amada, ou a fixação erótica do velho pela afilhadinha que ajudou a criar. Também não há mais transcendência: tudo se tornou presente, corpóreo, carnal e o drama deriva das interdições do grupo aos anseios da vida, como a atração mútua da moça e do padre — ambos jovens e sadios — só permitindo, na sua estagnação de morte, as relações monstruosas da moça com o padrinho ou com o impotente. No entanto, mesmo substituindo o plano ontológico pelo plano social o filme conserva a tensão básica do poema, que é relembrada no belo oxímoron, posto como epígrafe:

"negro amor de rendas brancas".

Isto é, permanece a tensão entre os valores de morte e de vida, para os quais o diretor encontrou algumas das suas mais belas metáforas, como as botinas pretas do sacerdote pisando a terra coberta de margaridas.

O caso de *Macunaíma* [1969] é ainda mais significativo desse método peculiar de Joaquim Pedro. Pois se n'*O padre e a moça* era possível aceitar sem dificuldade a interpretação realista, agora a recusa do fantástico surgia como um contrassenso, parecendo trair a própria intenção original da obra. O que restaria de *Macunaíma* escamoteando-se o aspecto mágico do livro? Por outro lado, não seria o cinema o meio expressivo mais adequado para dar a verdade do mito, na medida em que oferecia ao criador as possibilidades infinitas da câmara, o seu *poder ditatorial* de dobrar à sua vontade o espaço real e o tempo do relógio? Só a montagem seria capaz de aproximar-se do relato mítico e organizar as tomadas em condições de ordem e de tempo diversas das normais, dando forma concreta à fantasia.

Indiferente a todos esses argumentos, eis que Joaquim Pedro enverada de novo pelo caminho mais ingrato. Logo após o término do roteiro, interpelado sobre a solução que escolhera, declarou que procurar no filme uma transposição do aspecto mágico do romance lhe parecia um expediente fácil, como um truque de prestidigitador. E tivemos de aceitar um *Macunaíma* quase sem relva, urbanizado, mais ou menos sujeito ao tempo cronológico, esquecido das tropelias do herói pelo Brasil, conservando de todas as metamorfoses apenas aquela, inesquecível, de Grande Otelo virando o Príncipe Lindo.

Não vou discutir aqui se a solução escolhida pelo diretor foi a mais indicada. Mas é justo reconhecer a inteligência de sua interpretação, que soube conservar algumas das características essenciais da obra — a desmedida, o mau gosto, o sadismo, o grotesco — que se fixaram em tantos detalhes como as roupas, a festa dionisíaca do fim e sobretudo, a utilização brutal da cor.

Quando Joaquim Pedro decidiu filmar *Os inconfidentes*, tive a impressão de que iria, pela primeira vez, trabalhar um assunto adaptado ao seu temperamento racional. Havia escolhido um tema histórico, portanto concreto, preciso, um episódio que já fora esmiuçado pela análise erudita e cujos protagonistas, embora se encontrassem bem fixados na memória coletiva, conservavam o grau de indeterminação suficiente para que o espírito criador oscilasse entre algumas verdades possíveis. Agora já não seria necessário converter o fantástico em real, como nos dois casos anteriores. O assunto se apoiava na História e o cenário, contemporâneo dos acontecimentos, estava à disposição do fotógrafo, na cidade-monumento de Ouro Preto. Quanto à trilha sonora, podia-se recorrer, com uma larga margem de escolha, à produção da admirável escola barroca descoberta por Curt Lange. Era muito provável que Joaquim Pedro fizesse um filme de época.

Sabemos das dificuldades que se apresentaram à equipe de *Os inconfidentes*, quando, num primeiro contacto com a cidade, defrontaram uma paisagem cheia de anacronismos, retalhada pelos fios telefônicos. Mas não creio que tenham sido problemas deste tipo que levaram o diretor a acomodar a imaginação num movimento inverso ao dos outros filmes e afastar-se deliberadamente do realismo, escolhendo uma grafia quase abstrata do mundo exterior. O certo é que o barroco será esquecido. A beleza escalonada de Ouro Preto, tão harmoniosa no equilíbrio de seus ritmos — horizontais das janelas, verticais das torres de igrejas — ficará reduzida apenas à fotografia belíssima dos letreiros. As janelas das casas se fecham ou apanham de esguelha um canto de jardim; os cômodos se despem e só conservam os trastes indispensáveis para situar a ação; diríamos um espaço simbólico como o da pintura do *Trecento*. Há por tudo uma espécie de usura ao dispor os sinais. Os próprios ruídos são escassos e emblemáticos. Por exemplo, para nos advertir que Tiradentes já não está mais em Vila Rica, mas na Corte, quando depara com Silvério dos Reis no pátio pobre da casa em que está hospedado, Joaquim Pedro se limita a atuar de leve no registro dos sons, substituindo o tropel das patas de cavalo pelo barulho incessante das carruagens, chegando da rua. É com a mesma economia de meios que, na sequência 40, já no final, descreve o adeus de Gonzaga, sem recorrer a nenhum dos clichês de praxe em cenas desse gênero: amigos acenando no cais, ida e vinda de viajantes, algazarra da tripulação levantando ferros, hasteamento das velas no mastro. A indicação do roteiro se refere a "Gonzaga em pé na proa de um navio que avança mar adentro"; a imagem do filme será ainda mais despojada, pois não haverá sequer "proa de navio" ou "mar adentro". — Veremos recortada contra o céu a figura vestida de escarlate do poeta e o mar alto só estará figurado, de maneira elíptica, no balanço das ondas que faz a figura oscilar, no vento que lhe agita os cabelos e a capa, assim como a despedida à amada estará expressa nos versos que recita:

> "Parto enfim, Marília bela,
> Rasgando os ares cinzentos,
> Virão nas asas dos ventos
> Buscar-te os suspiros meus..."

Foi a mesma resistência à facilidade que impediu Joaquim Pedro de lançar mão, para o fundo musical, de um dos compositores da escola mineira. Nem mesmo o descuido de alguma modinha de Caldas Barbosa conseguiu vencer o cerco da lucidez. O temperamento ácido preferiu sufocar o abandono com o anacronismo de "Aquarela do Brasil" de Ary Barroso e "Farolito" de Agustín Lara, marcando de maneira estridente o afastamento que desejava conservar em relação aos acontecimentos.

A própria técnica cinematográfica é seca, sem floreios. A câmara apanha em geral o mundo exterior em tomadas próximas, avançando e recuando, mas evita os movimentos fantasiosos, de que outros diretores menos policiados certamente se teriam servido para acentuar a atmosfera barroca. A escrita é contida e a narrativa escolhe, sobretudo na parte central, que é a mais bem realizada, o plano-sequência de preferência ao corte. Diante de uma câmara fixa, inexorável como uma testemunha, são as personagens que se agitam, sublinhando com a sua movimentação o importantíssimo debate verbal. De vez em quando, no momento agudo do diálogo, na conspiração ou no processo, o protagonista é enquadrado em *close-up* e se dirige ao espectador fora da tela, que está colocado em outro espaço e em outro tempo, solicitando o seu julgamento e a sua adesão.

Tendo de escolher entre as várias versões da Inconfidência, o diretor *parece* ter preferido a neutra e objetiva dos *Autos de devassa*. Não creio que o tenha feito movido por um desejo rigoroso de verdade, mas porque a versão dos *Autos* lhe pareceu a mais afastada da oficial, daquela que, construída a partir do Romantismo, se fixara nos livros didáticos e se difundira no povo. Ainda aqui a atitude não foi de conformismo, mas de rebeldia.

Se fôssemos refazer o percurso paciente de Joaquim Pedro e Eduardo Escorel, consultando a documentação histórica para elaborar o roteiro — trabalho que teve como resultado o diálogo absolutamente excepcional do filme — veríamos que ele é, e não é, fiel à letra do processo. Não existe no roteiro quase nenhuma frase que não seja autêntica, quase nenhum episódio que não tenha acontecido; no entanto a cada momento percebemos uma inteligência alerta que abrevia as falas, funde as personagens, escolhe deliberadamente algumas características, abandonando outras, força pequenos deslocamentos cronológicos. O resultado é um diálogo desentranhado dos *Autos* e novamente remontado de acordo com uma visão nova e peculiar dos acontecimentos, e sobretudo dos árcades.

Havia também o problema da escolha dos protagonistas. A conspiração envolveu, de maneira indireta, um grande número de pessoas, que por ocasião do processo foram chamadas aos interrogatórios. O roteiro reduziu esse leque muito amplo, concentrando a ação em torno de um grupo restrito, de uma amostra significativa.[1] Para não sobrecarregar o elenco de clérigos, por exemplo, fundiu os sacerdotes implicados numa personagem única. Deste modo, o padre José da Silva e Oliveira Rolim e o cônego Luís Vieira da Silva desaparecem, depois de fornecerem alguns elementos à composição do padre Carlos Corrêa de Toledo, vigário de São José, que passou a representar a presença da Igreja na Inconfidência.

---

[1] São as seguintes as personagens principais da trama de *Os inconfidentes*: Joaquim José da Silva Xavier, o Tiradentes; coronel Joaquim Silvério dos Reis, o delator; os três árcades, Cláudio Manuel da Costa, coronel Inácio José de Alvarenga Peixoto, desembargador Tomás Antônio Gonzaga; o padre Carlos Corrêa de Toledo, vigário de São José; o tenente-coronel Francisco de Paula Freire de Andrade; o dr. José Álvares Maciel; o governador da Capitania, visconde de Barbacena.

Em relação às falas também houve muitas *licenças*. O diálogo sobre a *derrama*, que no filme se trava entre Tomás Antônio Gonzaga e o visconde de Barbacena, na verdade se deu entre o primeiro e o Intendente Francisco Gregório Pires Monteiro Bandeira, conforme consta do segundo interrogatório do desembargador. Mas o afastamento mais radical em relação à verdade histórica é o da sequência 39, quando Joaquim Pedro faz D. Maria I, que estava em Portugal, pronunciar a sentença na presença dos inconfidentes, no próprio presídio da ilha das Cobras.

A intenção evidente da narrativa é, porém, concentrar a atenção do público em quatro personagens principais: o alferes e os três árcades, cujas mortes são narradas, sucessivamente, no início do filme: morte de Cláudio, enforcando-se com a própria liga no cubículo da Casa dos Contos, em Vila Rica, antes mesmo da abertura do processo; morte de Alvarenga em Ambaca, na África, misturado aos doentes de cólera; morte de Gonzaga que, no degredo de Moçambique, sente-se dividido entre a África e o Brasil e surge, no delírio da agonia, tentando atravessar o Oceano; morte de Tiradentes, aludida através da sinédoque do pedaço de corpo ensanguentado onde passeia a varejeira. Deste modo, o filme faz o percurso inverso ao do tempo verdadeiro, indo da prisão ou patíbulo à conspiração, desta ao processo, para chegar nas sequências finais ao grande salto da glória.

Mas será que *Os inconfidentes* focalizam as personagens centrais de maneira realmente objetiva? À primeira vista tem-se a impressão que sim e é com muito cuidado que a narrativa apresenta os protagonistas um a um, definindo-os como num retrato, não apenas pelo aspecto exterior, fisionomia, expressão, maneiras, gestos, mas pela caracterização psicológica e mesmo por certos detalhes da paisagem. Há nessa apresentação uma clareza iconográfica absoluta, e como os poetas dizem os seus versos, palavra e imagem unem-se de maneira coextensiva.

Comecemos pelo perfil de Inácio José de Alvarenga Peixoto. O esboço inicial, sugerido nas sequências 7, da "Lição de piano", e 15, do "Quarto do casal", é inspirado sobretudo no *Romanceiro da Inconfidência* de Cecília Meireles; mas a partir das cenas da conspiração e do interrogatório os elementos serão retirados dos *Autos de devassa*. Nem sempre o roteiro conseguirá fundir estilisticamente as duas fontes tão diversas que lhe serviram de suporte, e há momentos em que a linguagem artística de Cecília, permeada de imagens e metáforas, entra em choque com a escrita seca do processo. Contudo, o jogo admirável do ator Pereio consegue dar coerência ao retrato final de um homem fraco, indeciso, pedante, com grande sentimento de casta, que procura mascarar atrás de um certo cinismo o desejo de salvar a própria pele. Entre a ficção e a realidade não há quase afastamento, e Alvarenga é no filme, essencialmente, a mesma pessoa que já no segundo interrogatório, datado de 14 de janeiro de 1790, instado pelos inquiridores, se decide a "narrar tudo com pureza" e denuncia, primeiro, Francisco de Paula, em seguida Tomás Antônio e o padre Carlos, logo mais Cláudio e finalmente "um oficial feio e espantado", isto é, o alferes Joaquim José da Silva Xavier.

A caracterização de Cláudio Manuel da Costa e de Tomás Antônio Gonzaga também teve outras fontes, além dos *Autos de devassa*. A figura do primeiro coincide muito com a interpretação que Antonio Candido propõe na *Formação da literatura brasileira*, quando, baseando-se em Bachelard, interpreta a sua "fixação com o cenário rochoso da terra natal", manifestada numa "imaginação da pedra". A "pedra áspera e dura", as "mudas penhas", o "penhasco inflexível" surgem de maneira obsessiva na sua lira e o crítico sublinha que "quando quer localizar uma personagem, é perto ou sobre uma rocha que a situa". É exatamente assim que a sequência nº 5 enquadra o poeta e o diretor soube transformar, com admirável acuidade psicológica, o cenário pedregoso em símile de um sofrimento iminente:

> "Destes penhascos fez a natureza
> O berço em que nasci: oh quem cuidara
> Que entre pedras tão duras se criara
> Uma alma terna, um peito sem dureza!"

A tragédia deste homem de grande projeção em Vila Rica, "instruído em jurisprudência", poeta consagrado, que aos 60 anos se acovarda diante da justiça, se desmoraliza e entrega os melhores amigos, "enforcando-se voluntariamente por suas mãos" (como diz o laudo médico), é interpretada de maneira admirável por Fernando Torres. O monólogo pungente da sequência 21 utiliza com habilidade as respostas de Cláudio ao auto de perguntas. A versão é abreviada e, sem dúvida, comovida; não obstante, os autores do roteiro — como já haviam feito na sequência 7, com Alvarenga e o professor de música — conseguem manter em relação aos fatos o distanciamento necessário e chamar a atenção para certas linhas esbatidas do segundo plano. A frase com que Cláudio Manuel se refere a Tiradentes é, nesse sentido, destacada com habilidade, desvendando o nítido sentimento de classe que separa os árcades — todos da classe dominante — do seu companheiro mais modesto de conspiração: "Um homem de tão fraco talento que nunca serviria para se tentar com ele o que quer que fosse... O Dr. Gonzaga também o aborrecia e me preveniu que ele era um fanático...".

O retrato que o filme traça de Tomás Antônio Gonzaga é, ao contrário dos anteriores, sobretudo uma *interpretação*. A sequência nº 6, designada no roteiro por "Cantada de Gonzaga em Marília", mostra o desembargador passeando com a noiva no campo coberto de flores. A paisagem amena tem uma função dupla: introduzir-nos no espaço da Arcádia, glosado largamente pela arte do Renascimento, e acentuar o estado de espírito descuidado do poeta, que também se exprime nos versos que recita:

> "Façamos, sim, façamos, doce amada
> Os nossos breves dias mais ditosos
> Enquanto os destinos impiedosos
> Não voltem contra nós a face irada.
> Ornemos nossas testas com as flores
> E façamos de feno um brando leito;
> Prendamo-nos, Marília, em laço estreito,
> Gozemos do prazer de sãos amores."

Neste primeiro esboço da personagem Joaquim Pedro parece ter se baseado na descrição, bastante fantasiosa, que Eduardo Frieiro faz da aparência de Gonzaga[2] pois acentua o lado mundano do desembargador, a sua preocupação com as roupas, o aspecto desfrutável do homem maduro apaixonado pela adolescente de dezessete anos. Aliás, o primeiro e o segundo interrogatórios, de que o roteiro também lança mão, corroboram a imagem de um homem "tão sossegado [...] no seu espírito" que pode se entreter a compor odes e "a bordar um vestido para o seu casamento". O desenrolar da narrativa afasta-se deste primeiro desenho pastoral e as sequências 8 e 9 ("Quarto de Cláudio" e "Café da manhã") já nos põem em contacto com o poeta mais grave das *Cartas chilenas*:

> "Amigo Doroteu, prezado amigo,
> Abre os olhos, boceja, estende os braços..."

---

[2] Eduardo Frieiro, *Como era Gonzaga*, Belo Horizonte, Secretaria da Educação de Minas Gerais, 1950.

Nas sequências 14 ("Visita de Gonzaga ao Visconde") e 22 ("Interrogatório de Gonzaga") o roteiro se apoia exclusivamente nos *Autos* e o diálogo passa a acentuar a extraordinária argúcia e habilidade do magistrado diante dos inquiridores.

Portanto, a partir de certo momento as fontes em que Joaquim Pedro de Andrade e Eduardo Escorel se inspiraram para compor o retrato de Gonzaga foram sobretudo os *Autos*; mas a leitura dos documentos foi feita sempre na letra e jamais nas entrelinhas. Só por isso foi possível reter na lembrança apenas a imagem do jurista de raciocínio ágil, capaz de confundir os opositores em seu próprio campo. Luís Linhares interpretou magistralmente este aspecto superficial da personagem, mas não pôde nos dar uma composição convincente de Tomás Antônio porque o roteiro não penetrou no significado profundo do seu comportamento.

Não ignoro que a verossimilhança artística é diversa da verdade dos fatos e que, portanto, mesmo num filme histórico, lidando com personagens reais, Joaquim Pedro tinha o direito de nos impor a sua visão pessoal. O que desejo discutir é por que adotou em relação a Gonzaga um afastamento maior que em relação aos demais protagonistas, retomando, nesse ponto, a perspectiva posta em voga pelo teatro, a partir de *Arena conta Tiradentes* [1967]. Como parece estar se estabelecendo entre o cinema e o teatro um "circuito de transmissão", onde, a pretexto de debater o papel do intelectual nos momentos de crise política, se esquece sistematicamente a grandeza de Tomás Antônio Gonzaga nos interrogatórios, gostaria de relembrar certos fatos, que lhe devolvem a verdadeira estatura.

Quando Gonzaga foi preso, tinha 44 anos feitos e era um dos homens mais importantes de Vila Rica. Transferido de Minas para a ilha das Cobras, no Rio de Janeiro, permanecerá encarcerado durante todo o tempo do processo. O primeiro interrogatório a que o submetem realiza-se a 17 de novembro de 1789, no presídio; o segundo, a 3 de fevereiro do ano seguinte, no mesmo local; o terceiro, a 1º de agosto de 1791, na "casa da Ordem Terceira de São Francisco", no Rio, e o quarto, três dias depois, a 4 de agosto, no mesmo local. Durante esse longo período em que sofreu, já maduro e conceituado, o desconforto do cárcere, a humilhação do processo, a mágoa de se ver traído pelos amigos mais íntimos, a tristeza da separação da noiva — ele permanece inflexível, negando sistematicamente que tivesse feito parte da conspiração e declarando, com a mesma firmeza, ignorar a atividade dos amigos. Para maior esclarecimento, eu gostaria de tomar nos documentos da época algumas provas da sua atitude, como a acareação com os companheiros, realizada no segundo interrogatório.

A 3 de fevereiro de 1790, para desfazer certas dúvidas, os inquiridores trazem à presença de Tomás Antônio três dos inconfidentes que, com maior ou menor gravidade, o haviam delatado: o cônego Luís Vieira da Silva, o vigário Carlos Corrêa de Toledo e seu primo e amigo Inácio José de Alvarenga Peixoto. Ao contrário do que se poderia supor, a acareação não desmonta o desembargador, que permanece irredutível, enquanto os demais prisioneiros, um por um, entregam os pontos.

O cônego, que durante o seu segundo interrogatório (3/2/1790) havia concedido, depois de alguma relutância, que Gonzaga tomara parte nos entendimentos preliminares da Conjuração, na presença do poeta se desdiz, insistindo "em que nada podia afirmar da culpa do Réu". Quanto ao vigário, que em sua 2ª declaração (7/11/1789) afirmara não ter sobre o assunto opinião formada porque "nunca com ele falou em semelhante matéria", concede diante do Desembargador que "suposto tenha declarado a algumas pessoas, que o Respondente era entrado em sublevação fora por ideia sua a facilitar algumas pessoas, mas que na realidade não sabia como já declarou que o dito Respondente fosse entrado no levante". Chegada a sua vez, Alvarenga vai agir com a lábia costumeira, declarando que embora tivesse afirmado que "na conversação que houve em casa do Tenente-Coronel Francisco de Paula Freire também estivera assistindo o Respondente e que por estar nesta inteligência assim o dissera [...] se não anima a afirmá-lo como cousa sem dúvida alguma porque poderia equivocar-se mas, como este fato foi passado entre algumas seis pessoas pelo dito dos demais se poderá desfazer a dúvida". Isto é, na presença de Gonzaga volta atrás, admite que talvez tenha se enganado e arranja um jeito de safar-se da dificuldade atirando mais seis testemunhas no fogo.

A acareação revela, por conseguinte, que ou Gonzaga não estava na conjuração (o que é possível), ou que a sua autoridade e decência desarmam os companheiros que haviam fraquejado. Após o confronto com os amigos, ele ainda é submetido a dois interrogatórios. Ora, mesmo depois de se ter certificado pessoalmente da deslealdade dos mesmos, sobretudo da atitude imperdoável de Alvarenga — o mais comprometido e sabidamente um dos cabeças do levante — não o acusa. No 3º interrogatório, quando lhe perguntam "se tinha tomado melhor acordo para dizer a verdade", responde "que não podia mudar de ânimo para confessar um delito que não fez; e que se há contra ele alguma prova, sendo sabedor desta, a destruirá com fundamentos, sólidos, e verdadeiros". Instado novamente para que dissesse a verdade que estava ocultando, pois as suas declarações não coincidiam com a de seus amigos, não perde a calma e responde "que a verdade é, a que tem dito; e que destruirá como falsas, todas as afirmações, que disserem quaisquer pessoas, ainda que sejam amigos dele". Finalmente, no quarto interrogatório (4/8/1791), perguntado se as pessoas com quem falava hipoteticamente não teriam o desejo de formar um Estado na Capitania de Minas, responde "que tinha a certeza moral, de que eles não seriam capazes de cometer semelhante atentado".

A resistência inabalável de Gonzaga diante dos inquiridores, durante o ano e meio que durou o processo, tem um significado profundo que não foi posto em relevo pelo filme: representa a crença no poder da inteligência e na força invencível das palavras. Dentre todos os inconfidentes, apenas ele soube manobrar com sangue frio essa arma perigosa de dois gumes, que tanto nos pode salvar como perder; só ele conseguiu impedir que as palavras dissessem mais do que tencionava dizer, que revelassem o que era imperioso manter secreto; por isso, em sua boca elas permanecem neutras, exteriores e instrumentais, como o florete na mão do esgrimista. Quando Cláudio Manuel fala, no pânico do primeiro contacto com a justiça, as palavras emocionadas arrastam-no para o abismo, deixando vir à tona o sentimento de culpa do pecador. Nos testemunhos de Alvarenga, elas parecem vazias como as citações eruditas que recobrem o seu oportunismo; são a cortina de fumaça atrás da qual o dono de lavras se esconde com cautela. As palavras não apresentam a melhor imagem do generoso alferes, que é canhestro e ignorante do seu uso. Incapaz de medir o seu poder virulento e traiçoeiro, Tiradentes se perde porque fala muito. E se fôssemos surpreender as suas palavras nos *Autos*, fechando os ouvidos para as belas frases que a História conservou, veríamos que elas não revelam heroísmo, mas insegurança: "Eu não tenho figura, nem valimento, nem riqueza para poder persuadir um povo...".

Ao se desinteressar do comportamento irrepreensível de Gonzaga nos interrogatórios, para louvar apenas a coragem admirável de Tiradentes na tortura, o cinema aderiu, como o teatro já havia feito, à visão *obreirista* dos acontecimentos. Era uma perspectiva possível, mas extremamente partidária. Não parecia condizer com o temperamento cético e racional de Joaquim

Pedro, que tendia, como já foi assinalado no início desta análise, para as revisões críticas dos assuntos; nem com a abordagem apoiada nos *Autos*, que devia restabelecer uma visão neutra da História. Na medida em que Joaquim Pedro iluminava o grande alferes, deixando na sombra a resistência simétrica de intelectual de Gonzaga, o episódio se tornava mais claro e legível mas extremamente empobrecido, porque escamoteava um dos termos da discussão. De certo modo a valorização irrestrita do alferes significava um retorno à interpretação oficial da Inconfidência e ao conceito estereotipado de heroísmo que, no início, o diretor parece ter querido evitar.

A estrutura do filme se ressentiu dessa indecisão de linhas diretoras e isso fica patente na já citada sequência 39. O episódio da visita intempestiva da rainha é inteiramente inventado, recurso muito raro no processo criador de Joaquim Pedro, onde a imaginação evita cortar os elos com a realidade. É certo que a maioria das falas que lhe servem de suporte são autênticas, mas como foram retiradas de um contexto e inseridas noutro, mudaram radicalmente de sentido. Além disso houve uma escolha intencional dos trechos: Gonzaga e Alvarenga recitam versos de louvação ao governo, Tiradentes grita nos intervalos a sua frase sacrificatória e D. Maria I profere com voz exasperada a sentença que havia decretado. A montagem, confrontando no mesmo espaço fictício textos tão díspares, torna subserviente a poesia dos árcades, e admiráveis as palavras do alferes. E o público é forçado a ler a cena de maneira unívoca, como sendo o contraste, em face da brutal condenação, do comportamento indigno dos poetas e cheio de patriotismo de Tiradentes.

A solução encontrada por Joaquim Pedro era didática e talvez eficiente, mas contrariava em mais dois pontos a linha que o filme escolhera. Pois ao focalizar Gonzaga e Alvarenga, de joelhos diante da rainha — portanto nivelados na mesma atitude covarde — o diretor tomava o comportamento dos poetas como *global*, típico dos intelectuais. E assim esquecia que no decorrer da narrativa se esquivara desta perspectiva simplista e descrevera os árcades como indivíduos (na aparência, na psicologia, na situação social), capazes, por conseguinte, de dar aos acontecimentos respostas particulares. Em segundo lugar, temendo que a cena não fosse lida como queria, Joaquim Pedro tornou o discurso explícito demais, carregando nas tintas até o grotesco e introduzindo no filme uma violenta ruptura que lhe obscurecia o tom sabiamente nuançado.

Talvez fique mais claro o que desejo afirmar se compararmos este episódio com a solução que o roteiro deu a uma discussão lateral, intercalada no filme e referente ao problema do negro. Trata-se de um pequeno discurso que pode passar despercebido, porque não interfere diretamente na trama central e é exposto de maneira intermitente, em quatro tempos. Inicia-se no momento da lição de piano (sequência 7), quando mestre José Manuel repreende a aluna Maria Efigênia e, surpreendido por Bárbara Heliodora, é chamado por esta à sua condição servil. O episódio, que é verídico, vem relatado com minúcia nas declarações de uma das testemunhas do processo[3] e serve para demonstrar o estatuto social, na Colônia, dos mestres de música mulatos, que mesmo talentosos eram tratados pela classe dominante como escravos. O segundo momento da discussão situa-se na sequência 8, quando vemos Gonzaga entrando pelo quarto de dormir de Cláudio e despertando-o com os versos das *Cartas chilenas*. A cena focaliza Cláudio deitado, tendo ao lado a amante negra. Vendo Gonzaga entrar a escrava levanta-se nua da cama,

---

[3] Ver *Autos de devassa*, vol. III, p. 326 — declarações de José Joaquim de Oliveira.

desliza suavemente na penumbra e se detém a um canto do quarto, atando a saia branca à volta do corpo. Durante todo o diálogo dos amigos a mulher não pronuncia uma palavra sequer e ninguém se dirige a ela ou a saúda com o mais rápido olhar. Para os brancos é como se fosse um objeto entre os móveis, objeto de prazer que a luz do dia acabou de ofuscar; o amor não confere ao negro um privilégio maior do que a arte. O terceiro momento é o final da sequência 13, quando Tiradentes já sem dinheiro e fugindo da polícia, resolve vender o escravo. O episódio consta dos *Autos* e é utilizado no filme para, completando as sequências anteriores, demonstrar como o próprio povo (Tiradentes) põe o negro à margem do processo revolucionário, da mesma forma por que a classe dominante (Bárbara e Cláudio) o expulsa do processo artístico e amoroso. O ponto máximo desse processo de alienação é a hora do enforcamento, onde a tarefa ignominiosa é confiada a um preto. A troca de perdões entre a vítima e o algoz põe afinal comovedoramente o alferes, que é um homem do povo, no nível do pária. Mas a sorte já está lançada e a conclusão violenta desse raciocínio em quatro tempos é a tomada da execução com a bela imagem do carrasco, a cavaleiro sobre o corpo do condenado.

    O discurso sobre a condição do homem de cor, que Joaquim Pedro desenvolveu no filme de maneira fracionada e casual, resultou, a meu ver, tanto do ponto de vista ideológico quanto artístico, muito mais feliz que a discussão intencional e sobrecarregada da sequência de D. Maria I. Aliás, os melhores momentos de *Os inconfidentes* são aqueles em que o sentido do texto permanece encoberto, indeterminado, revelando a custo a série de nexos escondidos. Às vezes, por exemplo, o filme explora com muita habilidade e senso de humor a utilização fática da imagem, para sugerir a identificação com o presente e instalar na cena uma leitura de segundo grau; é o caso das sequências 12 e

34, que narram os preparativos da conspiração. O diálogo dos inconfidentes sobre a bandeira e a tirada de Francisco de Paula sobre a adesão da tropa — dita de maneira impecável por Carlos Kroeber — acentuam com grande força persuasiva este sentido latente, e o episódio acaba assumindo o aspecto de uma paródia de fatos mais presentes e familiares. Noutros momentos, Joaquim Pedro se entrega a elipses brilhantes e inesperadas, sem nos fornecer maiores explicações. O que deseja afirmar quando a narrativa salta, sem nenhuma continuidade, do sacrifício do herói à comemoração cívica de 21 de abril? Estará querendo repetir, através da imagem, portanto de outro meio expressivo, o que já havia dito através da palavra, com a frase desencantada de Alvarenga: "Os heróis só chegam à glória depois de degolados"? E que significam os aplausos do desfecho, que se iniciam no passado, quando "o corpo rodopia, preso pela corda", e explodem frenéticos nas primeiras imagens do filme de atualidades? O povo está aplaudindo o sacrifício de Tiradentes ou, ao contrário, a sua entrada triunfante na posteridade?

A força de *Os inconfidentes*, como dos demais filmes de Joaquim Pedro, não é sugerir respostas para todas as perguntas, mas deixar as interrogações abertas, semeando o texto de incertezas. Não é adular a imagem, forçar a voz até o grito e escolher o gesto largo e teatral. O destino da arte de Joaquim Pedro de Andrade é, ao contrário, confiar no poder evocativo da imagem e na liberdade do público de apreender o sentido na desordem aparente das formas.

O crítico e escritor Paulo Emílio Salles Gomes (1916-1977).

Paulo Emílio:
a crítica como perícia

Pode-se datar de agosto de 1940, momento em que se funda na Faculdade de Filosofia o Clube de Cinema de São Paulo, o início da profunda influência exercida entre nós por Paulo Emílio Salles Gomes, em sua pregação a favor do celuloide. Retomando na província o esforço dispendido na capital pelos grandes precursores que foram Plínio Süssekind Rocha, Octavio de Faria e Vinicius de Moraes, Paulo Emílio se entregou a partir daquela época à grande tarefa de sua vida. Ao contrário daqueles predecessores, que se viram atraídos sucessivamente pela filosofia, pela física, pela literatura e pela música popular, nada o irá afastar desse interesse que, assumindo feições diversas, permanecerá constante no decorrer dos anos e terá como consequência dois livros exemplares: a monografia já clássica sobre Jean Vigo e o estudo sobre Humberto Mauro.[1]

---

[1] Este artigo, redigido em 1978-79, segue de muito perto as notas que serviram de apoio à arguição da tese *Humberto Mauro, Cataguases, Cinearte*, de Paulo Emílio [publicada em 1974 pela Perspectiva]. Naquele momento (1972), nem os amigos mais chegados sabiam que Paulo Emílio já estava cedendo à atração da literatura e iria se transformar, dentro de poucos anos, e com um único livro de ficção, *Três mulheres de três pppês* [Perspectiva, 1977; nova edição: São Paulo, Cosac Naify, 2007], na maior revelação literária dos últimos tempos.

Foi com Paulo Emílio que a minha geração aprendeu o que era cinema, passando por uma série de provas iniciatórias que ele julgava indispensáveis e começavam no mudo. O tempo de guerra não permitia muitas escolhas e, nas projeções precárias realizadas na maioria das vezes em casas de amigos, assistíamos com admiração crescente *Metrópolis* e *Os espiões* de Fritz Lang, *O gabinete do dr. Caligari* de Robert Wiene, *O encouraçado Potemkin* de Eisenstein, os filmes curtos de Chaplin do período Essenay. Foi esta a primeira etapa do nosso aprendizado, a que se seguiram outras, feitas em melhores condições técnicas: o ciclo do cinema francês e a descoberta exaltada de alguns ases do falado, como John Ford e Orson Welles. Em 1941, quando tiramos o primeiro número de *Clima*, Paulo Emílio inaugurou na revista a seção de cinema, publicando o seu ensaio histórico sobre *A longa viagem de volta* [1940] de Ford. Este vinha precedido da ficha técnica do filme e o tom de seriedade da análise, que desmontava com finalidade didática e surpreendente segurança de especialista algumas sequências da obra, pareceu-nos o grande acontecimento da revista. De fato, o tempo se encarregou de provar que, com esse artigo, Paulo Emílio devolvia à nossa geração a grande crítica de cinema que, segundo nos contavam, fora exercida no fim do decênio de 1920 pelos componentes do *Chaplin Clube* do Rio, através do seu órgão de divulgação — *O Fan*.

Iniciada no grupo restrito dos amigos e, em seguida, ampliando-se através do Clube de Cinema da Faculdade de Filosofia e da seção cinematográfica de *Clima*, a influência de Paulo Emílio continuou crescendo. Mais de trinta anos depois ainda permanece vivíssima, atuando de maneira decisiva nas jovens gerações de críticos e de criadores do cinema brasileiro. Desde então seu método crítico, embora cada vez mais seguro, não mudou essencialmente: seu traço típico continuou sendo aquela "paixão pelo concreto", que na expressão feliz de Antonio Candido define desde o início o pequeno grupo da revista. Efetivamente, como explicar o apelo das coisas, do real, dos acontecimentos e das obras, que nos atingia a todos, recém-formados em filosofia e ciências sociais, e nos levava, assim que nos libertávamos das tarefas universitárias, a abandonar o pensamento abstrato, para o qual não fôramos talhados, pelas pesquisas da antropologia ou a análise das produções artísticas? Líamos os criadores, não os teóricos da literatura, e nos interessávamos por todas as manifestações da arte, frequentando o cinema, o teatro, os concertos, as exposições de quadros, o circo, o ballet. E se a nossa geração não produziu nenhum filósofo, nenhuma cabeça teórica, foi sem dúvida uma geração de críticos que inaugurou entre nós a crítica moderna de teatro e de cinema, retomando em bom nível os estudos anteriores de música, literatura e artes plásticas.

Nesse sentido é esclarecedor passar os olhos com atenção pelos dezesseis números de *Clima*, publicação que cobre o período de maio de 1941 a novembro de 1944 e que do número 1 ao 8 sai todos os meses, sabe-se lá por obra de que milagre. A revista é eclética e, no início, sem muita unidade, mas seus colaboradores mais chegados apresentam uma característica comum: fazem uma crítica apoiada na análise das obras e não na discussão das posições teóricas. Isso é verdade mesmo no caso da seção de cinema, que embora sendo a mais inovadora só discutia os problemas de montagem, enquadramento, ritmo da imagem, valor expressivo do *close-up* — conceitos muito em voga na época — se estes decorressem da análise de um filme determinado. É o que acontece com a crítica de *Tobacco road* [1941] no terceiro número da revista, quando, examinando a utilização que John Ford faz das imagens do arado e do automóvel, Paulo Emílio alude ao poder da câmara de convulsionar o mundo através da tomada próxima, monumentalizando o objeto e destruindo, portanto, a preeminência do homem. Mas não leva adiante a análise dessa peculiaridade do cinema — tão grata aos teóricos russos da montagem, que ele conhecia bem — que é o poder de exprimir ideias abstratas utilizando apenas as propriedades latentes das coisas inanimadas.

Na verdade, o relativo desinteresse pelas teorias, típico do grupo de *Clima*, é em Paulo Emílio uma práxis consciente, *um estilo*. Em vez de confrontar as posições teóricas em voga, prefere se debruçar sobre o filme na moviola. O que o preocupa é o real, o concreto, a obra, o que ela diz sobre o mundo, como o autor fala por seu intermédio. O seu diálogo é sempre uma relação privada com a imagem, cuja palpitação profunda procura acolher com humildade. Mas *desta* imagem, *deste* filme, *deste* autor, feito *nestas* condições e *nesta* época. É por isso que no período de *Clima*, mesmo participando apaixonadamente do debate mudo/sonoro, não enveda nunca pela discussão teórica; ou que mais adiante, depois do encontro com a crítica inspiradora de André Bazin, não discute a validade maior da montagem ou do plano-sequência; ou que, mais recentemente ainda, não perde tempo com o novo enfoque semiológico de Pasolini e de Metz. Não quer estar *à la page*. Não o interessa determinar com exatidão qual a unidade elementar que, no universo fílmico, pode ser definida como o equivalente do fonema... Quer apenas que o deixem em paz vendo filmes, revendo seus filmes prediletos e, cada vez mais, vendo e revendo filmes brasileiros.

O desinteresse pela teoria e pela moda é simétrico nele à atração do não consagrado; em vez de seguir a maioria, prefere dar ouvidos ao seu temperamento, que o encaminha para os mestres menores, os criadores tidos como primitivos, os períodos mais artesanais da história do cinema. É o caso de seu interesse por Jean Vigo, por Humberto Mauro, pelos filmes brasileiros em geral. É nesse espaço acanhado que se sente à vontade e procura divisar o segredo do cinema. A sua atitude lembra um pouco a dos inventores da "crítica filológica da arte" que, no aceso do debate teórico do século XIX, sentindo a necessidade de encontrar um método objetivo com o qual pudessem analisar as artes plásticas, voltaram as costas corajosamente às teorias em voga e aos julgamentos de valor da estética idealista. Então se aplicaram a controlar e decompor os materiais da arte, a confrontar modestamente os textos que haviam servido às informações correntes, a vasculhar os arquivos e documentos, a analisar exaustivamente as obras. Foi desse esforço sem brilho que nasceu a figura do "perito" — no sentido de "conhecedor" (*conoscitore*).

Mas o que é o perito? Se seguirmos a caracterização que dele nos dá Lionello Venturi, veremos que é o homem cuja carreira deriva menos de um sistema ou teoria, que da prática da arte. Possui conhecimento exaustivo de um período dado, em cujo contexto focaliza a obra; sabe confrontar e distinguir, de modo crítico, a *escola*, a *personalidade*, o *estilo* do artista; tem por objetivo final estabelecer ou retificar através da análise comparada, do cotejo estilístico, a atribuição.

Qual a importância desse exercício crítico minucioso, paciente, centrado na observação das características mais insignificantes — como por exemplo o modo de representar na pintura as unhas, as mãos, orelhas, cabelos — perto do grande esforço de sistematização da estética idealista? Como comparar os nomes mais obscuros de Cavalcaselle ou Morelli, conhecidos apenas pelos especialistas, às figuras imperiais de Goethe, Schiller, Lessing e Hegel? Realmente. E no entanto, quando o século se emaranhava na disputa teórica, impondo ao sabor dos ventos, ora o ideal de beleza clássica, ora o de beleza medieval; preferindo aqui o *Quattrocento* italiano, ali o Renascimento tardio, foi sobretudo devido aos peritos que a História da Arte continuou caminhando. Foram eles que permitiram a valorização de Vermeer, a retificação de tantas atribuições importantíssimas, como as de Giorgione, a descoberta de alguns criadores ainda não catalogados, como Sassoferrato e Sassetta — acontecimentos que vão atuar definitivamente na avaliação posterior do gosto.

O método que Paulo Emílio construiu para uso próprio, quando começou a lidar com os filmes, tem a meu ver muito da peritagem, a que ele acrescentou, com sua grande fantasia, elementos de análise iconográfica, de sociologia da arte, de psicologia da criação, de biografia romanceada e de análise formal da obra. O livro sobre Humberto Mauro é um pouco de tudo isso, e a sua análise, mesmo rápida, deixa ver como funcionava a atitude mental que procurarei sugerir.

Ao escolher o assunto de sua pesquisa, Paulo Emílio sabia que iria se defrontar com uma arte rudimentar e artesanal, que só poderia ser avaliada com justiça se levasse em conta o quadro social em que se inseria e as condições especiais em que se dera a filmagem. Assim, em vez de se deter apenas no exame da linguagem artística de Humberto Mauro, procurou restaurar a Cataguases dos primeiros decênios do século, com os tipos populares, os *viteloni* peregrinando das casas de tolerância para o confessionário, o espanto diante da instalação da eletricidade ou da chegada do primeiro automóvel, o ritual elaborado da corte amorosa. Da mesma forma, para sublinhar as dificuldades de todo o tipo que emperravam o trabalho do diretor, achou necessário descrever detalhadamente as condições precárias em que este filmava — análogas, aliás, às de Méliès nos primórdios do cinema.

Pois, como lembra Panofsky, assim como Méliès se viu obrigado a recorrer em seus filmes aos vagabundos de feira, acrobatas, artistas mambembes e aos próprios empregados e membros da família — porque os atores de teatro, habituados a outro estilo de trabalho, não se sujeitavam às exigências da câmara — Humberto Mauro também teve de se arranjar com os meios pobres de que dispunha. Não podendo dispor de artistas profissionais, arregimentou os intérpretes no círculo de suas relações ou entre as figuras de prol da sociedade local, atento apenas a que as características de cada um coincidissem com a personalidade que iriam representar. É assim, por exemplo, que escolhe Stephanio George Youness, respeitável comprador de café da cidade, para o papel de Valadião o Cratera, porque tem o rosto picado de bexiga; que em *Brasa dormida* [1928] atribui ao dentista português Côrtes Real a personagem do industrial, por causa de sua aparência distinta; que faz de Eva Comello, filha de seu sócio, a estrela da companhia, porque é a moça mais bonita e fotogênica do sul de Minas; ou que transforma Bebê, sua mulher, já mãe de três filhos, na atriz Lola Lys, fazendo-a interpretar uma adolescente, porque a artista principal havia à última hora desistido do papel.

Por outro lado, do mesmo modo que o cinema primitivo, sem esquemas próprios tradicionais, teve de recorrer a uma arte de pacotilha (pintura de carregação, estética de cartões-postais, narrativa de história em quadrinhos), o de Mauro também se viu forçado a apoiar-se nas formas já consagradas junto ao público, como eram os filmes comerciais americanos e a tradição ainda viva do melodrama. Não é por acaso que, em *Os três irmãos*, as personagens iniciais, devidas à imaginação de Humberto Mauro ou de seu colaborador Pedro Comello, se chamavam William Richmond (o advogado), J. Russel, Henry (um dos órfãos), Marcos Wayne (o vilão), dr. Richard Walling (o médico), Daniel Thuner (o proprietário da fazenda Aurora). Aliás, a obsessão com os nomes estrangeiros irá prosseguir no projeto malogrado de Comello, *Os mistérios de S. Mateus*, onde, excluindo duas ou três personagens, as demais são o detetive Red Bedford — que no decorrer da narrativa se disfarça no entomólogo Prof. W. Murray; o delegado G. Brown, pai da heroína; o chefe de polícia Dewis Storm e Edgard Carter, o menino raptado. Como lembra Paulo Emílio, para a sensibilidade formada sob a égide do cinema comercial norte-americano, "os nomes nacionais não inspiravam muita confiança".

A segunda fonte de inspiração dos filmes desta fase de Humberto Mauro seria o melodrama. As peças como *Gênio do mal, Engano de honra, Mancha que limpa, Maldição paterna, Estátua de carne*, compunham o repertório teatral das companhias mambembes portuguesas e brasileiras e forneciam um código de leitura já pronto, tosco mas fácil e imediato, que estabelecia sem ambiguidade a ordem petrificada do mundo. É nessa estratégia maniqueísta a que o público menos exigente já se afeiçoara que irá repousar a estrutura básica de *Na primavera da vida* [1926], *O tesouro perdido* [1927], *Brasa dormida*. Ela se revela principalmente em três níveis, na caracterização das personagens, na descrição dos espaços e na ordenação dos grupos de idade.

É sobretudo através da vestimenta que o filme preestabelece e predetermina como será cada figurante. Em *Na primavera da vida* é a roupa que nos informa desde o início que o Dr. Passos é o *mocinho* e veio da cidade grande; pois, em oposição aos homens probos da cidade pequena, que usam colete e colarinho alto e engomado de pontas quebradas, ele dispensa o colete, usa paletó e gravata — ora gravata borboleta, ora gravata listada segura por presilha — e ostenta uma camisa mais frouxa "de colarinho baixo e ponteagudo". Além do mais, seu terno é de casimira e diverge nesse detalhe dos costumes de linho branco do delegado e de brim ou zuarte dos marginais.

O "mundo tímido e arcaico, incapaz de fazer o bem ou o mal da cidade pequena", é convulsionado no decorrer da ação pela energia positiva e negativa que vem de fora, e ambas são simbolizadas por uma peça precisa da indumentária, o chapéu. O chapéu do mocinho, sempre presente em suas mãos ou na cabeça, tem a fita larga e a aba curta descida sobre o rosto, enquanto o do vilão é uma "suspeita palheta de janota"; os delinquentes locais trazem chapéus "amarfanhados e até informes devido ao uso intensivo" e, quanto ao coronel e seus amigos, surgem de cabeça nua mas, como lembra com senso de humor Paulo Emílio, neles assentaria muito bem o chapéu coco. *O tesouro perdido* retoma e enriquece a curiosa iconografia, introduzindo no capítulo dos chapéus o boné inovador do bandido Birhem.

A caracterização dos espaços repete o corte violento entre o Bem e o Mal, que nos filmes de Humberto Mauro habitam respectivamente a cidade e o campo.[2] É assim que, em *Na primavera da vida*, a casa do Coronel Vigia Fiscal, pai de Margarida, a *mocinha* — e morada do Bem — está situada no perímetro urbano. É uma casa acolhedora e agradável, com cortinas estampadas nas janelas, "sala com sofá e poltronas de vime, vasinho de flores no centro e quadros na parede". O núcleo dramático oposto é a taverna — refúgio das forças maléficas — "boteco tosco frequentado por indivíduos de má catadura", instalado na zona rural. A mesma oposição é retomada em *O tesouro perdido* onde temos, de um lado, a granja asseada de Hilário, no Arraial do Príncipe, "cenário para a reinação das crianças, o florescimento dos idílios e do amor fraterno", onde vivem Suzana, filha de Hilário, os três irmãos órfãos e o cão Ve-

---

[2] Os filmes da primeira fase de Mauro invertem, curiosamente, a dicotomia habitual, que localiza o Bem na vida idílica do campo e o Mal na atração do vício, característica da cidade. O mais belo exemplo disso é, no cinema mudo, a *Aurora* [1927] de Murnau.

ludo; e, de outro lado, a cabana imunda, perdida no mato, abrigo de Manuel Faca, "facínora de muitas mortes", "onde os gatos são maltratados, leem-se revistas de mulheres nuas e vicejam os instintos".

Ao maniqueísmo dos espaços deve-se acrescentar o dos grupos de idade, pois, no mundo ingênuo de Humberto Mauro, como na maioria dos filmes nacionais ou estrangeiros da época, "o universo dos marginais era constituído por homens feitos que manifestavam em geral tendências lúbricas", enquanto no grupo oposto, "os jovens dos dois sexos se consagravam à vida doméstica ou ao trabalho e ambos ao amor".

Essa leitura reveladora da curiosa iconografia subjacente aos filmes de Humberto Mauro é feita, como já foi dito, através de um número reduzido de dados, decifrando indícios, unindo fragmentos, recompondo destroços e suprindo o que falta com a imaginação. Aliás, para se ter ideia das condições em que toda a pesquisa se efetua, vale a pena transcrever o trecho em que Paulo Emílio descreve como teve de reconstruir *Na primavera da vida*.

> "Não há traços do roteiro de Humberto Mauro, se é que algum dia ele existiu concretamente de maneira ordenada e contínua. A fita não existe mais e o seu enredo não foi publicado em nenhuma revista. As lembranças de Humberto e a dos artistas principais ajudam pouco. Depois de vários encontros entremeados de longos intervalos, as informações que conseguiram dar permitem traçar um delineamento muito vago. Um programa da época descreve em dezesseis linhas 'o que o filme é em linhas gerais': trata-se na realidade de uma sinopse em que são apresentadas quatro personagens principais e apenas indicada a linha dramática central, com o fito de aguçar a curiosidade dos espectadores. A crônica jornalística

local, interessada em fazer pelo menos uma referência às pessoas conhecidas que trabalhavam na fita, acaba sendo uma fonte útil de informações indiretas que permitem ampliar o universo da fita através de alusões a personagens secundárias ou simples extras. A documentação de que disponho é completada por trinta fotogramas do filme, nem todos identificados com absoluta segurança."

É a partir da mesma precariedade de informações que consegue traçar o admirável perfil de Eva Nil, cuja carreira artística, feita em Cataguases, não ultrapassou dois ou três anos. A atriz atuou em três filmes, mas os três desapareceram; dela restaram poucos fotogramas, nem todos em boas condições de visibilidade e um grande número de fotografias, publicadas nas revistas especializadas da época. Examinando-as cuidadosamente, Paulo Emílio desvenda aos nossos olhos a máscara "sempre expressiva" e às vezes de "rara beleza" da estrela, onde o delineamento do rosto parece se harmonizar melhor à contenção emotiva que ao riso franco. Na "silhueta ao mesmo tempo frágil e aguda", vislumbra ainda um vago ar de Mary Philbin, "um dos suaves modelos de artista americana da época", a que se acrescenta "uma tonalidade brasileira inconfundível". O estudo minucioso das fotografias, a informação dos contemporâneos, as cartas dos fãs, a análise da personagem de Lili, que Eva Nil interpreta em *Senhorita agora mesmo* [1928] e, sobretudo, certa aparição da atriz já velha, entrevista uma noite na moldura da janela, sob o foco bruxuleante da luz — eis os elementos com que reconstrói a sua existência ficcional e nos prova a razão de ser de sua popularidade. É nesses momentos que surpreendemos Paulo Emílio em todo o esplendor de sua imaginação, "paciente como um explorador, metódico como um egiptólogo, desconfiado como um detetive e sutil como só ele" — como já o havia definido magistralmente o comentador francês, na orelha do livro sobre Vigo.[3]

O método caprichoso que descobriu por conta própria, impelido pela natureza peculiar do material que examinava e por irresistível vocação interior, se alia a uma escrita extraordinariamente pessoal, inconfundível. Ela foge de todos os modelos convencionais de linguagens e talvez se explique pela escolha tardia da carreira universitária. Quando chegou ao magistério superior para se transformar, na sua expressão pitoresca, num "doutorando temporão", já era um intelectual consagrado e, no consenso geral, o maior crítico de cinema jamais surgido no Brasil. Tinha feito seu aprendizado por caminhos muito diversos dos companheiros de geração, não apenas nos bancos escolares, mas participando ativamente dos acontecimentos, que acabaram mudando o seu destino. Desde a extrema mocidade aprendera a acolher com igual fervor as paixões mais diversas, a política, os filmes, a pintura, as amizades, e o ensinamento de tudo isso fez com que muito cedo desconfiasse do valor exclusivo dos livros e da oscilação das vogas intelectuais. Foi assim que conquistou o estilo independente de vida que se reflete com fidelidade em sua escrita: uma escrita sem tempo, sem moda, que, como ele, soube preservar na disciplina da vida universitária o mesmo frescor da juventude — a confiança na aposta, o gosto arriscado do imprevisto.

---

[3] Paulo Emílio Salles Gomes, *Jean Vigo*, Paris, Éditions du Seuil, 1957 (Prix Armand Tallier). Para uma edição atualizada, ver *Vigo, vulgo Almereyda* e *Jean Vigo*, caixa com dois volumes e dois DVDs, organização de Carlos Augusto Calil, São Paulo, SESC-SP/Cosac Naify, 2009. [N. da E.]

V.
Artes plásticas

Pintura brasileira contemporânea: os precursores

Foi muito simpática e oportuna a iniciativa do Museu Lasar Segall, abrindo as suas portas para um ciclo de exposições da pintura brasileira contemporânea. A primeira mostra, dedicada aos precursores, reúne obras de Belmiro de Almeida [1858-1935], Eliseu d'Angelo Visconti [1866-1944] e Artur Timóteo da Costa [1882-1923], pintores atuantes no momento em que ocorreu a exposição de Anita Malfatti e, a seguir, a grande virada modernista.[1] A intenção dos organizadores foi, naturalmente, sugerir ao visitante que os olhasse tendo em mente essa reformulação da arte, e procurando vislumbrar neles certos traços do futuro.

Devemos aceitar a deixa, que é justa. Mas não conseguimos esquecer o passado, ao qual eles se ligam de modo muito mais profundo; e sentimos quase a necessidade prévia de pensar nos pintores que, embora mais plenamente acadêmicos do que eles, apresentam elementos renovadores em relação ao seu tempo. E

---

[1] A primeira mostra, intitulada "Os precursores", foi realizada no Museu Lasar Segall em setembro/outubro de 1974, e contava com obras pertencentes ao Museu de Arte de São Paulo (MASP), a galerias e, em sua maior parte, a coleções particulares. [N. da E.]

que, portanto, seriam uma espécie de precursores destes precursores. Abramos um parêntese para eles.[2]

1.

Para começar, Almeida Júnior [1850-1899], cujos quadros principais se acham expostos na Pinacoteca do Estado. Não é possível entender bem a pintura brasileira anterior ao Modernismo sem uma referência à sua atuação, que ajudou a suprimir a monumentalidade das obras, a renovar os assuntos e as personagens, a vincular organicamente as figuras ao ambiente e talvez reformular o tratamento da luz. É com ele que ingressa pela primeira vez na pintura o homem brasileiro.

O seu mérito principal não deriva de ter pintado o caipira. Apreendido por uma observação convencional, este teria se

---

[2] As duas análises desenvolvidas na primeira parte deste estudo, a de Almeida Júnior e de Jorge Grimm, foram inspiradas diretamente nas ideias expostas por Ernst Gombrich em *Art and Illusion*. Segundo o eminente historiador e crítico de arte é impossível recuperar "a inocência do olho", como queriam Ruskin e os impressionistas, pois as coisas jamais aparecem a um olho virgem, isento de "hábitos conceituais". Ver é sempre um aprendizado, através do qual estabelecemos uma relação menos com a natureza que com os esquemas perceptivos anteriores. Mesmo na arte chamada naturalista o artista não transpõe para a tela o resultado neutro e objetivo de sua análise do mundo exterior, mas aplica à análise do real os esquemas perceptivos que herdou da tradição. Deste modo, a história do gosto se apresenta como "a história das preferências", como a história das "diversas escolhas efetuadas entre certas alternativas", em situações determinadas.

A segunda parte desta análise foi publicada no mesmo ano no jornal *Última Hora*. Por iniciativa da redação foram feitos cortes, introduzidos subtítulos e alterada a ordem da matéria — o que importou em deformação de alguns dos meus pontos de vista.

Pintura brasileira contemporânea: os precursores

Almeida Júnior,
O derrubador,
1879, óleo s/ tela,
227 x 182 cm,
Museu Nacional
de Belas Artes,
Rio de Janeiro.

transformado apenas num figurante a mais da nossa pintura, como é de certo modo o índio dos cronistas, o negro dos viajantes estrangeiros e a Iracema que em 1884 José Maria Medeiros põe numa praia bucólica em postura de ninfa. Coube a Almeida Júnior surpreender a verdade profunda de uma nova personagem; não apenas a aparência externa, os traços do rosto ou a maneira peculiar de se vestir, mas a dinâmica dos gestos — aquilo, enfim, que Marcel Mauss descreveu com tanta perspicácia num ensaio célebre, designando como *as técnicas do corpo*. Essa acuidade de observação já reponta numa tela de mocidade como *O derrubador*. Pintada em Paris em 1879, trai, na presença do rochedo, a concepção grandiosa do Realismo; mas nos de-

Artes plásticas

Almeida Júnior, *O violeiro*, 1889, óleo s/ tela, 141 x 172 cm, Pinacoteca do Estado de São Paulo.

mais elementos, nos coqueiros, na natureza tropical do pequeno trecho de paisagem, nas feições mestiças da figura, exprime a nostalgia da pátria distante. É nosso, sobretudo, o jeito do homem se apoiar no instrumento, sentar-se, segurar o cigarro entre os dedos, manifestar no corpo largado a impressão de força cansada, a que Candido Portinari parece não ter sido insensível.

Nas telas posteriores, principalmente as pintadas a partir de 1890, Almeida Júnior aprofunda a análise do comportamento corporal do homem do campo. Apreende a sua maneira canhestra de caminhar, sem nobreza, mantendo os joelhos meio dobrados enquanto apoia os pés no chão. Fixa-o em várias posições e nas diversas tarefas diárias, amolando o machado, arreiando o

Pintura brasileira contemporânea: os precursores

Almeida Júnior, *Amolação interrompida*, 1894, óleo s/ tela, 200 x 140 cm, Pinacoteca do Estado de São Paulo.

cavalo, empunhando a espingarda, picando fumo; ou nas horas de folga ponteando a viola. Surpreende-o na caça, acocorado e à espreita ou olhando de banda e esgueirando-se cautelosamente entre os arbustos, enquanto com a mão livre pede cautela ao companheiro.

Almeida Júnior empreende sozinho e sem precursores esta notação milagrosa do gesto, lutando contra as reminiscências artísticas, que lhe impunham, a cada momento, a postura européia civilizada — nos painéis sacros, nos históricos, nos quadros de gênero, nas composições alegóricas como nas realistas, na re-

Artes plásticas

À esquerda, xilogravura que acompanhava o relato de Hans Staden, 1557.

À direita, no alto, *O combate da Razão e do Amor*, 1545, de Baccio Bandinelli; abaixo, *Encontro entre Margageats e Tupinambá*, na *Cosmographie Universelle*, de Thévet, 1575.

presentação do povo como na das classes altas. Os próprios cronistas, tão atentos ao registrar os traços da cultura material dos índios, fracassam quando procuram lhes apreender os gestos. Os índios representados nas gravuras dos livros de Thévet, Léry, Hans Staden têm não só a mesma constituição física das personagens mitológicas das gravuras do Renascimento, como a mesma desenvoltura heroica. Se compararmos a sua maneira de empunhar o arco e a flecha com as registradas em nossos dias pelas fotografias dos etnógrafos, veremos que ela não deriva de uma observação fiel da realidade. Supondo reproduzir o que viam, os cronistas transpunham na verdade para a selva brasileira certos esquemas tradicionais que lhes pareciam "um ponto de partida bem mais verossímil". Uma gravura como a de Bandinelli, *O combate da Razão e do Amor*, por exemplo, pode ter servido de mediação entre o artista e a realidade insólita que tinha diante

Pintura brasileira contemporânea: os precursores

dos olhos — pois as posturas de Eros ou Cupido nas representações alegóricas do Amor (como a que estamos citando) lhes eram bem mais familiares que as poses guerreiras dos selvícolas, rudes e vulgares para um olhar europeu.

Por essas razões, não se deve procurar nos cronistas, ou nos viajantes estrangeiros, um registro digno de fé das técnicas de corpo do brasileiro. Para que a representação artística se desvencilhasse, nesse particular, dos esquemas e preconceitos vigentes que lhe orientavam a visão, foi necessário que se estabelecesse um vínculo profundo entre o artista e a realidade nova do país. Isto só vai se dar a partir de Almeida Júnior, que teve o privilégio de moldar a sua personalidade forte na província, longe da influência da Corte. Quando em 1869 ingressa na Academia Imperial de Belas Artes do Rio de Janeiro para ser aluno de Victor Meirelles, ou mais tarde em Paris quando frequenta os cursos de Cabanel, já havia incorporado à sua visão do mundo a verdade dos gestos de sua gente. Nada o fará esquecer — nem a estadia na Europa — a experiência de menino de fazenda do interior paulista, que se gravara na memória de seu corpo e através da qual irá revitalizar a arte do Brasil.

Quanto à propalada invenção da luz brasileira, que um setor da crítica moderna lhe atribui, deve ser aceita com reserva e a meu ver deriva de outras fontes. De duas pelo menos: da doutrinação feita por Gonzaga Duque em suas crônicas, a favor do clareamento da paleta, e da influência decisiva exercida entre nós pelo ensino de Jorge Grimm [1846-1887]. Acho que é do encontro desses dois fatores que se deve datar a nova relação do pintor brasileiro com a paisagem, a implantação de um esquema perceptivo inovador que, muito antes do Impressionismo, já se havia difundido na França por intermédio da estética do *ar livre*.

Jorge Grimm chega ao Brasil em 1874. Em 1882 realiza no Museu Imperial das Artes e Ofícios uma grande exposição onde

Jorge Grimm [ou Georg Grimm], *Rua de Túnis*, s/d, óleo sobre madeira, 35 x 25 cm, Pinacoteca do Estado de São Paulo.

exibe 105 telas. São impressões dos vários lugares que percorreu antes de aportar aqui: Roma, Capri, Gênova, Florença, Túnis, Constantinopla; estudos da África, do Egito, de Portugal e mesmo do Brasil. Referindo-se ao acontecimento, Gonzaga Duque comenta num artigo transcrito mais tarde em *A arte brasileira* [1888]: "A natureza dos países em que Jorge Grimm esteve nos aparecia irradiante de luz e de cor, diante dos nossos olhos vadios, acostumados às tintas pálidas, anêmicas, miseravelmente doentias da maior parte de nossos paisagistas". Portanto, a visão de uma natureza colorida e iluminada não foi sugerida ao artista pela paisagem do país que ele mal conhecia, pois visitava pela primeira vez; nem pelos demais lugares por onde andou, que eram muito diversos entre si, como atmosfera e qualidade da luz. Essa visão, Grimm já trazia da Europa e não era um dado da observação — era um esquema cultural, um modo particular de ver o mundo, um saber, enfim. Difundido na França pelos pintores de Barbizon, havia antecedido a sistematização dos impressionistas, preparando o terreno para as inovações mais radicais.

Foi esse esquema, importado e europeu, que Jorge Grimm implantou entre nós de 1882 a 1884, quando lecionou na Academia Imperial de Belas Artes. É bem possível que com o tempo e o contacto com a luz ofuscante do Brasil, ele se haja transformado, exacerbando-se ainda mais.

Teria o ensino do professor alemão e os resultados obtidos pelos alunos, que trabalhavam como ele ao ar livre, influído na crítica de Gonzaga Duque? É possível. O certo é que fazendo bem mais tarde comentário de uma exposição de Batista da Costa — aluno de outros mestres — louva a paleta do pintor, "fértil em vivos tons tropicais", a diversidade muito rica dos seus verdes e o emprego do amarelo:

> "Ah! os seus verdes são belos! estendem-se em todas as nuanças, desdobram-se orquestralmente em toda a variedade da sua gama. Da composição dos verdes participam largamente os amarelos, com que joga habilmente. O amarelo é uma tinta que domina a nossa paisagem, mistura-se em quase todos os meios-tons luminosos, expande-se vitoriosa nos claros rasgados pelo sol. Onde há luz há amarelo. É a diluição do sol [...]. Também claros e intensos saem da sua paleta os vermelhos e os azuis, que se combinam em gradações sutis, e dão os recursos imitadores da imensa tinturaria da Natureza".

Na crônica "Paisagens", incluída no livro *Contemporâneos* [1929] e dedicada à segunda exposição de Roberto Mendes, será ainda mais explícito e elogia a persistência do artista em fixar a luz tropical, comentando que "para conseguir a reprodução dessa luz, não basta a convivência dalgumas horas com a Natureza", é preciso "assisti-la cotidianamente". Só assim ele

> "terá o que deseja, porque ficará senhor das minudências do colorido, decomporá os efeitos do natural para compor os da imitação, poderá por conhecimentos próprios da influência dos raios solares sobre tais e tais cores estabelecer a aproximação dos seus tons, fundir os pormenores do ponto estudado em uma síntese estética do motivo, que é o quadro [...]".

E termina:

> "Atendidos os valores pela decomposição dos raios solares na paisagem, obtido [sic] por isso as suas complementares, retido [sic] os dois ambientes, que tanto preocuparam Claude Monet na luz europeia, um formado pela iluminação solar, outro pela reverberação do objeto iluminado, o conjunto estará conseguido".

Não cabe analisar aqui todas as implicações contidas neste trecho curioso; basta sublinhar que Gonzaga Duque está teorizando sobre a pintura, apoiado com bastante conhecimento de causa na estética do Impressionismo. Baseada em mais este argumento, levanto a seguinte hipótese, sujeita é claro a verificações: no espaço que medeia entre a chegada ao Brasil de Jorge Grimm, em 1874, e a crônica de Gonzaga Duque sobre Roberto Mendes, em 1907, dá-se a divulgação entre nós de uma nova estética, segundo duas etapas distintas. Num primeiro momento, teríamos o ensino e a prática do *ar livre* com a imposição de uma nova sensibilidade cromática, devidos a Jorge Grimm; no segundo momento, a análise e a teoria da decomposição da cor pelos raios solares, propostas por Gonzaga Duque. É no contexto dessas ideias que se deveria estudar a produção dos discípulos do mestre alemão — Castagneto, Parreiras, Caron, Garcia y Vasques — para em seguida avaliar se auxiliaram, efetivamente, o estabelecimento de uma nova concepção da paisagem brasileira. Pois só o estudo das obras poderá decidir se o universo cromático que elas exprimem corresponde ao que supunha — ou desejava encontrar nelas — o olhar de Gonzaga Duque, enfastiado com a cor local, o claro-escuro, o apelo aos tons frios e a técnica do enevoamento da paisagem tradicional. Aí está uma indagação que cabe à crítica pesquisar.

Restaria discutir a contribuição de Almeida Júnior no que diz respeito à luz. A crítica está de acordo quando o aponta como marco divisório incontestável da pintura de cunho brasileiro, mas diverge quando se trata de situar onde, precisamente, se teria processado a inovação. Isto é, a reformulação que provocou no código se deu no nível dos temas, instaurando na pintura um certo regionalismo, ou no nível da notação cromática e luminosa, transpondo para a tela a tão propalada luz brasileira? Haveria, no entanto, a possibilidade de uma outra hipótese. — Almeida Júnior não inventou uma luz tipicamente nossa, pela simples razão já apontada, que a chamada luz brasileira não é um dado que deriva da observação, mas um esquema cultural importado. O que realizou, na esteira não dos impressionistas, como se tem dito, mas dos pintores acadêmicos secundários, foi uma acomodação entre dois sistemas diversos de notação, que coexistiam na mesma época na Europa, um inovador, outro retrógrado, adaptando-os à realidade brasileira.

Com efeito, certos pintores acadêmicos de cunho "pitoresco" cujas obras Almeida Júnior poderia ter visto na França, no decênio de 1880 — Jules Breton, Troyon, Rosa Bonheur, entre

Pintura brasileira contemporânea: os precursores

Almeida Júnior, *Marinha*, 1895, óleo s/ tela, 48 x 83 cm, Pinacoteca do Estado de São Paulo.

outros — apesar de alheios ao Impressionismo, já vinham adotando alguns elementos parecidos com os preconizados pela sua estética, sobretudo quando, nas telas ainda convencionais, desejavam dar a impressão de ar livre. Conservavam o código acadêmico em alguns elementos, no desenho, na composição, no modelado, no ilusionismo do volume, mas substituíam a luz atenuada por uma luz mais franca, solar, amarelecida, que esfarinhava um pouco os contornos e realçava as cores. Foi uma solução desse gênero, europeia e ambígua — pois a cavaleiro de dois sistemas de notação — que Almeida Júnior deve ter achado adequada para solucionar, sem causar rupturas violentas com a tradição, o problema da luz tropical. Isso explicaria certos parentescos insólitos, mas que intrigam bastante, entre a luz de *Caipira picando fumo* [1893], *Amolação interrompida* [1894] e mesmo *A partida da monção* [1897], e a luz de um quadro como *Caim fugindo à ira de Deus*, de Cormon, acadêmico empedernido, mas incorporando francamente as cores vivas postas em voga pelo Impressionismo. Nesta perspectiva, e quanto à notação da luz, Almeida Júnior surgiria menos como um inovador, do que como um pintor tradicional, que teria sofrido a influência do Impressionismo indiretamente, através dos acadêmicos secundários, e ajeitara esse sistema híbrido à luminosidade do país.

Para discutir melhor todos esses problemas, muito complexos, é que achei oportuno completar mentalmente a excelente exposição do Museu Lasar Segall com a evocação dos paisagistas e da fase regionalista de Almeida Júnior.

2.

Feito este longo parêntese, que contém mais perguntas que respostas, retornemos à exposição, isto é, a Belmiro de Almeida, Eliseu Visconti e Artur Timóteo da Costa.

Os três pintores não gozam do mesmo prestígio e, dentre eles, apenas Eliseu foi sempre muito cotado junto ao público médio da burguesia. De certo modo foi o último pintor oficial anterior a 22 e o seu nome está ligado a uma série de encomendas governamentais, entre elas a decoração do Teatro Municipal e da Biblioteca Nacional. A consagração da burguesia e do governo talvez tenham afastado da sua pintura a simpatia dos modernistas, que ao fazerem na época o balanço da arte brasileira, não tentam nenhuma avaliação da sua obra, nem mesmo para depois rejeitá-la, como Mário de Andrade fizera com os parnasianos em "Mestres do passado". Para o nacionalismo de programa da Semana, sobretudo de Mário, que era o mais consequente teórico de arte do período, Eliseu Visconti era um retardatário e um europeu, devendo portanto representar, na pintura, um pouco do que Henrique Oswald representava na música: um

Eliseu Visconti, *Autorretrato* [da mocidade], 1900, óleo s/ tela, 40 x 32 cm, coleção particular.

artista digno de admiração pela seriedade profissional com que dominava os seus meios expressivos, mas "teoricamente um inimigo". Dos críticos ligados ao Modernismo, apenas Mário Pedrosa o focaliza com simpatia, fazendo datar de suas telas, a meu ver erroneamente, o início da nova paisagem do Brasil. Nos últimos tempos se deve a Flávio Motta muito da reabilitação do pintor.

Os quadros expostos são numerosos e cobrem um período amplo, fazendo de Eliseu Visconti o artista mais bem representado da mostra. Através deles é possível apreender as suas características básicas, que são domínio técnico, erudição, versatilidade, elegância e mesmo certo pendor decadente. Desde o início da carreira Eliseu foi um excelente pintor. O autorretrato de mocidade já revela as qualidades raras do retratista, o domínio do claro-escuro e a sensibilidade linear no belo ritmo sinuoso que une o desenho da barba ao sombreado do pescoço. É bem sua a maneira de colocar o rosto na tela numa torsão acentuada, equilibrando o movimento do pescoço com a direção em sentido oposto do olhar — cuja expressão é em geral muito intensa. Nos retratos posteriores — autorretrato no jardim, retrato do filho — conservará aproximadamente a mesma solução, pendendo a cabeça para trás.

No entanto, apesar de excelente pintor, Eliseu Visconti não é um artista de personalidade muito definida. Quando, como um impressionista tardio, chega ao apogeu do domínio artesanal, a escola a que se filiara mais de perto havia completado o seu ciclo e a arte atravessava um período de grande renovação. Sua trajetória reflete as tendências diversas que vai cruzando pelo caminho e às vezes incorpora à pintura — o pontilhismo, o Simbolismo, o linearismo *art nouveau*, o pré-rafaelismo. Era natural que a sua obra acabasse se ressentindo dessa disponibilidade estilística e que as direções contraditórias marcassem as fases cronológicas diferentes de sua evolução. Mas algumas vezes as tendências conflitantes coexistem na mesma tela, ameaçando a sua unidade geral.

Nesta mostra, duas telas, pelo menos, parecem correr esse risco. A primeira é *A família*, quadro muito bonito que, à primeira vista, surpreende pela virtuosidade. O tratamento das vestimentas, a colocação admirável das figuras no espaço, sobretudo a frontalidade da menina, lembram demais Renoir. No entanto, se atentarmos bem na fatura, percebemos que a realização do rosto não é impressionista; o modelado se prende antes aos ensinamentos da Academia, é unido, esmaltado, obtido através das gradações sutilíssimas do rosa. Eliseu não usou a pincelada partida, nem decompôs as cores usando as complementares; pintou segundo as regras tradicionais, limitando-se a

Eliseu Visconti, *A família*, 1909, óleo s/ tela, 99 x 79 cm, coleção particular.

estender *por cima* da tela já trabalhada uma poalha de pontos multicores, numa técnica que seria antes de Seurat. Estamos bem longe do crepitar incessante de luz e sombra dos quadros de Monet ou da luminosidade epidérmica, porejada dos quadros de Renoir.

A casa do pintor em Santa Teresa repete a mesma indecisão estilística. A parte esquerda da tela é admirável e os planos se organizam numa dosagem perfeita de sombra e luz, volumes e atmosfera. A vegetação é tratada com uma pincelada curta e vibrante e o esquema cromático é muito suave. No entanto, do lado direito da tela, Visconti não soube equilibrar os elementos

Eliseu Visconti, *A casa do pintor em Santa Teresa*, 1910, óleo s/ tela, 46 x 54 cm, coleção particular.

estruturais (a casa e o muro) e a matéria mais leve dos verdes. O espaço resultou compartimentado em demasia, contrastando vivamente com a concepção fluida da outra metade. Tem-se a impressão que a moldura enfeixou duas telas diferentes, uma mais próxima de Sisley, outra de Cézanne.

A tensão entre duas inclinações diversas, uma objetiva e colorística assentada no Impressionismo e outra subjetiva e linear, aparentando-se ao Simbolismo, podem no entanto se harmonizar. É o caso de *Moça no trigal*, obra encantadora. As duas figurinhas que aparecem à direita e ao alto são quase uma citação das meninas mergulhadas no capim que Renoir representou em

Pintura brasileira contemporânea: os precursores

Eliseu Visconti, *Moça no trigal*, 1913, óleo s/ tela,
69 x 84 cm, coleção particular.

Chemin montant dans les hautes herbes [1873]. Mas o recolhimento da figura, a delicadeza etérea das pinceladas longas nas hastes do trigo, o ramalhete de flores silvestres, apontam para o japonesismo ornamental da época. No entanto a tela tem estilo e unidade.

Característica do período simbolista é *A crisálida*, uma das obras mais fascinantes da mostra. O quadro não tem data, mas o assunto, a preocupação com a luz, com a linha, o decorativismo oriental, traem as tendências *art nouveau* e a situam bem no início do século. O jogo dos três planos é requintado: a bordadura das árvores separa com a sua renda de sombras chinesas

Eliseu Visconti, *Retrato do filho*, s/d, óleo s/ madeira, 38 x 38 cm, MASP, São Paulo.

o primeiro plano mergulhado na penumbra, do segundo plano, cruamente iluminado. Toda a luminosidade se concentra na réstia de sol onde surgem estruturadas e calcárias as casas, e logo mais a linha seca do mar. Ofuscado pela claridade, o observador fora da tela mal consegue divisar a personagem do primeiro plano, que submerge indistinta na sombra úmida e misteriosa das folhagens.

Em *Recanto do Morro de Santo Antonio*, tela mais recente e regida por um princípio tão diverso, Eliseu Visconti repete, curiosamente, o mesmo esquema cromático do quadro anterior, que parecia ter sido emprestado a um vaso de Gallé: o vermelho acobreado se opõe aos verdes escurecidos, as tonalidades são profundas e os contrastes menos estridentes que os utilizados pelos impressionistas. Não há mais oposição entre figura e fundo e a tela inteira é entretecida gravemente de luz e sombra.

Eliseu Visconti, *Autorretrato* [da velhice], década de 30, óleo s/ tela, 45 x 45 cm, coleção particular.

À medida que alcança o pleno domínio de seus meios expressivos o pintor abandona as características rítmicas e ornamentais do período simbolista. A visão interior cede lugar à necessidade de estruturar picturalmente a tela e a pincelada se torna mais larga, mais incorporada. No *Retrato do filho*, no *Autorretrato* da velhice, já não há mais predomínio do desenho e o óleo é trabalhado com um vigor que se diria expressionista, se sob as cores agressivas palpitasse um pouco mais de tormento.

Dos pintores presentes à exposição, é Belmiro de Almeida que tem sido analisado pela crítica com maior interesse. Aracy Amaral, em *Artes plásticas na Semana de 22*,[2] já o havia situado

---

[2] São Paulo, Perspectiva, 1970; 5ª edição revista e ampliada: São Paulo: Editora 34, 1998. [N. da E.]

Artes plásticas

Belmiro de Almeida, *Retrato de Palmyra de Almeida*, 1887, óleo s/ tela, 40 x 31 cm, coleção particular.

como precursor, referindo-se à modernidade de suas telas *Dampierre* e *Mulher em círculos*, ambas da coleção de José Paulo Moreira da Fonseca. Malrepresentado nesta mostra, Belmiro se faz, porém, notar num grande quadro, *Retrato de senhora*.

A lição que está por trás desta obra admirável é ainda a do Impressionismo. A colocação do rosto na tela, no entanto, é de todos os tempos. Corresponde à tradição retratística comemorativa, à "representação numismática do perfil" de que fala Longhi e que ocorre desde o *Quattrocento*. Esta variante apresenta alguma afinidade com o retrato de Irma Blumer, de Manet, ao reter a delicadeza do perfil entre as duas massas poderosas do chapéu e do corpete.

Pintura brasileira contemporânea: os precursores

Belmiro de Almeida, *Retrato de senhora*, 1889, óleo s/ tela, 60 x 42 cm, coleção particular.

Apesar de discreto e bem-educado, o *Retrato de senhora* é particularmente inovador, sobretudo levando-se em conta o acanhado meio artístico brasileiro. Se o compararmos com outra tela de Belmiro também exposta, o *Retrato de Palmyra de Almeida*, feito em 1887, este parece correto mas sem garra. A pose do modelo é seca, o corpete foi trabalhado com uma pincelada hirta e a figura é tragada pelo fundo, se apagando na monotonia dos castanhos. Dois anos mais tarde o artista retoma a solução de maneira inspirada. Conserva o rosto de perfil, mas gira o torso na direção do espectador, conseguindo uma pose muito mais graciosa e flexível; reaviva intensamente o esquema cromático, opondo o rosa da epiderme ao azul radioso do vestido. Mas sobretudo, inventa um novo modelado.

No primeiro retrato, havia recoberto com o óleo, de maneira uniforme, tanto as zonas de luz como as zonas de sombra; no segundo retrato, trabalha uma e outra de modo diverso. Depois de espalhar uma camada de base pelo trecho que tem de colorir, pinta apenas as zonas iluminadas, deixando que nas outras a sombra se defina por uma espécie de ausência de tinta, de silêncio da cor.

É no tratamento do rosto e das pregas do corpete que se pode observar melhor este processo. Ao pintar a epiderme, de um rosa radiante e luminoso, tem-se a impressão que Belmiro optou por uma solução sem claro-escuro, como Manet havia feito com o rosto de Olímpia. Mas atentando melhor, vê-se que o rosto da mulher não só existe como volume, mas foi tratado em relevo, dando a ilusão da terceira dimensão. O óleo se acumula nos pontos mais salientes que retêm a luz: nas maçãs da face, no queixo, na ponta do nariz, no lóbulo da orelha — para escassear no contorno do perfil, no desenho dos lábios, na linha divisória entre o pescoço e a face, na região da nuca. A mesma técnica é utilizada na fatura impecável do corpete, onde o azul intenso e iluminado do tecido alteia nas pregas do busto, opondo-se às zonas de sombra das dobras. Estas, mal recobertas pela tinta, subtraem-se opacas, absorvendo a luz e produzindo um efeito quase ilusionista de baixo relevo. Seurat já havia usado o mesmo processo em seus desenhos inigualáveis, mas visando resultados opostos: para determinar as zonas densas de sombra, cobria violentamente toda a superfície, deixando nas zonas de luz emergir fervilhante o grão grosso do papel Michallet, mal resvalado pela ponta macia e oleosa do lápis Conté.

Pintura brasileira contemporânea: os precursores

Belmiro de Almeida, *Alegoria*, s/d, aquarela, 36 x 25 cm, coleção particular.

O retrato da menina não apresenta interesse, mas há na exposição um bonito estudo a aquarela e duas amostras do talento de caricaturista de Belmiro de Almeida.

Esta última faceta de sua personalidade merece uma ligeira referência. A caricatura foi uma constante na sua realização plástica e Belmiro deve a ela grande parte do prestígio que desfrutou em vida. É provável que o exercício cotidiano da sátira lhe tenha aguçado o senso de observação, alertando-o para o ridículo das pessoas e das situações e minando o convencionalismo da formação acadêmica, que nele era rigorosa, como atestam seus quadros muito bem pintados. O hábito de desmistificar os costumes, as convenções, as verdades estabelecidas, deve ter abalado um pouco a crença num ideal absoluto de beleza. Por isso, talvez lhe tenha sido mais fácil que aos companheiros de geração aceitar a novidade e incorporá-la ao seu universo expressivo. Isso explicaria experiências como as que realizou nos dois quadros citados da coleção de José Paulo Moreira da Fonseca e o tom peculiar de uma tela como *Arrufos* [1887], do Museu Nacional. Pois o que faz com que esta obra, de rigorosa fatura acadêmica, não naufrague no anedótico e no convencional é o tom docemente irônico com que a cena é focalizada. A *pruderie* da crítica a tomou sempre como uma disputa conjugal, mas na verdade ela representa a introdução revolucionária na pintura da época do tema do adultério, tão explorado pelo *vaudeville*, pelo folhetim e pela caricatura de costumes.

Menos conhecido que seus companheiros de exposição, Artur Timóteo da Costa surge no entanto, nesta mostra, como o pintor de personalidade mais definida. Se Eliseu Visconti é de certo modo um eclético e Belmiro um experimentador, Timóteo da Costa só consegue exprimir a si próprio. Também encontramos nele as marcas do Neoimpressionismo, sobretudo em *Passeio público do Rio de Janeiro*, quadro muito curioso como cor, envolto num mormaço pesado e amarelo, que deveria ter feito o encanto de Gonzaga Duque. A tendência a retrabalhar a matéria, depois da tela pintada, aprisionando as formas numa esteira ou achamalotando-a em círculos concêntricos, como se golpeasse a tinta ainda fresca com um pincel grande e seco (numa técnica semelhante à dos pintores de parede) se revela em duas telas e parece um cacoete nervoso, neste candidato à loucura.

As obras que o representam traduzem um temperamento vigoroso, servido às vezes por uma pincelada rude, fulminante. As duas paisagens expostas são construídas com um grande senso de economia. Indiferente à análise dos detalhes, o pintor re-

Pintura brasileira contemporânea: os precursores

Artur Timóteo da Costa, *Passeio público do Rio de Janeiro*, 1919, óleo s/ tela, 60 x 60 cm, Pinacoteca do Estado de São Paulo.

duz o mundo exterior a um equilíbrio de verticais e horizontais, de volumes, ritmos, alternâncias de zonas de luz e zonas de sombra. O sentimento que tem da paisagem não é retórico e sim profundamente impregnado de dramaticidade. Uma tela como *Paisagem do Rio de Janeiro*, apesar do título, parece completamente alheia a qualquer intenção de fidelidade ao real; através do contraste admirável do primeiro plano violáceo e do segundo, tão poderoso como luz e matéria, o que se apreende é

Artur Timóteo da Costa, *Autorretrato*, 1908, óleo s/tela, 41 x 33 cm, Pinacoteca do Estado de São Paulo.

apenas a alma atormentada do artista. Não creio que existam na época, no Brasil, muitos exemplos semelhantes do uso expressivo da cor.

A exposição apresenta três retratos de sua autoria, todos dignos de exame. O mais convencional é o *Retrato de uma pintora* [1919], de bela fatura, muito equilibrado na sua composição triangular, onde sobressai a pincelada certeira que define a gola da capa. É com a mesma precisão que no *Retrato do pintor A. Bracet* executa o toque luminoso do colarinho e dispõe as zonas de luz e de sombra. *A dama de verde* [1908] enfeixa, com grande felicidade de realização, o conjunto de suas qualidades, isto é, o domínio do claro-escuro, a sensibilidade de colorista e o senso estrutural.

Pintura brasileira contemporânea: os precursores

Artur Timóteo da Costa, *Interior*, 1911, óleo s/ tela,
17,5 x 22,5 cm, coleção particular.

São ainda de Timóteo da Costa o pior e o melhor quadro da exposição. O primeiro é *O idílio*, onde tudo é ruim, o desenho dos nus, a cor, o assunto, a concepção ingênua de uma felicidade paradisíaca, expressa sobretudo no emblema dos cisnes que nadam entrelaçados.

O quadro mais importante é *A forjaria*. A crítica assinala o fato de Artur Timóteo ter trabalhado na Casa da Moeda, onde juntamente com o irmão João Timóteo, também pintor, desenhou selos e moedas. Mas esse dado biográfico não parece suficiente para explicar a introdução do tema do operário, no elenco de assuntos surrados da pintura brasileira do período. A tela é de 1911 — momento em que o pintor realizou *Interior*, quadrinho também exposto na mostra e cheio de interesse. A essa altura, já tinha se difundido na Europa o tema do operário, sobretudo nos países atingidos pelo impacto da Revolução Industrial. Celebra-

Artur Timóteo da Costa, *A forjaria*, 1911, óleo s/ tela,
100 x 105 cm, coleção particular.

do pelo romance, o assunto ainda era pouco comum na pintura, onde se firma com o Cubismo, para generalizar-se com o Expressionismo.

O quadro de Timóteo da Costa não é surpreendente apenas por representar o operário, mas por focalizá-lo na sua dura labuta e pelo tratamento expressivo que dá aos vários elementos que o compõem. No grande espaço da forjaria veem-se dois homens, desrelacionados entre si mas fundidos, cada um de seu lado, às peças mecânicas da oficina. O da direita desaparece na sombra, meio soterrado pela enorme engrenagem, o da esquerda nos dá as costas e é maciço e escultórico como uma figura de Millet. O olhar do observador penetra na tela pela mancha luminosa de sua camiseta, segue pelo braço musculoso, gira na manivela à sua frente, alcança o círculo de luz e depois cruza o grande espaço vazio, da esquerda para a direita, seguindo a diagonal levemente flexionada das polias. Impulsionados pelo colorido os olhos acompanham o esplendor cromático crescente, que passa do vermelho ao azul, para explodir no topo, na luminosidade ofuscante do amarelo. Na grande tela não há vestígio de desenho e tudo contribui para a expressão dramática do todo: o assunto, a composição, o peso dos volumes, a cor, as linhas de força, a pincelada. Esta ressurge, num dos momentos mais inspirados de Artur Timóteo da Costa, vigorosa e precisa na tensão muscular do pescoço, no braço estendido e na mão do operário; leve e transparente, na admirável massa cromática do fundo. Não tenho receio de afirmar que este é o quadro mais importante da mostra.

A notável exposição do Museu Lasar Segall veio demonstrar a existência no Brasil de uma pintura de origem acadêmica que, presa aos preceitos das Escolas de Belas Artes daqui e da Europa, apresenta no entanto muitos elementos de interesse. A análise mesmo superficial das obras do período revela que um princípio vago de renovação pairava no ar e penetrava de maneira desordenada e esporádica nas telas. A brusca explosão da Semana de Arte Moderna de 22, atualizando do dia para a noite a pesquisa artística e implantando uma estética normativa como o nacionalismo, impediu durante algumas dezenas de anos que se divisassem no passado recente esses elementos esparsos de modernidade. Cabe ao crítico de hoje, livre das paixões, reexaminá-los à luz de outra perspectiva.

A COMMISSÃO ABAIXO ASSIGNADA TEM A HONRA DE CONVIDA-LO E Á EXMA. FAMILIA PARA ASSISTIREM Á INAUGURAÇÃO DA XXXVIII EXPOSIÇÃO GERAL DE BELLAS-ARTES, A REALIZAR-SE NO DIA 1.º DE SETEMBRO ÁS 15 HORAS, NO EDIFICIO DA ESCOLA NACIONAL DE BELLAS-ARTES

A COMMISSÃO:

ANNITA MALFATTI.
MANUEL BANDEIRA.
CANDIDO PORTINARI.
CELSO ANTONIO.
LUCIO COSTA.

Convite para a inauguração do Salão de 1931, no Rio de Janeiro.

Vanguarda e nacionalismo na década de 20

O período heroico de instalação da arte moderna no Brasil — período abrangido pela exposição do Museu Lasar Segall[1] — estende-se aproximadamente por quinze anos e tem dois marcos decisivos: a exposição de Anita Malfatti em São Paulo (1917) e o 38º Salão da Escola Nacional de Belas Artes realizado em 1931 no Rio de Janeiro. A importância da mostra individual da grande pintora paulista já foi sublinhada pelos críticos e historiadores da arte, além de confirmada pelo testemunho dos contemporâneos; resta, a meu ver, chamar a atenção para o sentido da exposição do Rio, à qual, a não ser Geraldo Ferraz, poucos estudiosos têm aludido.

Idealizado por Lúcio Costa, o Salão de 1931 marca a passagem rápida e fecunda do grande arquiteto pela direção da Escola, de maneira mais positiva que a reforma malograda dos métodos de ensino artístico no Brasil que tentou na mesma época.

---

[1] Este texto foi originalmente escrito para acompanhar o catálogo da exposição "O Modernismo: pintura brasileira contemporânea de 1917 a 1930", apresentada de 9 de maio a 1º de junho de 1975 no Museu Lasar Segall, em São Paulo. Posteriormente foi publicado, em nova versão, na revista *Almanaque*, nº 6, São Paulo, 1978.

Adotando na sua organização o critério da livre concorrência, que tinha adotado na contratação dos novos professores quando pretendeu remodelar o corpo docente, Lúcio Costa o franqueia aos artistas de todas as tendências, sem qualquer exigência prévia na inscrição. A consequência desse gesto, derivado do desejo de manter a direção acima das lutas partidárias, foi inesperada: os artistas modernos se inscreveram em massa, e os de formação acadêmica, que até aquele momento haviam monopolizado o Salão, sentindo-se desprestigiados, negaram-se a aceitar o confronto. A imprensa e as revistas da época, sobretudo através dos responsáveis pelas seções de arte — e naquela altura eram críticos atuantes escritores como Mário de Andrade e Manuel Bandeira —, referem-se divertidas a essa reviravolta, que, do dia para a noite, instalou em um edifício empoeirado da Avenida Rio Branco o primeiro salão coletivo de arte moderna realizado no Brasil. Anita Malfatti, que fora em 1917 a grande vítima dos passadistas e provocara a ira de Lobato, comparecia agora não apenas como expositora, reapresentando duas de suas telas mais célebres, *O homem amarelo* e *A estudante russa*, mas também como membro do júri de premiação.

Esta mudança de 180 graus na posição de Anita, deslocando-a de réu para juiz, é sintomática das transformações artísticas radicais que vinham se processando ao longo da década de 20 como consequência da Semana; mas, por enquanto, não assinala uma vitória definitiva dos modernos, e breve as forças reacionárias, que tinham fugido à batalha em campo aberto do Salão, saem da sombra onde se tinham encantoado e conseguem a demissão de Lúcio Costa.

Mas embora as escaramuças prossigam por algum tempo (na disputa de cargos, nas reivindicações de prestígio), o terreno estava irremediavelmente minado. Em 1928, um jovem de 23 anos, de tendências modernizantes e "técnica larga e incisiva", como Manuel Bandeira o caracterizou na época, já tinha arrebatado no Salão da Escola o prêmio de viagem à Europa; era o início da carreira espetacular de Candido Portinari, que se firmará no período seguinte como o pintor oficial do Brasil. Com o passar dos anos, compreendemos melhor o alcance que o reconhecimento generalizado do seu talento teve para o futuro da arte moderna em nosso país. O reconhecimento de Anita, no Salão de 31, representava a homenagem de um grupo pequeno a uma "artista maldita"; a consagração de Portinari será pública e, mais do que a vitória de um indivíduo, assinalará a vitória da arte moderna, que conseguia finalmente desalojar a arte do passado do reduto em que até o momento se mantivera abrigada: o das encomendas oficiais.

O período que vai de 1917 a 1931 — repetimos — é pois de conquistas da vanguarda, de pregação teórica ininterrupta, de revisões feitas através das pequenas revistas de vida efêmera, das polêmicas nos jornais, dos manifestos, das exposições. Exposição de Anita em 1917, de Vicente do Rego Monteiro em 1920, da Semana de Arte Moderna em 22, de Lasar Segall em 24 e 27, de Tarsila do Amaral em 29, da Escola de Paris em 30, de Portinari em 31. De vez em quando chegam reforços de fora, confirmando os modernistas em suas posições; como a estadia de Blaise Cendrars entre nós, em 1924. No mesmo ano, fixa-se definitivamente em São Paulo um grande pintor de renome internacional, Lasar Segall, trazendo para o meio brasileiro, excessivamente francês, o sangue novo do Expressionismo. No Rio, isolado e um pouco à margem da efervescência dos modernistas, Ismael Nery constrói a sua grande obra de 26 a 30, influindo num grupo pequeno mas fervoroso de adeptos. De 25 a 27 trabalha também ali o pernambucano Cícero Dias, cuja arte espontânea, repassada de lirismo, encanta Mário de Andrade. Em 29, Alberto da Veiga Guignard volta ao Brasil e reencontra deslumbrado a sua

Estúdio de Warchavchik na primeira casa modernista, construída em São Paulo em 1927; ao fundo, o quadro de Segall *Mãe preta*.

terra, depois de uma longa estadia na Europa. A presença em São Paulo de Warchavchik, Rino Levi, John e Regina Graz modifica na província o conceito de habitação e de arte decorativa. Aos poucos, acompanhando as transformações políticas, é todo o estilo brasileiro que muda.

Como encontrar o fio condutor da pintura modernista nesse torvelinho de ideias, de experiências em andamento, de revisões, de formulações novas, onde cada artista procura encontrar um rumo? Um dos caminhos possíveis é o estudo, não diretamente dos pintores, como os que o público podia ver na Exposição de 31, mas do reflexo da sua atividade na consciência crítica, que permite avaliar de que maneira o próprio período se compreendia no plano da arte. Perguntemos, pois, numa espécie de tarefa preliminar, qual o teórico que, no meio da confusão, conseguiu ver claro, comparando, estabelecendo normas, concluindo. E em que condições de luta com a estética vigente isso foi feito.

Para responder a essas perguntas, seria necessário proceder a um exame minucioso da crítica do período, sobretudo a dos jornais e revistas; é ainda tarefa por fazer, mas seria possível traçar desde já algumas coordenadas. Para isso, separemos a crítica em dois tipos: a crítica polêmica, ocasional, originada por algum acontecimento relevante (exposição, publicação de livro, conferência, inauguração de prédio) e caracterizada tanto pela extrema violência quanto pela escolha de um ou mais bodes expiatórios, sendo feita frequentemente com pseudônimo; e a crítica das seções de arte dos jornais e das revistas, mais ponderada, que podia assumir a forma de estudo e manifestar posições estéticas precisas. Estas últimas não eram muitas, em verdade, e fora pequenas nuances reduziam-se a duas: a dos passadistas e a dos modernos.

Deixemos de lado a crítica polêmica, cujo exemplo clássico é o artigo "Paranoia ou mistificação", de Monteiro Lobato. Há variantes mais ou menos tolas e mesquinhas, mas em geral ela reflete sobre a arte a opinião do senso comum, corrente na burguesia e baseada num conceito muito estreito de mimese. Opõe-se por isso a qualquer uso artístico da deformação, seja impressionista, cubista ou futurista — acusando sistematicamente os modernos de incompetentes, ignorantes das regras básicas da arte, plagiários e cabotinos. Preferimos nos fixar na crítica do segundo grupo, que mesmo quando retrógrada é feita por profissionais e exprime tendências estéticas de prestígio. Os críticos escolhidos para a nossa discussão (um pouco pela facilidade de acesso aos seus escritos) serão dois estetas que mantêm seções permanentes de arte no período de 25 a 35 em jornais e revistas e representam as duas posições extremas: Flexa Ribeiro, a dos passadistas, e Mário de Andrade, a dos modernos.

De 1918 a 1958, Flexa Ribeiro foi professor de História da Arte na Escola Nacional de Belas Artes, que dirigiu de 48 a 52. Utilizaremos o seu livro *O imaginário*, publicado em 1925, e os artigos de balanço da pintura brasileira da época, publicados em 1935 e 1936 em *Ilustração Brasileira*, revista de prestígio junto à burguesia. Os artigos, embora um pouco posteriores ao momento que estamos analisando, definem bem a posição de uma ala esclarecida da Escola de Belas Artes, que parecia bastante inquieta com o avanço espetacular dos modernos naquele momento.

Resumindo o pensamento confuso, prolixo e às vezes contraditório de Flexa Ribeiro, podemos dizer que, na sua opinião, toda a efervescência do fim do século XIX e começo do XX não trouxe para a arte nada de novo. Assim, o que os brasileiros receberam encantados em 22, "via São Paulo", foi um amontoado de tendência díspares (Fauvismo, Futurismo, Cubismo), misturadas desastrosamente à última hora. Na verdade, no século XIX, só teriam existido dois acontecimentos novos na pintura: o Impressionismo e (como diz ele) o *Cézannismo*. No entanto, foram movimentos que mal chegaram ao Brasil, e permaneceram ignorados pelos detentores de prêmios de viagem à Europa, os quais, formados na tradição acadêmica herdada do Segundo Reinado e da Primeira República, pouco progrediram no exterior. Dentre eles, apenas Eliseu Visconti contribuiu com alguma inovação para a pintura, introduzindo em nosso meio, a partir de 1900, o Impressionismo e o ar livre, sob a feição do Divisionismo. Apesar de Almeida Júnior ter trazido para cá certos ecos de Courbet, não tivemos os demais elos de uma corrente:

o Pré-Impressionismo de Corot, o "ar-livrismo" de Monet, o Divisionismo de Seurat, a arte de Cézanne. Segundo Flexa Ribeiro, as tendência modernas, que no início do século já datavam de trinta anos (1872), não conseguiram penetrar logo no ensino artístico: foi preciso esperar a ida à Europa de dois prêmios de viagem, Marques Júnior em 1916 e Henrique Cavalleiro em 1918, para que se incorporasse à arte brasileira a técnica impressionista — "a maior renovação que se processa na arte de pintar, nestes últimos dois séculos". Infelizmente, este efeito salutar coincidiu com a chegada ao Brasil do Cubismo, subitamente depois da guerra.

A opinião do crítico sobre o Cubismo é muito restritiva, mas mesmo assim evolui da complacência civilizada com que o focaliza em 1925 em *O imaginário*, para o ódio sem disfarce dos artigos da década de 30. No início ainda aceita que, apesar dos exageros e deformações, da utilização excessiva dos planos e volumes, da pobreza do desenho, tenha sido um sistema orgânico, em harmonia com o mundo moderno. Na verdade, era uma corrente estética mais adequada à paisagem e à natureza-morta que à figura, mas contava entre os seus representantes alguns artistas dignos de nota, como Derain e Van Dongen.

Dez anos mais tarde, Flexa Ribeiro, que bem ou mal procurava se manter no terreno estritamente estético, perde a compostura. Então, a Escola de Paris (cuja grande exposição no Rio datava de quatro anos) surge aos seus olhos como um grupo de "metecas", de "judeus russos e seus aderentes", cuja pretensão é imprimir à arte um "rumo violento e anarquista, ou se preferem bolchevizante", visando "conquistar brutalmente o mercado e destruir disfarçadamente o sentido ocidental das artes plásticas". Depois de ter feito nesse teor um apanhado geral sobre a arte europeia, passa a analisar o Modernismo brasileiro, que lhe parece cópia servil do movimento francês, com a tradição artística a menos e o exibicionismo a mais. Entre os pintores nacionais, apenas Di Cavalcanti, segundo ele, salva-se dessa tradução malfeita, pois a sua personalidade forte soube fugir das "últimas deformações geometrizantes", para pesquisar o volume e a estrutura. Quanto a Tarsila, que já criticara num artigo anterior aparecido em *O País*, intitulado "Tarsila retardatária", acha que se limita a implantar em nosso meio "os destroços do Cubismo de 1913", misturando a ele alguns preceitos mais recentes de Picasso, Matisse, Van Dongen e a atmosfera de De Chirico. Nela não há nada de moderno: apenas "vinte anos de alguma coisa que desbotou e encardiu".

Para pôr cobro a essa anarquia, Flexa Ribeiro vislumbra uma reação generalizada, muito salutar no seu entender, que na Europa põe de lado Picasso (que "logo se viu num deserto"), preconizando a volta ao desenho clássico de Ingres; e no Brasil ignora Tarsila, Di, Anita, para ressaltar o valor de três artistas segundo ele genuínos, que procuram seguir a lição de Utrillo, Derain e Simon: Manuel Santiago, Alfredo Galvão e, "com certas reservas", Armando Vieira...

Não vale a pena comentar com detalhe a posição de Flexa Ribeiro, nem o tom odioso que a sua crítica assumiu por vezes. Mas é esclarecedor chamar a atenção para o grande mal-estar do seu discurso, dilacerado entre o medo de ser taxado de acadêmico (por conseguinte, passadista) e a incapacidade efetiva de aceitar a arte do presente. A saída que encontra para essa tensão insolúvel é inesperada: consiste em inverter os termos da equação, como num passe de mágica, tomando o Cubismo como retrógrado e a sua visão pessoal do Impressionismo como revolucionária... Para tanto, bastou-lhe distinguir dois momentos no Impressionismo inicial: um dissolvente, que evolui até o Cubismo; outro estruturado, donde sairá Cézanne e a verdadeira pintura moderna do Brasil. Como se vê, é uma visão peculiar, que contraria todo e qualquer critério adequado de filiações, segundo o qual os herdeiros legítimos da tradição cézanniana terão de ser sempre cubistas.

O raciocínio viciado de Flexa Ribeiro o encurrala num beco escuro e sem saída, onde não consegue enxergar mais nada. Como quer ser moderno a qualquer preço, fecha os olhos para os pintores de boa técnica acadêmica, com o argumento de que estão "parados" no tempo: Bernardelli, Amoedo e mesmo Batista da Costa. Abre uma exceção honrosa para Visconti, Chambelland e Lucílio de Albuquerque, porque tinham sido de algum modo atingidos pelo Impressionismo; mas ignora a alta qualidade de alguns retardatários, como Prisciliano Silva e Navarro da Costa. Quanto aos artistas que destaca, não são carne nem peixe; podem fazer um ou outro quadro agradável, mas no conjunto da obra traem a mesma indecisão estética do seu teórico.

Se Flexa Ribeiro encarna bem a figura do crítico que se equilibra "entre duas águas", não há ninguém melhor que Mário de Andrade para servir de exemplo da crítica militante dos modernos. A partir de 22, quando se projeta como o teórico mais consequente da Semana, dedica-se a uma incansável atividade jornalística em *Klaxon*, *Terra Roxa*, *Revista do Brasil*, *América Ilustrada* e, sobretudo, *Diário Nacional*, onde mantém de 1927 a 1931 uma seção de arte quase diária. É possível deslindar nesses escritos uma linha coerente de pensamento, recorrendo aqui e ali à *Correspondência* e outras fontes.

A posição de Mário de Andrade na década de 20 situa-se nos antípodas da de Flexa Ribeiro, definindo-se de acordo com duas grandes coordenadas: a pregação a favor do Nacionalismo e a reivindicação de uma abertura de nova frente de influência artística e cultural, diversa das que haviam atuado no período das vanguardas.

O esforço do escritor concentrar-se-á inicialmente em rever os postulados da Semana, procurando substituir — conforme suas próprias expressões — o "Universalismo pragmático" do primeiro momento por um segundo momento de "Nacionalismo pragmático".

Isto é, em 22, o grupo a que pertencia tinha exagerado a atitude modernista para que o Brasil alcançasse a Europa, corrigindo rapidamente o seu atraso artístico. Vencida esta etapa — que tivera como textos teóricos básicos o "Prefácio interessantíssimo" e *A escrava que não é Isaura* —, impunha-se a volta à realidade brasileira e a busca, igualmente exagerada, dos traços definidores da nacionalidade, para que o Brasil se libertasse da Europa e encontrasse o caminho de sua cultura.

No entanto, o Nacionalismo não deveria ser uma resposta definitiva, mas uma solução provisória. Em mais de um escrito, Mário de Andrade procura esclarecer este seu conceito muito pessoal, que lhe parecia válido para dois tipos de momento: 1º) os períodos em que a arte de um país, vendo-se exaurida, necessita retemperar-se nas fontes profundas da nacionalidade, e 2º) os períodos em que a arte, ainda não suficientemente caracterizada, sente necessidade de se proteger contra as influências externas que a podem desfigurar. Impondo-se como dominante estética do período, era natural que o Nacionalismo procedesse, mesmo nos escritos de circunstância, a uma reavaliação crítica das influências europeias anteriores (Futurismo e Cubismo), que a partir daí passam a ser encaradas com extrema cautela.

A desconfiança de Mário em relação ao Futurismo é bem precoce e manifesta-se antes mesmo da Semana, em 1921, quando, respondendo ao artigo de Oswald de Andrade "O meu poeta futurista", rejeita o qualificativo dado pelo amigo e se diz apenas *moderno*. N'*A escrava* também se mostra muito reticente em relação às conquistas estéticas de Marinetti, afirmando que, afinal de contas, a sua única descoberta válida tinha sido a divulgação do velho processo poético da *palavra em liberdade*. Três anos depois (1925), na entrevista inaugural da série "O mês futurista", para *A Noite*, do Rio, define a sua posição fazendo *blague* e declarando que o que ele e os companheiros faziam não era Futurismo, mas "puro modernismo, isto é, guerra ao passadismo". Quanto ao Futurismo propriamente — acrescenta — era "uma tola escola italiana que já desapareceu". E concluía: "Que nota a gente pode dar a ele? Zero. O Futurismo italiano tomou bomba".

Aliás, a sua avaliação a respeito ficou definitivamente esclarecida em nossos dias, depois do trabalho fundamental sobre as vanguardas de Nites Therezinha Feres:[2] pela análise das anotações de leitura que Mário deixou nas margens dos livros, podemos verificar que a opinião que tinha do Futurismo de Marinetti era muito restritiva e bastante próxima da de Papini. Seu exemplar do livro deste, *L'Esperienza futurista*, na edição de 1919, está todo anotado e no final do trecho "Il cerchio si chiude" ["O cerco se fecha"] encontra-se a seguinte observação: "Todo 'Il cerchio si chiude' é uma maravilha de clareza, de lógica, de verdade. É a mais simples e formidável sova no realismo dos futuristas. Quando escrevi 'Um erro dos futuristas' não conhecia este capítulo de Papini. Tínhamos a mesma verdade: Papini com muito mais gênio, clareza e sapiência infelizmente para mim". Aliás, desde o tempo do "Prefácio interessantíssimo", Mário já vinha citando de preferência os artistas do grupo dissidente da revista *Lacerba*: entre os poetas, Folgore, Palazzeschi, Soffici; en-

---

[2] Nites Therezinha Feres, *Aurora de arte século XX: a modernidade e seus veículos de comunicação. Estudo comparativo*. Tese de Doutoramento, FFLCH-USP, 1972.

tre os pintores, Boccioni e Severini — sendo curioso observar que jamais tenha citado o maior de todos, Carrà.

A opinião que expressa sobre o Cubismo é também muito crítica. Apesar de ter recebido a influência decisiva de *L'Esprit Nouveau*, a revista de Le Corbusier, já em 1923 se referia ao Cubismo como tendência excessivamente estetizante. No mesmo ano, quando os companheiros da Semana lhe escrevem da Europa, relatando entusiasmados as últimas teorias estéticas em voga e os contactos que estão estabelecendo com os artistas franceses, responde a Tarsila alertando-a contra o perigo do Cubismo e aconselhando que aproveite dele apenas a disciplina formal — o equilíbrio, a construção, a sobriedade —, procurando se defender contra a atração do abstrato. Como substituto desses "criticismos decrépitos" e "estesias decadentes" que deslumbravam a amiga, seguidora fiel de Gleizes, propunha-lhe a volta ao Brasil e à mata virgem: "Criei o matavirgismo. Sou matavirgista. Disso é que o mundo, a arte, o Brasil e minha queridíssima Tarsila precisam. Si vocês tiverem coragem venham para cá, aceitem meu desafio".

No fim da década manifesta pela pintura francesa moderna o mesmo fastio que demonstra pelos pintores acadêmicos brasileiros de boa formação técnica (por exemplo, Carlos Oswald e Georgina de Albuquerque). Em 1930, quando chega ao Brasil a primeira grande mostra coletiva da Escola de Paris, publica na sua seção do *Diário Nacional* uma crônica mordaz, satirizando a atitude deslumbrada da arte e dos artistas nacionais que, desde o século passado, preferiam passar "miséria e fome em Paris" a se realizarem modestamente, pesquisando a realidade de sua terra. Por isso propõe que se retribua a gentileza da visita, revivendo o velho costume brasileiro de introduzir o hóspede nos hábitos familiares da casa: "Eles nos mostram suas belas artes e nós em troca as nossas artes deliciosas. Afinal, pensando bem, um tutu de feijão vale bem um quadro de Picasso".[3] Isto é, o tutu de feijão com que podíamos brindar o visitante, empertigado e racional, eram os "gritos sem nenhuma lógica fácil" de Cícero Dias; os "coqueiros, mulatas, pretos e carnavais" de Di Cavalcanti; a "obra de realidade nacional" de Tarsila, com a sua "sentimentalidade infinita, meio peguenta, cheia de moleza e sabor forte".

Simetricamente a esse afastamento das culturas italiana e francesa, acentua-se em Mário de Andrade o interesse pela cultura alemã e a convicção de que a sua influência, justamente por ser diversa, talvez fosse salutar, pois corrigia a nossa mentalidade de "frouxa, baseada na metáfora". Pondo em prática este ponto de vista, dedica grande parte de seus escritos de circunstância a manifestações artísticas alemãs — ensaios críticos, exposições de artes plásticas, filmes, espetáculos de dança.

Esta produção jornalística, apesar de ligada ao dia a dia, revela duas convicções estéticas arraigadas: que o Expressionismo constitui a tendência estética mais viva do momento, e que a *deformação* é a categoria estética dominante da arte moderna. Referido pela primeira vez n'*A escrava que não é Isaura*, o Expressionismo será conceituado posteriormente na esteira de Worringer, não como corrente estética alemã, vigente num determinado período histórico, mas como a característica geral da arte alemã e a tendência dominante da arte moderna — incluindo os aspectos mais vigorosos do Futurismo, do Cubismo e das vanguardas alemãs do início do século. Suas características principais são a preocupação social acentuada e o uso sistemático da deformação.

Não é por acaso que, na evolução do pensamento de Mário de Andrade, o interesse pelo Expressionismo acompanha de

---

[3] Mário de Andrade, *Táxi e crônicas no Diário Nacional*; estabelecimento de texto, introdução e notas de Telê Porto Ancona Lopez, São Paulo, Duas Cidades/Secretaria da Cultura, Ciência e Tecnologia, 1976, p. 210.

perto a elaboração de seu conceito de Nacionalismo. Na realidade as propostas de ambos são paralelas. A volta à realidade brasileira tinha por objetivo "destruir a europeização do brasileiro educado", para poder desentranhar os traços inconscientes e fatais da nacionalidade; a do Expressionismo visava à "destruição de homem clássico" (na conceituação de Hermann Bahr) e a valorização das características que tinham se desenvolvido fora do âmbito de influência da cultura mediterrânea. Nacionalismo e Expressionismo se empenhavam, por conseguinte, na descoberta de um homem novo, atormentado, dividido, alógico, deformador, cuja arte acolhia, como mais congeniais ao seu espírito, as manifestações do gótico, do barroco, da arte primitiva e popular, em vez das manifestações centradas no ideal de beleza e imitação, próprio da arte clássica.

A posição de Mário de Andrade na década de 20, tal como se infere da colaboração nos jornais e revistas, é, como não podia deixar de ser, muito mais coerente e sistemática que a de Flexa Ribeiro. Apoia-se numa escolha estética determinada e não num conjunto desconexo de opiniões, flutuando ao sabor de preconceitos e ressentimentos.

Em alguns pontos, no entanto, os dois críticos coincidem, embora devido a razões opostas. Por exemplo, ambos rejeitam o Cubismo: Flexa Ribeiro o repudia *a priori*, alegando que é uma tendência "aberrante do mais elementar senso plástico comum", responsável na pintura francesa pelo "inédito capítulo da fealdade" e, por conseguinte, pela deformação intencional; Mário se desinteressa do Cubismo porque mesmo tendo sido muito útil em certo tempo e servindo-se de processos primitivos de deformação (arte negra) que o podiam revigorar, é na verdade uma disciplina racional, caracterizada por um formalismo individualista e estetizante. A oposição entre os dois críticos é pois irreconciliável, e isso se esclarece ainda uma vez, quando cada um aponta qual deveria ser o futuro da arte: sugerindo que se volte ao desenho de Ingres, Flexa Ribeiro punha a nu o temperamento acadêmico, que vinha camuflando com rigoroso cuidado; enquanto Mário, ao vislumbrar uma saída na conjunção Nacionalismo/Expressionismo, deixava transparecer a fidelidade à posição estética de mocidade — que será a sua posição mais duradoura: que a arte brasileira tinha de se realizar no afastamento da arte clássica, embora conservando com a Europa as ligações inevitáveis para o seu pleno desenvolvimento.

No entanto, aceito como a melhor solução, o Nacionalismo não era isento de tensões e podia ter um efeito duplo, pois se de um lado ordenava o período, favorecendo a superação das vanguardas, de outro, à medida que era um corpo definido de ideias com finalidade normativa, cerceava fatalmente a liberdade criadora. O próprio Mário sentiu a certa altura que o anseio de liberdade já estava sobrepujando a disciplina estrita que se impusera, e que sua obra ia evoluindo gradativamente para um abandono das posições subsequentes à Semana. Pela altura de 1931, quando publica *Remate de males*, vê com melancolia — conforme confessa em carta a Manuel Bandeira — que suas pesquisas estéticas estão perdendo a funcionalidade social e tornando-se "enormemente gratuitas". É então que faz um comentário sobre Cícero Dias, que esclarece bem o seu próprio dilema, entre a expressão brasileira e a exigência artística intemporal. Afirma que o pintor pernambucano continua sendo para ele o artista mais interessante do momento "entre os brasileiros que se servem da pintura para se expressar", mas que não o considera pintor: "ele não é pintor — continua — não faz quadros, muito embora haja nos trabalhos dele pedaços de pintura, pedaços de quadros, positivamente admiráveis". É evidente que naquele momento em que a exigência estética começava a ganhar terreno sobre o projeto nacionalista, Mário já encarava com mais reserva a desenvoltura excessiva com que o artista despejava no espaço os seus calungas, sem impor ao fluxo da memória qualquer controle de composição. Mesmo sensível ao seu admirável sopro lírico, exigia — como afirmará noutro artigo e sobre assunto diverso — que um quadro não ficasse nesse registro desatento, pois "requer concepção fechada, limitada, de ordem mais diretamente plástica, mais diretamente sensorial".

Era inevitável que num temperamento esteticamente tão exigente como o de Mário de Andrade, os problemas formais, permanentes, de certo modo intemporais, acabassem predominando sobre as imposições circunstanciais de um programa de finalidade social. O impasse a que afinal chegou será também o de outros artistas do período, que sofreram o impacto do Nacionalismo. E é para analisar este fato, cujas consequências variavam conforme o temperamento de cada um, que, depois desta longa digressão, renunciando a analisar um por um todos os artistas representados nesta mostra, procuraremos verificar como alguns deles reagiram à estética do momento. Para isso escolhemos quatro exemplos que nos parecem significativos: Tarsila do Amaral, Anita Malfatti, Emiliano Di Cavalcanti e Ismael Nery.

O caso de Lasar Segall é bem diverso e, por essa razão, deve ser tratado à parte: comecemos por ele.

Quando Segall chegou ao Brasil, em 1923, para aqui se fixar definitivamente, já era um artista de renome, ligado aos principais grupos de vanguarda da Alemanha, com quadros nos museus de Dresden, Essen, Chemnitz. Os modernistas brasileiros, que o conheciam através de jornais, revistas e livros, logo se põem em contacto com o pintor,[4] que se vê imediatamente in-

---

[4] Vera d'Horta, "Uma carta de Segall", *Discurso* nº 3, São Paulo, 1972.

corporado à vida artística da cidade. Em 1924 faz a sua primeira exposição individual, e nesse mesmo ano o encontramos decorando, primeiro o Pavilhão Moderno de D. Olivia Guedes Penteado e, no fim de novembro, o salão de um baile à fantasia, dado no Automóvel Clube.[5] Em 27 realiza a sua segunda exposição, composta somente de obras brasileiras, e Mário de Andrade, que já havia se referido mais de uma vez ao pintor, dedica-lhe em sua seção do *Diário Nacional* uma série de quatro crônicas.

No momento de sua chegada ao Brasil, Lasar Segall realizava uma pintura dramática, repassada de lirismo e de grande domínio artesanal. Seu esquema cromático intenso, embora muito afastado da exasperação estridente dos companheiros de *Die Brücke*, tirava constantemente partido das qualidades expressivas da cor. Sobretudo dos contrastes de luminosidade, opondo os cinzas e violetas à força irradiante dos amarelos e de certos azuis muito límpidos. Os temas gravitavam em torno do passado israelita ou dos dois polos da vida e da morte, individualizados na maternidade, na velhice, na doença, no luto, na viuvez. Era uma pintura de nítida vinculação expressionista, apresentando na preocupação humanitária ou social muitos pontos de contacto com o grupo da *Neue Sachlichkeit*, ao qual pertenciam seus amigos Otto Dix e Georg Grosz. No entanto, as deformações plásticas e a ordenação geral das formas traíam a disciplina cubista.

Ao contacto com a realidade nova do país, a pintura de Segall modifica-se profundamente; mas a transformação será passageira, e ele sabe disso. Respondendo em fevereiro de 1924, logo depois de sua chegada, a uma carta do crítico Will Groh-

---

[5] *Cartas de Mário de Andrade a Manuel Bandeira*, Rio de Janeiro, Simões Editora, 1958, p. 63 [nova edição: *Correspondência Mário de Andrade & Manuel Bandeira*, organização de Marcos Antonio de Moraes, São Paulo, Edusp, 2000, p. 155].

mann, que tinha prefaciado em Dresden um de seus álbuns de litografias, diz algo muito curioso, que é oportuno relembrar.[6] Ao se referir às saudades da Europa, comenta o enorme contraste entre o ambiente que deixou e o que veio encontrar no Brasil. Observa, no entanto, que apesar de sentir profundamente a falta dos amigos e da agitação cultural em que vivera treze anos, não se arrepende de ter saído da Alemanha. "Não se pode viver muito tempo no mesmo lugar sem se sentir esclerosado", exclamava. A viagem ao país novo tem sido, por essa razão, um motivo permanente de encantamento, de enriquecimento. No entanto, apesar de sentir que o horizonte se abriu, sabe que não irá modificar-se ("não nos modificamos vendo o novo, isto não é possível"). Como já comentou muitas vezes com o amigo — e gostaria de repetir mais uma vez — "para quem cria, as fontes de inspiração são as lembranças da infância; e estas, raramente ou nunca nos abandonam".

Este trecho resume, com a lucidez de uma premonição, o que será a experiência brasileira de Lasar Segall. No início, de fato, o fascínio do país inunda suas telas: as cores se exacerbam, abandonando as gradações sutis pelos contrastes francos das largas zonas coloridas; o tema eterno do sofrimento incorpora a variante local das mulheres do Mangue; e os quartos fechados, sem ar, com criancinhas doentes e pratos vazios, se abrem para a paisagem de bananeiras, cactos, negros, lagartos.

No entanto, a influência brasileira pode surgir de maneira menos ostensiva, sob curiosos disfarces, como parece acontecer num quadro muito estranho: *Encontro* (1924). Trata-se de um autorretrato de Segall, na companhia de uma figura feminina não identificada, feito pouco depois de sua chegada ao Brasil. O

---

[6] Cf. Vera d'Horta, *op. cit.*

Lasar Segall, *Encontro*, 1924, óleo s/ tela, 66 x 54 cm, Museu Lasar Segall/ IPHAN/ MinC, São Paulo.

casal está só, no meio dos arranha-céus, com as mãos entrelaçadas. A peculiaridade da pintura é que o homem, cuja posição é frontal, apesar dos traços tipicamente brancos, é representado com a tez escura dos mestiços do país; enquanto a mulher, de perfil, tem a carnadura luminosa — diríamos mesmo emblemática — das europeias. Que sentido Segall quis transmitir por meio deste artifício? Estaria querendo significar a sua identificação — ou o seu desejo de identificação — com o Brasil? Seria o quadro um retrato simbólico de um jovem par europeu no país exótico, acuado em seu isolamento, mas procurando o apoio mútuo, ela resistindo à integração (como testemunham a recusa do perfil, a pose seca, a caracterização quase simbólica do tipo físico europeu); ele, persuasivo, tomando as mãos da companheira entre as suas e já se *sentindo na pele de um brasileiro*?

A tela é, efetivamente, muito ambígua, e colocada no contexto biográfico do pintor, comporta na verdade uma leitura como esta, que ressaltaria o peso da influência brasileira. Mas é possível fazer uma leitura diversa, que ressalta, ao contrário, a continuidade estilística que mantém com os períodos anteriores e, por conseguinte, o peso da tradição europeia.

Com efeito, as telas pertencentes ao período europeu revelam em Segall um traço estilístico que consiste em optar pelas composições de duas figuras, contrastando-as violentamente através das oposições cromáticas. Na verdade, o processo constitui uma regra básica da pintura, que é atribuir a cor mais viva e luminosa à figura principal; o recurso é utilizado, no entanto, com intenção expressiva, de acordo com a tendência expressionista. É assim que na *Mulher grávida*, de 1919, o artista amortece a figura masculina nos tons violáceos do fundo, para dar relevo à mulher deitada, que surge envolta na fulguração radiosa da cor. O mesmo acontece em *Viúva e filho* (1921), onde a mãe, tão sofrida, é tratada dos pés à cabeça num cinza mortiço, enquanto a criança, posta no centro da tela, se transforma num foco luminoso azul e amarelo citrino.

Encontro retomaria, portanto, a mesma solução plástica das telas europeias, mas na variante curiosa do escurecimento da pele — a que vinha se acrescentar, é verdade, o escurecimento de toda a figura masculina, anulada nos tons castanhos da roupa, da gravata, do chapéu, para que a mulher se destacasse, incomparável, sobre o fundo róseo, nítida em seu vestido azul profundo. Atrás deste jogo plástico se ocultaria também uma significação — não mais brasileira, mas eterna e intemporal: a declaração de afeto que um homem fazia à companheira e que poderia talvez ser verbalizada por *me apago humildemente ao vosso lado*.

Passado este breve período onde se faz sentir de um modo ou de outro a influência do país de adoção, a pintura de Lasar Segall volta à concentração refletida das cores, aos temas pessoais e europeus — que no entanto poderiam ter sido facilmente transpostos para a miséria, a seca, a tragédia dos retirantes. Mas o pintor só sabe enxergar a sua verdade. Mesmo quando fixa os olhos na paisagem não elege mais o trecho colorido e característico, e sim a natureza severa de Campos do Jordão, onde as montanhas, os pinheirais, os trabalhadores lhe evocam a terra natal. Aplica-se então a reproduzir essas formas silenciosas, através da nobreza marchetada de seu claro-escuro, dobrando aos poucos o país à sua vontade, para melhor incorporá-lo à memória.

Não é de estranhar que a personalidade fortíssima de Lasar Segall tenha se transformado, em São Paulo, num foco irradiador de influência. Mário de Andrade assinala como a sua presença ao lado da "lição mansa de Vitório Gobbis e Paulo Rossi Osir [...] veio contribuir para o desenvolvimento técnico da pintura paulista", menos lírica e inventiva que a nordestina, mas muito mais segura como artesanato. Era ainda a influência do pintor que transparecia nas formas simplificadas, geométricas, nas cores baixas das telas de Rebolo, Bonadei, Figueira, reproduzindo os arredores enevoados da cidade ou o litoral santista. Em Manuel Martins, talvez por coincidência de sensibilidade, a marca se fez sentir mais fundo, na escolha dos temas e no próprio tratamento do espaço.

Nítida nos pintores paulistas, a influência de Lasar Segall deve ter atingido o próprio Mário. O interesse do crítico pelo Expressionismo ou pela cultura alemã é anterior à sua chegada, como fica esclarecido pela *Correspondência* e pelas coleções de revistas de sua biblioteca.[7] Mas é provável que a concentração, com que naquele período se dedicou ao problema de forma dominante, seja devida ao contacto com o artista e à necessidade de situar melhor a sua obra no contexto dos movimentos de vanguarda alemães e da Europa Oriental. Além do mais, quando se desgostou das produções tecnicamente descuidadas que a arte participante estava produzindo, é para os exemplos de rigor artístico, como o de Lasar Segall, que se voltará. O ensaio final sobre este não constitui apenas um estudo minucioso da evolução de sua arte, mas também um hino de louvor ao seu exemplo moral. É na experiência de Segall que encontra o verdadeiro sentido da arte engajada, aquele equilíbrio que ele também procurou tão penosamente pela vida afora, entre o ideal estético e a intenção combativa.

Os quatro artistas que abordaremos agora foram escolhidos pela importância excepcional de suas obras e pela diversidade da sua acomodação ao período. Tentaremos caracterizá-los rapidamente, para mostrar como o temperamento artístico de cada um reage ao Nacionalismo.

A carreira de Tarsila do Amaral se realiza na confluência do Cubismo e do Nacionalismo, logo em seguida à batalha da Se-

---

[7] Por ocasião da chegada de Segall ao Brasil, Mário de Andrade já havia aprendido o alemão e se familiarizado com o Expressionismo, como provam o artigo "Lasar Segall" em *A Ideia*, nº 19, 1924, e a presença em sua biblioteca da revista *Der Sturm*, números de abril a dezembro de 1923 e março a junho de 1924. Mário era também assinante da revista francesa *Europe*, de que possuía uma coleção ininterrupta, desde o primeiro número de 1923 até 1929. Este periódico mantinha uma seção permanente de notícias da Alemanha onde, sob a responsabilidade de Kasimir Edschmidt, comentava-se sobretudo o movimento expressionista e a sua evolução para o verismo social (cf. Nites Therezinha Feres, *op. cit.*).

mana. Quando em 22 se pôs em contacto com o grupo da revista *Klaxon*, ainda era uma pintora de formação impressionista, que fazia retratos e flores, pesquisando a matéria e servindo-se de uma pincelada sem muita vibração. É no decorrer de 1923, quando vai para a Europa e faz o aprendizado cubista, que a sua pintura muda radicalmente e se delineiam todas as direções que desenvolverá no futuro.

Os seus quadros desse ano, feitos durante a viagem à Itália, revelam que a aluna aplicada está assimilando os ensinamentos pós-impressionistas: o espaço é bem estruturado e as formas se repetem ritmadas, alternando as verticais e horizontais com a pausa dos semicírculos; e no tratamento da figura também progride muito. Em *Le Manteau rouge* (1923), abandona a pincelada impressionista que ainda tinha usado em *Paquita* e passa a utilizar planos relativamente lisos de cor. Preocupada com o espaço da tela, coloca a figura numa frontalidade nobre, inscrevendo com nitidez o oval do rosto e dos ombros no grande círculo aberto da gola; e destaca do fundo escuro os planos violentamente iluminados da face, do colo, da mão direita, tratados sem modelado.

Logo se dará a eclosão da fase Pau-Brasil, quase ao mesmo tempo que se prenuncia a antropofágica. É ainda em 1923 que a aluna aplicada de Léger explode em Paris, inexplicavelmente, na brutalidade d'*A negra*, que já antecipa de maneira divinatória duas telas futuras: o *Abaporu*, de 1928, e a *Antropofagia*, de 1929. Na referência que fez bem mais tarde à gênese da tela — e que Aracy Amaral transcreve no catálogo da grande retrospectiva de 1969 —, a pintora alude à origem subconsciente da inspiração, atribuindo-a à memória infantil; mas esquece curiosamente a sua significação plástica. Não se duvida que os sustos infantis, rememorados no exílio pela moça feita, tenham sido em parte responsáveis pela deformação da figura; mas eles só pude-

Artes plásticas

Tarsila do Amaral, *A negra*, 1923, óleo s/ tela, 100 x 80 cm, MAC-USP, São Paulo.

ram se expressar da maneira como estão no quadro porque Tarsila acabava de assimilar a teoria estética do mestre e tinha estudado com atenção certas obras suas, como por exemplo, *Les Femmes au bouquet*. Por conseguinte, *A negra* não era um arquétipo, emergindo intacto das profundezas da memória coletiva; mas uma decorrência, embora curiosamente aculturada, do aprendizado parisiense. Os pés e as mãos enormes, o seio pendente, os lábios intumescidos, alheios a qualquer função representativa, obedeciam a uma ordenação eminentemente plástica de linhas, ritmos, volumes; tinham portanto a mesma autonomia formal que o contraste colorido da massa uniforme do corpo sobre o zebrado vibrante do fundo. O processo é retomado anos depois em *Antropofagia*, quando utiliza apenas os ritmos curvos; então, entrelaça os corpos e a folhagem, os pés gigantescos e as palmas vegetais, indiferente à proporção isolada de cada detalhe, mas levando em conta as afinidades formais que unem entre si os vários elementos da estrutura.

É a partir de 1924 que Tarsila alcança talvez o seu período mais feliz: a fase Pau-Brasil. A viagem a Minas, em companhia dos modernistas e de Blaise Cendrars, confirma-a na "aposta" difícil em que jogara a sua arte: ver a realidade primitiva e desordenada do país através de um crivo europeu, altamente racional. Aos poucos procede a uma síntese entre a estética nacionalista, que encontrou no apogeu ao voltar da Europa, e os ensinamentos cubistas de incorporação recente. Substitui o requintado esquema colorístico de Léger por outro mais ingênuo, baseado na observação da cultura local, exagerando os acordes verde-amarelos e explorando as tonalidades das casas coloniais, dos bauzinhos de folha de flandres. Como Léger, tira partido dos contrastes formais, reunindo na tela objetos heteróclitos: ele, opondo as formas humanas, orgânicas, aos produtos da civilização, à cidade grande e agressiva; ela, transportando para o quadro o curioso amálgama da cultura cabocla, onde os sinais ferroviários, postes, as torres metálicas convivem na paisagem bucólica com os mamoeiros de folhas espalmadas. Os contrastes que em Léger são sobretudo plásticos, entre as formas geométricas dos objetos e as formas orgânicas dos homens, transformam-se em seus quadros em oposições pitorescas de cultura, tão características da nossa civilização urbana e folclórica. O resultado é um espaço ingênuo, analítico e enumerativo, de estruturas simétricas simples, cores puras e lisas. A imagem, enfim, de um mundo sem tensões, cuja ordenação mais melódica do que sinfônica nos obriga a uma leitura linear e parcelada.

Tão segura na disposição dos ritmos e dos contrastes coloridos, Tarsila é menos feliz quando tenta resolver o problema da figura na paisagem. A solução magistral que Léger havia dado a este problema consistia em renunciar ao espaço tradicional naturalista, abandonando a preeminência da figura humana e despersonalizando-a ao máximo, para que se nivelasse aos demais objetos. Isto lhe permitia tratar a tela inteira como síntese plástica, onde todos os elementos tinham o mesmo valor de acessório.

Para Tarsila o problema se colocava de modo diferente, visto que a realidade pictural da fase Pau-Brasil ainda se apoiava francamente no mundo exterior, embora muito estilizado. Nas telas em que a figura humana era apenas um elemento da paisagem tudo corria bem; mas quando se tratava de aproximar a personagem do primeiro plano, como n'*O vendedor de frutas*, e manter a relação harmônica entre a figura e o fundo, a artista não conseguia uma síntese satisfatória. A simplificação imposta aos elementos secundários, para que se acomodassem à estilização do conjunto, não alterava essencialmente a natureza das frutas, do passarinho, do barco; mas o mesmo recurso aplicado ao moleque tirava a dignidade da figura, fazendo o todo resultar decorativo como um cartaz publicitário.

Na fase seguinte, antropofágica, a pintora não vai mais correr este risco, porque exclui da tela a figura humana. No espaço desolado, semelhante ao da pintura metafísica, dispõe as formas vegetais gigantescas, tratadas num cromatismo selvagem. É um período prolongado, que se cruza com o da religiosidade cabocla e vai até 1929, quando a pintora volta à estética Pau-Brasil. Restabelecem-se então os ritmos cadenciados entre as verticais e as horizontais, as formas triangulares e os semicírculos; mas o antigo acorde verde-amarelo é substituído pela relação mais adocicada azul-rosa, que casa bem com o jogo tranquilo das formas.

Tarsila do Amaral, *O vendedor de frutas*, 1925, óleo s/ tela, 108,5 x 84,5 cm, coleção Gilberto Chateaubriand/ MAM-RJ, Rio de Janeiro.

Nos anos seguintes continuará a evoluir, acrescentando ao trajeto a etapa importantíssima da arte social; mas a artista que nos interessa está aqui, com o seu temperamento equilibrado, nítido, solar. Pintora de enorme talento, mas nem muito profunda nem excepcionalmente original, tem algo da mentalidade de aluna: brilhante, disciplinada, cumpridora de tarefas, imaginosa, mas que só inventa sobre um esquema preexistente. A sua sorte foi encontrar no caminho as normas de uma estética precisa e as linhas gerais de uma visão do mundo, às quais se acomodou com a docilidade de intérprete, de executante. E o fato de ter sido uma mulher bonita foi outro fator de relevo, que embora alheio à arte, colaborou na expansão harmoniosa de sua personalidade. Se isto jamais interferiu diretamente na avaliação que os contemporâneos fizeram do seu talento, auxiliou-a sem dúvida a cumprir o seu destino.

Anita Malfatti é um temperamento bem diverso e sofreu outras influências artísticas. Sobretudo alemã, através de Lovis Corinth, representante muito curioso do grupo da *Sezession*, que reunia pintores de formação francesa, mas que tinham adaptado o Impressionismo ao temperamento nórdico, tingindo-o de preocupações psicológicas e sociais. Foi essa orientação que revelou ao Brasil na exposição tempestuosa de fins de 1917. Então, já era uma pintora de dotes excepcionais, que se expressava com igual segurança e senso dramático nos desenhos e nos óleos, e logo se firmaria, segundo Mário de Andrade, como "o mais curioso, o mais enérgico e vibrante temperamento feminino" da pintura brasileira. Excelente paisagista, manifestava no entanto em seus quadros uma preferência acentuada pela figura e o retrato.

Não há na sua pintura de então, indiferente à beleza, nada que revele o que se convencionou chamar de feminino: possui um senso dinâmico admirável, traduzido no desenho vigoroso, na cor, na composição. Esta, em geral, dispõe as figuras enviesadas com relação à superfície da tela (e não de frente para o observador, como é o hábito de Tarsila, nos autorretratos), usando uma torção às vezes violenta e marcando as zonas de luz e sombra por um modelado geométrico, de planos coloridos estridentes, cortantes como o das gravuras alemãs em madeira. Sabe como ninguém tirar partido da direção do olhar, que impõe sempre uma vigorosa linha de força à composição, e pode ser patético, indagador como n'*A boba*, ou fugidio, como n'*O homem amarelo*. O desenho, a cor, o olhar, o dinamismo da figura, tudo em Anita é carregado de dramaticidade, de *pathos*.

Anita Malfatti, *A boba*, 1915/16, óleo s/ tela, 61 x 50,5 cm, MAC-USP, São Paulo.

Através de seus quadros penetramos na atmosfera sombria dos que se furtam ao diálogo, bem diversa da entrega espontânea de Tarsila, no seu universo limpo e ordenado. Como não ligar essas características, e sobretudo o seu curioso cacoete de representar os retratados escondendo sempre uma das mãos, ao destino ingrato que a fez nascer defeituosa?

O período mais agradável da vida de Anita talvez tenha sido o que passou no estrangeiro, na Alemanha ou nos Estados Unidos, iniciando-se na pintura e pondo-se em contacto com a boemia artística da época. Nos poucos testemunhos escritos que deixou, refere-se com saudade a esse tempo de experiências e descobertas, sendo provável que o temperamento tímido se sentisse mais livre e mais seguro longe da repressão familiar e dos estereótipos femininos, que pesavam tanto na sociedade provinciana paternalista.

A chegada ao Brasil deve ter sido, ao contrário, muito traumatizante, pois teve de enfrentar três provas igualmente difíceis: a hostilidade do meio, o Nacionalismo e a companhia de Tarsila.

Apesar de a História Literária ter canalizado para o artigo tristemente célebre de Monteiro Lobato toda a responsabilidade do insucesso posterior da pintora, os fatos são mais complexos e precisam, por conseguinte, ser rigorosamente revistos. Quando lemos hoje o artigo, com a isenção que o correr dos anos confere para avaliarmos os acontecimentos, percebemos que o escritor não visava a Anita, mas à arte moderna em geral; tanto assim, que durante a acusação timbrou em ressaltar o seu talento, lamentando que, com tantos dotes, estivesse em tão má companhia. É verdade que o prestígio de Lobato era enorme, e sua opinião deve ter repercutido profundamente no meio provinciano, abalando muito a artista. Mas o momento era de luta e ela não se sentiu sozinha, pois teve o apoio dos ainda embrionários modernistas, que, aliás, iriam logo receber, um por um e como grupo, o mesmo tratamento insultuoso da imprensa.

Sem dúvida mais sérias foram as outras provas, que precisou enfrentar só. Parece evidente o desacordo entre o seu temperamento e o Nacionalismo, a que haviam aderido os companheiros. Era uma tendência que procurava pesquisar a realidade exterior, os aspectos pitorescos dos costumes e do país, dando preferência à paisagem (tratada de maneira ornamental, não psicológica), relegando para segundo plano as sondagens de cunho mais pessoal. Que sentido poderia ter isso para o seu temperamento fechado e solitário, que só contava com a arte para

Anita Malfatti, *Tarsila*, c. 1919, lápis s/ papel, 16,4 x 11,3 cm, acervo IEB-USP, São Paulo.

se exprimir? Como conter num programa estrito e definido a sua alma ferida, esquiva e no entanto sequiosa de comunicação?

A terceira prova foi a dificuldade mais sofrida, porque Anita não a pôde confessar nem a si mesma. Até agora ninguém a mencionou, porque, como os demais setores da cultura, a crítica reflete a visão masculina e estabelece de antemão a importância dos motivos esquecendo na sombra os que reputa insignificantes. No entanto, não é difícil avaliar o que terá sido para Anita o confronto diário com a beleza de Tarsila. É falso racionalizar, dizendo que era uma artista de prestígio e lhe bastava a admiração que os modernistas votavam à sua arte. Acaso manifestavam a Tarsila um interesse estritamente artístico? Não a consideravam também, além de excelente pintora, a "maravilha caída do céu", a "caipirinha vestida de Poiret", "deusa", "senhora do equilíbrio e da medida, inimiga dos excessos"?[8] Para a moça feia e sem afeto amoroso, o que teria sido mais traumatizante: o artigo genérico de um estranho, como Monteiro Lobato, ou o comportamento dos companheiros, cuja agressão, em geral inconsciente, podia às vezes ser direta, devassando em público o que a sua alma reservada procurava manter em segredo?[9]

O estudo detalhado que Marta Rossetti está terminando sobre a grande pintora deve responder a estas indagações.[10] Por enquanto, podemos adiantar que a análise superficial da situação de Anita Malfatti no grupo modernista e no ambiente atrasado da cidade justifica a insegurança que, a partir de certa altura, se reflete em sua obra. Com efeito, o seu comportamento é de quem foi rejeitada: pela vida, que não a fez bonita; pela crí-

---

[8] Estas eram algumas das qualificações com que Oswald e Mário designavam Tarsila.

[9] Como reforço à nossa hipótese, é oportuno referir a um fato que Geraldo Ferraz relata em "Anita, testemunho e homenagem" ("Suplemento Literário" de *O Estado de S. Paulo*, 13/12/1969). Anita acabava de chegar da Europa em 1917 e os amigos, reunidos em casa de Tarsila, lhe ofereciam um jantar. A certa altura, desejando talvez animar a festa, Oswald começa a insistir com a pintora para que conte aos presentes as suas experiências amorosas. No início, com muita classe, Anita aparenta estar achando graça da brincadeira; mas afinal, para se ver livre da impertinência do amigo, acaba confessando que nenhum homem havia atravessado seu destino, pois estivera sempre totalmente absorvida na pintura. Mesmo levando em conta o temperamento estabanado de Oswald, o episódio é muito significativo da atitude masculina da época e deve ter ferido profundamente a sensibilidade delicada de Anita.

[10] A pesquisa realizada por Marta Rossetti Batista foi publicada em 2006, em dois volumes: *Anita Malfatti no tempo e no espaço: biografia e estudo da obra* e *Anita Malfatti no tempo e no espaço: catálogo da obra e documentação* (São Paulo, Editora 34/Edusp, 2006). [N. da E.]

tica, que investiu contra a sua arte; pela estética vigente, que não lhe permitiu extravasar o drama pessoal; pelos companheiros, que não a trataram como mulher. O momento em que viveu não lhe foi propício, e o Nacionalismo impediu que continuasse a manifestar, ao menos através das suas paisagens e dos seus retratos intensos, o lamento pungente de sua pintura inicial.

Vindo da *charge* política de costumes, admiravelmente dotado para a sátira e a crítica social, Emiliano Di Cavalcanti se adapta bem ao Nacionalismo — sobretudo a alguns dos seus aspectos, que já se tinham expressado em literatura com os folhetinistas e cronistas e que encontrariam manifestação popularizada na obra de Jorge Amado.

Quando se liga em 1922 ao grupo modernista e tem, como parece certo, a ideia da Semana de Arte Moderna, era um ilustrador e caricaturista conhecido, atuando n'*O Pirralho*, na *Panóplia*, no *Fon-Fon*. Em 1917 havia ilustrado *Carnaval*, de Manuel Bandeira, e em 1921 projeta duas capas para *Pauliceia desvairada*, uma das quais será escolhida.

Antes de encontrar o Cubismo e o Expressionismo, mas sobretudo Picasso, passou por um período de experiências e tacteios. Terá sofrido realmente, como gosta de afirmar, a influência de Beardsley? Sua obra gráfica é vigorosa desde o início, tendendo para a crítica dos costumes; não vemos nela nem o espírito caligráfico nem a delicadeza lúcida e "agranfinada" do ilustrador inglês. A análise de sua caricatura mostra que evolui de uma concepção mordaz, quase indiscernível a princípio, da caricatura brasileira da época (*Fantoches*), para a adaptação aos processos da gravura em madeira e, em seguida, para um aproveitamento total do espaço, ao modo dos artistas expressionistas alemães. A caricatura que faz de Mário de Andrade, em 1928, apresenta certo ar de família se comparada com as xilogravuras

Emiliano Di Cavalcanti, ilustrações para a série de desenhos *Fantoches da meia-noite*, 1922.

de Schmidt-Rottluff, por exemplo; e toda a série admirável d'*A realidade brasileira* evoca o espaço opressivo e cruel de Beckmann e Grosz. Suas mulheres podem ser feias, mal-amanhadas, dentuças, pernósticas, mas guardam sempre certo encanto feminino, um ar de inocência e fragilidade. N'*As moças de Guaratinguetá*, dá livre curso à veia humorística, situando-se num terreno equidistante da crônica de costumes e da paródia, refazendo (como Artur Azevedo fizera n'*A filha de Maria Angu*) *As moças de Avignon* em versão cabocla.

Com Di Cavalcanti a pintura brasileira empreende uma revisão de temas, introduzindo nas telas as grandes festividades públicas, os divertimentos de rua, os assustados de subúrbio. Di não é um pintor de paisagem ou um retratista. Fez alguns retratos femininos, muito bonitos, mas foram acidentes ocasionais em sua obra, encomendas sem maior significado. Passou pela lição de Cézanne, de Picasso, de quem pasticha às vezes a composição ou certos achados secundários, mas é sobretudo um colorista. A cor e o arabesco criam o espaço de suas telas, quente, tramado, irradiante, qualquer coisa que lança raízes muito longe, na visão que Delacroix tinha do Oriente, ou, mais perto, na pintura de Matisse.

Parece que ainda não se sublinhou devidamente a influência deste último em sua concepção espacial; no entanto, é a ele, e ao pendor espontâneo de desenhista, que se deve atribuir o hábito característico de tramar figura e fundo, de aliviar o peso excessivo das figuras através dos arabescos, perdendo-se nos meandros de ferro batido das sacadas, no "bariolado" dos tecidos, nos cabelos. Pinta muito pouco o homem; é sobretudo o pintor das mulheres e o intérprete de um mundo regido por rigorosa dicotomia, onde os homens têm tarefas, mas a função das mulheres é o amor. Suas figuras femininas, estagnadas num outro tempo, parecem grandes animais disponíveis, recortados contra a

Artes plásticas

Emiliano Di Cavalcanti, *Cinco moças de Guaratinguetá*, 1930, óleo s/ tela, 92 x 70 cm, MASP, São Paulo.

luz, sob as arcadas, nas janelas, nas sacadinhas de ferro. Quase sempre são prostitutas, mas transmitem uma visão tranquila do amor vendido, postas como estão em seu nicho de vitral. É sem tragédia e sem remorso que saem do estúdio do pintor para as salas da burguesia, puro objeto de contemplação. Não direi que a visão plasticamente admirável de Di Cavalcanti é folclórica; mas é patriarcal e abafa o sentimento de culpa, assentando-o sobre o grande álibi do Nacionalismo.

Dificilmente encontraríamos sobre a mulher e o amor concepção tão diferente desta quanto a que se exprime na obra de

Ismael Nery. A sua vida curta transcorreu mais ou menos à margem do movimento das artes brasileiras, num círculo restrito de amigos que souberam reconhecer o seu valor. Apesar de desconhecido, mesmo do público mais culto, ele foi em seu tempo admirado pela crítica e, segundo o testemunho de Antônio Bento (quem melhor estudou a sua obra), deve-se em grande parte a seus quadros a divulgação do espírito moderno no Rio de Janeiro.

A pintura não foi o seu interesse dominante. Filósofo e poeta, representou um tipo de intelectual raro no Brasil, embora comum nos centros cultos europeus: o do criador que se expressa indiferentemente em mais de um campo artístico e se apoia num corpo definido de ideias pessoais, que lhe servem de suporte à criação e crivo para interpretar a existência.

Ismael Nery não é um pintor de paisagem, como Tarsila; nem um pintor de costumes, como Di; ou pintor de retratos, como Anita. Seu único interesse é a figura, que pinta exaustivamente, detendo-se sempre nos mesmos rostos: o seu, o de sua mulher Adalgisa. Ao conceito de um mundo assimétrico, substitui a visão da simbiose perfeita: os rostos se parecem todos entre si; as figuras se confundem, se superpõem; do tronco único saem duas cabeças e vários membros intercambiáveis; os corpos duplos estão ligados a apenas um coração. Na pintura, como na poesia, persegue o mesmo ideal de parceria, de identificação: "estamos juntos da cabeça aos pés", "somos dois líquidos jogados no mesmo copo".

É evidente que por trás deste jogo plástico, onde se nota a marca do Surrealismo e a influência de Chagall, vibra uma concepção muito pessoal do masculino e do feminino e, em consequência, do amor. Antônio Bento lembra com grande acuidade que o tema central de sua obra é "o tema cósmico do abraço", da "vertigem amorosa". Mas estranha que esta apoteose do amor

Ismael Nery, *Mulher com ramo de flores*, 1929, óleo s/ cartão, 61 x 50 cm, coleção particular.

carnal, entendida como forma elevada de conhecimento, tenha surgido num artista que se sentia tão profundamente católico.

De fato, os nus admiráveis que deixou espalhados na infinidade dos desenhos, estudos, aquarelas, testemunham um sentimento em face do amor, alheio a qualquer noção de pecado. No óleo, celebrou o corpo feminino com duas obras-primas sem par: o *Nu feminino* (1925), severo e arquitetônico, e o pictural *Mulher com ramo de flores*. O tratamento amoroso deste último não tem equivalente na pintura brasileira da época, e poucas vezes um quadro conseguiu transmitir concepção tão alta do erotismo como nessa pose de largado abandono em que o corpo repousa na grande massa vermelha do tecido como num manto real. Com que perícia Ismael retém a nossa imaginação, jogando na tela as duas metáforas encadeadas — ramo de flores que pende sobre o ventre, trecho de meia preta que cobre um dos joelhos —, sintetizando com a sua brusca oposição os aspectos complementares do amor. Manet já havia utilizado, em *Olímpia*, o mesmo recurso, mas para acentuar o lado pecaminoso do nu. O que nos encanta, ao contrário, no quadro de Ismael Nery, é a naturalidade que emana da descrição, emocionada, liberta de pudor.

A sua arte intemporal, civilizada na forma e na concepção do amor, representa um dos momentos mais originais da pintura brasileira moderna. Sua altíssima qualidade artística foi reconhecida na época por alguns nomes representativos da crítica, mas o fato de se ter realizado à margem do Nacionalismo — e mesmo se opondo frontalmente ao seu ideal estético —, o exclui durante quase meio século da história da arte brasileira.

Para terminar a análise, procuremos sintetizar as conclusões a que chegamos. Tendo feito o confronto entre Flexa Ribeiro e Mário de Andrade, concluímos que o Nacionalismo constituiu, na década de 20, a solução mais adequada que os modernistas brasileiros encontraram para superar o período experimental das vanguardas, sem romper, no entanto, com algumas das suas conquistas fundamentais. Entre estas, estava a convicção de que o impulso artístico pode se exprimir através de formas diferentes das propostas pela tradição greco-romana e próximas das manifestações alógicas das culturas chamadas primitivas.

Este novo enfoque vinha-se difundindo no Ocidente a partir do século XIX e abalara sensivelmente o prestígio da arte clássica e o princípio estético da mimese; em oposição, valorizara os períodos cuja arte se entregara a um exagero formal, e as manifestações artísticas das culturas exóticas. Esta virada no gosto foi incentivada pelos movimentos de vanguarda do início do século (Cubismo, Futurismo e Expressionismo) e permitiu que países jovens como o Brasil se apoiassem na tradição, libertando-se até certo ponto do campo de influência europeia. A rapidez com que se efetuou entre nós a substituição de um programa estético europeu por outro nacional teve a vantagem de evitar o prolongamento da etapa destrutiva, que na Europa se expressou sobretudo pelo Dadaísmo e o Surrealismo, e que teve conotação fortemente individualista.

O Nacionalismo apresentou, por conseguinte, vantagens muito grandes, se encararmos a arte do ponto de vista da funcionalidade social; mas à medida que foi um programa artístico imperioso e pragmático, dificultou a livre expressão do impulso criador. Isso se evidencia, claramente, quando examinamos a relação que alguns dos principais artistas do período mantiveram com ele. Para aqueles cujo impulso artístico assumia caráter indomável, mantendo ligações com as forças profundas da personalidade, o Nacionalismo não foi propício: para Lasar Segall constituiu um perigo que ele soube evitar; para Ismael Nery, um movimento que ele ignorou; para Anita, uma linguagem em total desacordo com o seu tumulto interior.

Dos artistas analisados, apenas Tarsila do Amaral e Di Cavalcanti deram-se bem com o Nacionalismo. São duas personalidades harmoniosas, sem graves tensões psicológicas (como Anita) ou um corpo muito preciso de ideias, como era o caso de Ismael Nery. Para ambos o Nacionalismo representou solução adequada, a que aderiram espontaneamente. No entanto, a obra que realizaram não revela afastamento apreciável da Europa; trai a filiação muito próxima dos mestres europeus e mesmo certos esquemas artísticos eruditos, camuflados sob a aparência selvagem dos temas.

A retrospectiva
de Milton Dacosta

A grande retrospectiva de Milton Dacosta, em setembro, no Rio de Janeiro,[1] veio mostrar ao público a evolução harmoniosa de um dos nossos maiores pintores. Milton Dacosta é um artista clássico e em seu temperamento ordenado e econômico não surpreendemos nenhum lampejo gratuito de invenção, nenhum abandono à facilidade de um momento. Tudo nele é conquista pausada e racional de quem observa, escolhe, desmonta, experimenta, critica. Entregue apenas às imposições da obra de arte, é admirável a desenvoltura com que, indiferente às modas, circula do figurativo ao abstrato. A retrospectiva é fragmentária e, como era de esperar tratando-se de um artista tão rico e tão inquieto, não abrange a totalidade das fases por que passou. Mas revela com fidelidade o sentido geral de sua trajetória e como evoluiu com o tempo, do interesse pela figura, pelo movimento e pela expressão, a um abandono gradativo de todos esses elementos, até atingir uma fase intermediária, de pesquisa estática e abstrata das estruturas. Só então, depois de ter procedido ao desmonte do mundo e tocado na essência do pictural, é que o

---

[1] Trata-se da exposição "Homenagem a Milton Dacosta", realizada na Galeria da Praça, Rio de Janeiro, em 1973. [N. da E.]

artista retoma o caminho de volta e, por intermédio do nu, converte-se ao figurativo.

As telas 49 (*Figura*), 50 (*Menina na bicicleta*), 51 (*Menina pulando corda*), onde as figuras têm os braços abertos, as mãos espalmadas e os cabelos soltos ao vento, caracterizam a fase de pesquisa do movimento e dos efeitos de luz e sombra, definidos pelo enovelamento das linhas e pela oposição alternada dos planos coloridos. Juntamente com as primeiras telas do período de *Alexandre*, elas revelam com nitidez a lição de Candido Portinari. É verdade que, por trás da influência manifesta, já se podia entrever a personalidade de Dacosta, sensível e poética, mas lógica, despojada e um pouco ácida. Além disso, desde o início o pintor havia abandonado o cromatismo do mestre e substituído o seu pendor pela matéria por um registro abreviado — e diríamos mesmo semiótico — do claro-escuro. Mas preso ao assunto e a certas indicações realistas, continuava transpondo para a tela a marca das injustiças sociais. É o que ainda transparece nos primeiros estudos de Alexandre, na tela 48 (*Alexandre*), na 46 (*Alexandre e a bola*), quando os olhos perdidos e machucados insistem em traduzir o sofrimento. Aos poucos, no entanto, tudo o que for possível abandonar será esquecido, e a bola, a corda, a bicicleta, a corrida, o sofrimento serão postos de lado, em proveito apenas da pintura.

Mas se o grande amor pela ordem leva Milton Dacosta a sacrificar o mundo, o amor pela pintura o impele a conservar no quadro os andaimes da criação. Por isso, o artista como que se esquece de apagar aos nossos olhos o suporte de que se serviu para a execução da obra e deixa na tela as linhas mestras com que dividiu meticulosamente a superfície, que cortam o rosto em duas metades longitudinais, à altura do nariz, que riscam a tela, horizontalmente, à altura dos ombros. Foi esse espaço medido e cadenciado que tornou possível a realização do projeto, e o artista o conserva para reter, a um só tempo, a plenitude do objetivo alcançado e as incertezas do caminho percorrido. Pois, o que vale mais: a obra ou o percurso, a figura ou as proporções, a conta ou os números? É ainda o amor pelas estruturas que leva Dacosta a petrificar o rosto na máscara, a sobrepor perfil e face, a trabalhar os corpos hieráticos e em pé em planos alternados, como se fossem cartas de baralho (telas 40, 43, 45 e 47). É sempre possível abreviar o real, reduzir o claro-escuro às oposições cortantes e heráldicas ou a um registro essencial, como o da sequência de telas de pequeno formato — 14, 16, 18 e 19 — que, pela fatura, me parecem ser as obras finais deste período.

Contudo, é curioso que o despojamento progressivo não tenha sacrificado em seu trajeto um elemento acessório e mesmo anedótico como o chapéu. Por que razão? Por que motivo observamos em Milton Dacosta esse apego ao chapéu, que vemos, aliás, atravessar a história da pintura de ponta a ponta, desde as formas fantasiosas de Piero della Francesca, os *mazzochi* orientais de Paolo Uccello, os toucados variados de Pisanello, os gorros de Holbein, os turbantes de Ingres, até o prosaico chapeuzinho coco de Cézanne? É que para todos esses apaixonados das estruturas, o chapéu não é um ornato qualquer. Focillon já havia comentado, a propósito de Van Eyck, como o grande chapéu de Arnolfini, pousado em sua "cabeça atenta e pontuda", auxilia a criar no retrato célebre do casal, "a magia do lugar e do instante". Também nas telas de Milton Dacosta o chapéu desempenha uma função estrutural precisa: é ele que arremata sem ambiguidade a forma da cabeça, substituindo por uma decisão de fechamento o que poderia ser a abertura dispersa dos cabelos. Eis por que na fase de Alexandre as representações humanas têm chapéus mas não têm cabelos. Colocado no topo da figura — como a fermata de uma frase melódica — o chapéu completa a cabeça com dignidade, opondo-se simetricamente à parte infe-

Milton Dacosta, *Figura com chapéu*, 1958, óleo s/ tela, 33 x 24 cm.

rior do rosto e contrabalançando em sentido inverso o movimento do maxilar. Seu valor formal é tão impositivo que, indiferente à verossimilhança, o artista recorre a ele mesmo nos nus, ressaltando-lhe muitas vezes a forma com a nota rutilante do colorido, um alaranjado ou um carmesim.

Da análise da figura, Milton Dacosta passa para a análise da paisagem, como quem quer refazer etapa por etapa o caminho da pintura. Pois, a meu ver, é bem uma representação quase abstrata da cidade o que vamos encontrar no período construtivista. Ainda aqui o artista continua, como um arquiteto, dividindo o espaço em verticais e horizontais; mas agora abaixou bastante a linha do horizonte para nela implantar as suas cons-

A retrospectiva de Milton Dacosta

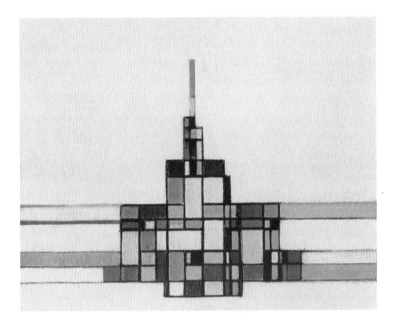

Milton Dacosta, *Construção sobre fundo branco*, 1957-58, óleo s/ tela, 19 x 24 cm, coleção particular.

truções. Antes, no período de Alexandre, havia manifestado uma preferência pela disposição vertical da tela, que acompanhava a orientação dominante da figura humana; agora, ao contrário, constrói no sentido da largura. Nessas telas largas, que nos sugerem a visão monumental e noturna da paisagem urbana, a cor ressurge em todo o seu esplendor. Não é o brilho espesso das texturas, mas a exaltação recíproca dos tons, a paciente combinação cromática do pedreiro que empilha com atenção os tijolos coloridos, do vitralista que dispõe, uma a uma, as superfícies transparentes dos vidros. Contra os fundos unidos de um cinzento sombrio e opaco — que às vezes se ilumina como se nele incidisse um holofote — as estruturas dispostas em pirâmide rasgam na tela um espaço translúcido, o espaço feérico dos prédios de vidro. Se no período anterior Milton Dacosta nos tinha fornecido o sinal do homem, agora, com as suas construções, nos oferece o sinal da metrópole.

Que significa, nessa estilização tão avessa ao realismo, que vinha caracterizando a arte predominantemente pictórica de Milton Dacosta, a última fase onde o artista volta ao real, à forma orgânica e ao assunto? Qual o sentido dessa preferência tardia pelo corpo feminino e, como consequência, pela linha curva, depois do ressecamento a que havia sujeitado a figura e da geometrização a que reduzira a paisagem? Estaria o pintor retrocedendo e desmentindo o seu passado? A própria escolha das oposições cromáticas adocicadas não estaria negando as realizações maduras dos períodos anteriores, como a extraordinária tela picassiana nº 42 ou um quadrinho delicioso como o nº 17, interpretação talvez inconsciente do *Fifre* de Manet? Para tentar responder a todas essas dúvidas, vamos nos deter um pouco na análise desse período final, que, do ponto de vista psicológico, talvez seja o mais curioso da retrospectiva.

A fase das Vênus valoriza o tema, o desenho, as formas orgânicas e a suavidade do colorido. O traço, que Dacosta havia aos poucos afastado para o segundo plano em proveito das estruturas, assume agora um interesse primordial. Mas é menos um traçado que um recorte, tão precisa e metálica é a marca que deixa na tela. Quanto à oposição das cores, tornou-se banal e mesmo desimportante, perdendo a sua função propriamente cromática para desempenhar na composição o papel de definir os espaços. Aliás, a combinação açucarada — e, no entanto, tão suave — de rosas e azuis, de superfícies esmaecidas e breves manchas de cor (os chapéus), é sem dúvida intencionalmente crítica. Como é crítico e cheio de humor o entrelaçamento de fitas, ancas, braços, seios e pássaros batendo as asas. Ao desdobrar na tela as suas enormes grinaldas de ritmos e arabescos, jogando com o tema, com o desenho e com as formas, no mais alto sentido artístico, Dacosta se afasta, decididamente, da estética cubista — que de certo modo fora o seu ponto de partida — para aproximar-se do *Art Nouveau* e sobretudo de Seurat. É das obras finais de Seurat, sobretudo de *Le Chahut* e d'*O circo* que nos lembramos, ao observar o uso que faz do contraponto ilusionista entre figura e fundo. Nessa explosão lúdica, que invenção graciosa é a metáfora erótica das aves, esvoaçando com insistência entre as curvas feitas a compasso! Tudo é posto na tela com uma alegria tão saudável, que não podemos conter o riso, ao percorrer com os olhos essas variações recentes e irônicas sobre o velho tema de Leda e o cisne.

Embora também regida pelo sentimento de abreviação, a última fase de Milton Dacosta é mais livre e derramada, mas, acima de tudo, povoada de reminiscências. O artista não retrata, a bem dizer, o corpo feminino, mas *recapitula* as lições dos que o retrataram antes dele, repetindo a seu modo Rubens, a exatidão geométrica de Ingres, o sentido emblemático de Seurat, o insólito das poses do nu japonês. E é preciso não esquecer ainda a lembrança do Barroco, que reponta sobretudo nas três telas flutuantes, trabalhadas em *grisaille*: a 37, a 38 e a 39, cujos rostos desenhados em escorço fitam, voltados para cima, um espaço que se abre ao alto, como em nossas igrejas coloniais.

Mas, não é por se distanciar tanto da Grécia, aproximando-se de Ingres, de Seurat, do Japão ou do Barroco, que essas Vênus robustas e indolentes nos dão uma impressão tão viva de anacronismo. Logo notamos o traço picante das meias, às vezes escorrendo pelas pernas roliças, e nos perguntamos se em vez de estar parafraseando o grande nu da história da pintura, ou o grande nu do século XIX, Dacosta não estará retratando o desalinho da *grisette*, tal como foi interpretado pelos caricaturistas do período, por exemplo, um Devéria ou um Gavarni. O próprio tratamento que o acrílico permite da superfície colorida nos afasta da tradição da pintura a óleo, sugerindo outras técnicas mais apropriadas ao cartaz, como o guache ou o pastel. Contudo os grandes corpos rosados, estendidos como em camafeu sobre os fundos unidos e macios, azul-cobalto, lilás, cinzento, parecem apontar para outras influências. E pensamos na corrente ininterrupta de *revivals*, que tendo se originado nas descobertas arqueológicas, difundiram no Ocidente uma imagem acessível da Antiguidade que, a partir de Napoleão, atingiu não só as belas-artes mas as artes aplicadas. Não serão os nus de Dacosta, na disposição em baixo relevo, no tratamento da textura e da matéria cromática, o resultado de uma curiosa simbiose da pintura erudita com a caricatura da época e certas manifestações de arte aplicada como as porcelanas de Wedgewood?

Em resumo: o nu que a retrospectiva de Milton Dacosta nos oferece, nesta última fase curiosíssima de sua pintura, não proveio certamente de uma explosão do erotismo que a secura de sua pintura anterior teria represado. Deriva antes de uma explosão da própria arte, de uma recapitulação de sua história e do modo pelo qual, através dos tempos, o corpo feminino foi fixado — não apenas pelos pintores consagrados do Ocidente, mas pela estilização oriental, pela malícia da caricatura de costumes e pela graça das artes aplicadas.

Sobre os textos

I. Estética

"A Estética rica e a Estética pobre dos professores franceses", texto revisto da aula inaugural dos cursos do Departamento de Filosofia da FFLCH-USP, 1972.

"*O banquete*", entrevista a Antonio Dimas para o *Jornal da Tarde*, 25/2/1978.

"O desenho primitivo", Separata do *Boletim de Psicologia*, nºs 21, 22, 23 e 24, São Paulo, 1956.

II. Literatura

"*Estrela da vida inteira*" (escrito em colaboração com Antonio Candido), introdução a Manuel Bandeira, *Estrela da vida inteira*, Rio de Janeiro, Livraria José Olympio Editora, 1966.

"O vertiginoso relance", publicado na revista *Comentário*, Rio de Janeiro, 1963.

"O avô presidente", texto inédito de 1979.

III. Teatro

"Teatro ao Sul", publicado na revista *Teatro Brasileiro*, nº 3, São Paulo, janeiro de 1956.

"Machado em cena", publicado no "Suplemento Literário" de *O Estado de S. Paulo*, 18/7/1959.

"Pascal e Samuel Beckett", publicado na revista *Seqüência*, nº 1, São Paulo, janeiro de 1956.

"A escolha de Antígona", publicado em *O Estado de S. Paulo*, 21/8/1952.

"As *Três irmãs*", publicado no "Suplemento Literário" de *O Estado de S. Paulo*, 13/10/1956.

IV. Cinema

"Fellini e a decadência", publicado na revista *Discurso*, nº 2, São Paulo, 1971.

"O salto mortal de Fellini", texto inédito de 1968-1979.

"*Os deuses malditos*" (escrito em colaboração com Antonio Candido), publicado na revista *Discurso*, nº 2, São Paulo, 1971.

"Diálogo e imagem n'*O desafio*", publicado no "Suplemento Literário" de *O Estado de S. Paulo*, 18/6/1966.

"*Terra em transe*", publicado na revista *Teoria e Prática*, nº 2, São Paulo, outubro de 1967.

"*Os inconfidentes*", publicado na revista *Discurso*, nº 3, São Paulo, 1972.

"Paulo Emílio: a crítica como perícia", texto inédito de 1978-1979.

V. Artes plásticas

"Pintura brasileira contemporânea: os precursores", publicado na revista *Discurso*, nº 5, São Paulo, 1974.

"Vanguarda e nacionalismo na década de 20", texto para o catálogo da exposição "O Modernismo: pintura brasileira contemporânea de 1917 a 1930" (São Paulo, Museu Lasar Segall, 9/5-1/6/1975), posteriormente publicado na revista *Almanaque*, nº 6, São Paulo, 1978.

"A retrospectiva de Milton Dacosta", publicado na revista *Argumento*, nº 2, São Paulo, 1973.

Índice onomástico

Abraham, Pierre, 131
Adam, Leonhard, 57, 59, 69
Adorno, Theodor W., 192
Aimée, Anouk, 193
Aires, Matias, 47
Alain (Émile-Auguste Chartier), 12, 68, 69
Albuquerque, Georgina de, 316
Albuquerque, Lucílio de, 313
Aleijadinho (Antonio Francisco Lisboa), 28, 30-2
Alencar, José de, 26, 124
Almeida Júnior, José Ferraz de, 126-7, 274-7, 280, 284-6, 310
Almeida Salles, Francisco Luís de, 227
Almeida, Belmiro de, 273, 286, 293-8
Alves, Castro, 86, 234
Alves, Francisco, 98
Amado, Jorge, 337
Amaral, Aracy, 293, 327
Amaral, Tarsila do, 307, 312, 316-7, 320, 326-36, 341, 344

Amoedo, Rodolfo, 313
Anchieta, Padre José de, 113-4, 120
Andrade, Carlos Augusto de Moraes, 122, 166
Andrade, Carlos Drummond de, 229, 239-40
Andrade, Joaquim Pedro de, 238-9, 250, 257
Andrade, Jorge, 131, 134-5, 137-40
Andrade, Maria Luísa Leite Moraes, 116
Andrade, Mário de, 17, 28, 42-54, 69, 113-7, 120, 122-6, 128, 174, 177, 286, 306-7, 310, 313-4, 317-8, 320-1, 325-6, 332, 337, 343
Andrade, Oswald de, 314, 336
Anouilh, Jean, 149, 155-7, 159
Antonioni, Michelangelo, 202, 225
Aquino, São Tomás de, 30
Aristóteles, 12, 30
Assis, Machado de, 26, 141-4, 353
Autant-Lara, Claude, 182
Azevedo, Artur, 339

Bachelard, Gaston, 247
Bahr, Hermann, 318
Bakhtin, Mikhail, 44, 46
Bandeira, Francisco Gregório Pires, 246
Bandeira, Manuel, 28, 73, 75-6, 80, 82-4, 86, 89-91, 306-7, 319, 321, 337, 353
Bandinelli, Baccio, 278, 361
Barbosa, Domingos Caldas, 244
Barroso, Ary, 244
Barthes, Roland, 210
Bastide, Roger, 9, 21, 23, 25-8, 30-4, 37-41, 363, 365
Baudelaire, Charles, 17, 50
Bazin, André, 150, 262
Beardsley, Aubrey, 337
Beauvoir, Simone de, 97
Bebê, Dona (Maria Vilela de Almeida), 265
Becker, Cacilda, 141, 151, 159
Beckett, Samuel, 148-50, 154, 353
Beckmann, Max, 339
Bento, Antônio, 341
Bernardelli, Henrique, 236, 313
Bethânia, Maria, 227
Bilac, Olavo, 86
Binswanger, Ludwig, 207
Bloch-Michel, Jean, 180
Boal, Augusto, 235
Boas, Franz, 57, 69
Boccioni, Umberto, 316
Bonadei, Aldo, 325
Bonheur, Rosa, 284
Boratto, Caterina, 197

Bosch, Hieronymus, 175, 237
Botticelli, Sandro, 190
Braque, Georges, 17, 85
Bresson, Robert, 239
Breton, André, 82
Breton, Jules, 284
Bunzel, Ruth, 69
Butor, Michel, 178
Cabanel, Alexandre, 280
Campos, Haroldo de, 225
Candido, Antonio, 73, 115, 247, 261, 353-4
Caniff, Milton, 197-8
Caron, Hipólito, 284
Carrà, Carlo, 316
Castagneto, João Batista, 284
Cavalcasselle, Giovanni, 263
Cavalleiro, Henrique, 311
Cederna, Camilla, 192, 207
Celi, Adolfo, 131, 155
Cendrars, Blaise, 307, 329
Cézanne, Paul, 15, 66, 290, 311-2, 339, 347
Chagall, Marc, 341
Chambelland, Rodolfo, 313
Chaplin, Charles (Carlitos), 150, 260
Charbonnier, Georges, 17, 19
Coli, Jorge, 43, 46
Comello, Eva, 265
Comello, Pedro, 265
Constant, Benjamin, 12
Corinth, Lovis, 332
Cormon, Fernand, 285
Corot, Jean-Baptiste Camille, 14, 16, 311

Índice onomástico

Costa, Artur Timóteo da, 273, 286, 298-303
Costa, Batista da, 282, 313
Costa, Cláudio Manuel da, 238, 245, 247
Costa, Lúcio, 305-6
Costa, Navarro da, 313
Courbet, Gustave, 310
Couto, Ribeiro, 28, 95
Crepax, Guido, 197
Curt Lange, Francisco, 242
Cuyp, Aelbert, 13
d'Horta Beccari, Vera, 320, 322
d'Ors, Eugenio, 27
Dacosta, Milton, 345-52, 354
Dalí, Salvador, 171
Dantas, Luiz Carlos, 43, 46
David, Jacques-Louis, 175
De Chirico, Giorgio, 84, 312
Degas, Edgar, 66
Delacroix, Eugène, 12, 339
Delaunay, Robert, 17
Delfino, Luís, 86
Derain, André, 311-2
Devéria, Achille, 352
Di Cavalcanti, Emiliano, 312, 317, 320, 337-40, 344
Dias, Cícero, 307, 317, 319
Dietrich, Marlene, 215
Dimas, Antonio, 43-54, 353
Dix, Otto, 321
Dreyfus, Dina, 17, 21
Duchamp, Marcel, 17
Dumas Filho, Alexandre, 365
Duque, Luiz Gonzaga, 280-4, 298

Durkheim, Émile, 16
Eco, Umberto, 51, 177, 191-2, 195
Edschmidt, Kasimir, 326
Eisenstein, Sergei, 99, 260
Eisner, Will, 198
Ekberg, Anita, 172
Eleia, Zenão de, 62
Emmer, Luciano, 188
Ensor, James, 218, 237
Ernst, Max, 84
Escorel, Eduardo, 244, 250
Falk, Lee, 197
Faria, Octavio de, 259
Fellini, Federico, 171-2, 174-7, 179-80, 182, 186-8, 192-6, 198-9, 202-3, 206, 208, 354
Feres, Nites Therezinha, 315, 326
Ferraz, Geraldo, 305, 336
Ficino, Marsilio, 199
Figueira, Joaquim, 325
Firth, Raymond, 55, 69
Focillon, Henri, 347
Folgore, Luciano, 315
Fonseca, José Paulo Moreira da, 294, 298
Ford, John, 260-1
Formaggio, Dino, 204, 206
Francesca, Piero della, 347
Fratellini, Irmãos, 149
Freire, Francisco de Paula, 245, 252
Freud, Sigmund, 12
Freyre, Gilberto, 21-3, 131
Frieiro, Eduardo, 249
Frobenius, Leo, 35
Gallé, Émile, 292

Galvão, Alfredo, 312
Garcia y Vasques, Domingos, 284
Gauguin, Paul, 41
Gavarni, Paul, 352
Giorgione (Giorgio Barbarelli da Castelfranco), 264
Gleizes, Albert, 316
Gobbis, Vitório, 325
Goering, Hermann, 211-2
Goethe, Johann Wolfgang von, 263
Gombrich, Ernst, 274
Gomes, Paulo Emílio Salles, 258-9
Gonzaga, Tomás Antônio, 243, 245-55
Graz, John, 308
Graz, Regina, 308
Grimm, Jorge, 274, 280-3
Gris, Juan, 17
Grohmann, Will, 321-2
Grosz, Georg, 321, 339
Guarnieri, Gianfrancesco, 235
Guérin, Daniel, 213
Guignard, Alberto da Veiga, 307
Hauser, Arnold, 69
Hegel, Georg Wilhelm Friedrich, 167, 209, 263
Heiden, Konrad, 213
Herskovits, Melville J., 69
Himmler, Heinrich, 221
Hindenburg, Paul von, 212
Hitler, Adolf, 211-3, 216-8
Holanda, Sérgio Buarque de, 88
Holbein, Hans, 347
Ibsen, Henrik, 207

Ingres, Jean Auguste Dominique, 12, 312, 319, 347, 351
Jung, Carl Gustav, 35, 37
Keyserling, Hermann von, 27
Koch-Grünberg, Theodor, 124
Kroeber, Carlos, 257
Kuczinsky, Juergen, 213
Lang, Fritz, 260
Lara, Agustín, 244
Lebeau, Madeleine, 197
Léger, Fernand, 17-8, 327, 329-30
Léry, Jean de, 278
Lessing, Gotthold Ephraim, 263
Levi, Rino, 308
Lévi-Strauss, Claude, 9-10, 12-3, 16, 17-21, 23, 40-1
Lima Junior, Augusto de, 27
Lima, Alceu Amoroso (Tristão de Athayde), 46
Lima, Luiz Costa, 192
Linhares, Luís, 250
Lisboa, Antonio Francisco (ver Aleijadinho)
Lispector, Clarice, 98-100, 102-3, 105-6, 108-10, 112
Lobato, Monteiro, 306, 309, 334, 336
Longhi, Roberto, 294
Lopez, Telê Porto Ancona, 317
Luquet, Georges Henri, 56-7, 69
Machado, Aníbal, 161
Magalhães, Couto de, 123
Malfatti, Anita, 273, 305-6, 320, 332-3, 335-6
Mallarmé, Stéphane, 204

Índice onomástico

Malraux, André, 67, 69
Man, Paul de, 207
Manet, Edouard, 294, 296, 343, 350
Mann, Thomas, 209, 211
Maria I, D., 246, 254, 256
Mariano Filho, José, 27
Marinetti, Filippo Tommaso, 314-5
Marques Júnior, Augusto José, 311
Martins, Manuel, 325
Marx, Karl, 12
Matisse, Henri, 312, 339
Matos, Anibal, 27
Maugüé, Jean, 9-21, 40-1
Mauro, Humberto, 259, 262, 264-8
Mauss, Marcel, 275
Medeiros, José Maria, 275
Meireles, Cecília, 247
Meirelles, Victor, 280
Méliès, Georges, 264
Mendes, Roberto, 283
Merleau-Ponty, Maurice, 10
Mesquita, Alfredo, 161
Mesquita, Esther, 161
Metz, Christian, 262
Migliaccio, Flávio, 235
Miller, Arthur, 137
Millet, Jean-François, 303
Milo, Sandra, 193
Mondzain, Simon, 312
Monet, Claude, 283, 289, 311
Monteiro, Vicente do Rego, 307
Moraes, Joaquim de Almeida Leite, 115-8, 120-7
Moraes, Vinicius de, 259
Morelli, Giovanni, 263

Motta, Flávio, 287
Moya, Álvaro, 197
Murnau, Friedrich Wilhelm, 267
Nery, Adalgisa, 341
Nery, Ismael, 307, 320, 341-4
Nietzsche, Friedrich, 207, 209
Nil, Eva, 269
Oliveira, José Joaquim de, 255
Oswald, Carlos, 316
Oswald, Henrique, 286
Palazzeschi, Aldo, 315
Panofsky, Erwin, 191-2, 195, 199, 264
Papini, Giovanni, 315
Parreiras, Antônio, 284
Pascal, Blaise, 149, 151-4
Pasolini, Pier Paolo, 262
Payne, Tom, 133
Pedro II, D., 120
Pedrosa, Mário, 287
Peixoto, Inácio José de Alvarenga, 245, 247, 251
Penteado, Olivia Guedes, 321
Pereio, Paulo César, 247
Pereira de Almeida, Abílio, 131, 133-6
Petrônio, 172-4, 176
Philbin, Mary, 269
Picasso, Pablo, 17, 19, 41, 85, 312, 317, 337, 339
Pinho, Wanderley, 25
Pisanello (Antonio di Puccio Pisano), 347
Platão, 12, 46
Poiret, Paul, 336

Portinari, Candido, 276, 307, 346
Potter, Paulus, 13
Proença, Manuel Cavalcanti, 113-6, 120
Púchkin, Aleksandr, 164
Queirós, Geraldo, 161
Racine, Jean-Baptiste, 11
Rank, Otto, 24
Ratto, Gianni, 131
Raymond, Alex, 198
Read, Herbert, 69
Rebolo Gonsales, Francisco, 325
Rego, José Lins do, 132, 137
Renard, Jules, 141
Renoir, Pierre-Auguste, 288-90
Ribeiro, Flexa, 310-3, 318-9, 343
Rocha, Glauber, 229-30, 233, 235, 237
Rocha, Plínio Süssekind, 259
Roehm, Ernst, 216-8
Roncoroni, Stefano, 209
Rossetti Batista, Marta, 336
Rossi Osir, Paulo, 325
Rousseau, Jean-Jacques, 16
Rubens, Peter Paul, 192, 351
Ruskin, John, 274
Ruysdaël, Jacob van, 13
Salles, Francisco Luís de Almeida, 227
Santiago, Manuel, 312
Saraceni, Paulo César, 223-8
Sartre, Jean Paul, 10, 68
Sassetta (Stefano di Giovanni), 264
Sassoferrato (Giovanni Battista Salvi), 264
Schiller, Friedrich, 263
Schmidt-Rottluff, Karl, 339
Segall, Lasar, 307-8, 320-6, 344
Seurat, Georges, 289, 296, 311, 351
Severini, Gino, 316
Shakespeare, William, 85, 209
Silva, Luís Vieira da, 245, 251
Silva, Prisciliano, 313
Sisley, Alfred, 290
Sluter, Klaus, 28
Smith, Robert C., 28
Soffici, Ardengo, 315
Sófocles, 155, 159
Speer, Albert, 211
Spinoza, Baruch, 12
Staden, Hans, 278
Steel, Bárbara, 197
Steinen, Karl von, 64
Stroheim, Erich von, 210
Tácito, 176
Tassigny, Jean De Lattre de, 10
Tchekhov, Anton, 161-3, 165, 168
Thaelmann, Ernest, 211
Thévet, André, 278
Timóteo, João, 301
Tintoretto, 188
Tiradentes (Joaquim José da Silva Xavier), 235, 243, 245-6, 248, 253-4, 256-7
Toledo, Padre Carlos Corrêa de, 245, 251
Tolstói, Lev, 162, 163
Torres, Fernando, 238, 248
Toulouse-Lautrec, Henri de, 66
Troyon, Constant, 284

Índice onomástico

Uccello, Paolo, 347
Utrillo, Maurice, 15, 312
Vadim, Roger, 182
Van Dongen, Kees, 311-2
Van Eyck, Jan, 347
Van Gogh, Vincent, 15, 84
Vasconcelos, Padre Simão de, 113, 115, 120, 124
Vasconcelos, Salomão de, 27
Venturi, Lionello, 263
Vermeer, Johannes, 264
Vernet, Joseph, 20
Vieira, Armando, 312
Vieira, Padre Antônio, 47
Vigo, Jean, 259, 262, 269
Visconti, Eliseu, 273, 286-93, 298, 310, 313
Visconti, Luchino, 209-13, 216, 218, 220, 222
Vlaminck, Maurice de, 15
Warchavchik, Gregori, 308
Weisbach, Werner, 27
Welles, Orson, 185, 260
Wiene, Robert, 260
Wilde, Oscar, 86
Worringer, Wilhelm, 317
Zavatini, Cesare, 195
Ziembinski, Zbigniew, 141-2, 144-7

Créditos das imagens

Imagem da capa: retrato de Gilda de Mello e Souza por Flávio de Carvalho, tinta esferográfica s/ papel, 1941.

Acervo da Academia Paulista de Psicologia, pp. 11, 23.

Acervo de Documentação Fotográfica da Pinacoteca do Estado de São Paulo/ Acervo da Pinacoteca do Estado de São Paulo, pp. 281.

Isabella Matheus/Acervo da Pinacoteca do Estado de São Paulo, pp. 127, 276, 277, 300.

Pablo Di Giulio/Acervo da Pinacoteca do Estado de São Paulo, p. 299.

© Trustees of the British Museum, p. 279a.

A Editora Livraria Duas Cidades e a Editora 34 agradecem à Academia Paulista de Psicologia e à Pinacoteca do Estado de São Paulo a gentil cessão de cromos para reprodução de suas imagens; ao Museu Lasar Segall pela cessão dos catálogos originais das exposições "Os precursores" (set.-out. 1974) e "O modernismo" (maio 1975); e ao British Museum, de Londres, pelo envio da reprodução da obra de Baccio Bandinelli, *O combate da Razão e do Amor*.

Retrato de Gilda de Mello e Souza por Mário Gruber, 1945.

Sobre a autora

Gilda de Mello e Souza, em solteira Gilda de Moraes Rocha, nasceu em São Paulo no ano de 1919. Passou a infância na fazenda de seus pais em Araraquara, vindo para São Paulo em 1930 para fazer o curso secundário no Colégio Stafford, onde se diplomou no fim de 1934. Em 1936 cursou a 2ª série do Colégio Universitário Anexo à Universidade de São Paulo, em cuja Faculdade de Filosofia, Ciências e Letras ingressou em 1937, recebendo no começo de 1940 o grau de bacharel em Filosofia. Nesse ano fez o curso de formação de professores e recebeu o grau de licenciada. Fez parte do grupo que em 1941 fundou a revista *Clima*, em cuja produção sempre colaborou e na qual publicou artigos e contos. Em 1943 foi nomeada assistente da Cadeira de Sociologia I (Roger Bastide). Em 1950 recebeu o grau de Doutora em Ciências Sociais com a tese *A moda no século XIX*, publicada em 1951 na *Revista do Museu Paulista* (Nova Série), vol. V. Em 1954, a convite do professor João Cruz Costa, passou a encarregada da disciplina de Estética no Departamento de Filosofia, do qual foi diretora de 1969 a 1972, tendo fundado então a revista *Discurso*. Aposentou-se em 1973 e recebeu em 1999 o título de Professora Emérita da sua Faculdade. Faleceu em São Paulo, em 26 de dezembro de 2005. No ano seguinte foi organizado na Faculdade de Filosofia, Letras e Ciências Humanas da USP, um seminário sobre sua obra, que resultou no livro *Gilda, a paixão pela forma* (São Paulo/Rio de Janeiro: Fapesp/ Ouro sobre Azul), publicado em 2007.

Crítica

O tupi e o alaúde: uma interpretação de Macunaíma. São Paulo: Duas Cidades, 1979; 2ª edição, São Paulo: Duas Cidades/Editora 34, 2003.

Mário de Andrade, obra escogida. Seleção, prólogo e notas. Trad. Santiago Kovadloff. Caracas: Biblioteca Ayacucho, 1979.

Exercícios de leitura. São Paulo: Duas Cidades, 1980; 2ª edição, São Paulo: Duas Cidades/Editora 34, 2009.

Os melhores poemas de Mário de Andrade. Seleção e apresentação. São Paulo: Global, 1988; 5ª edição, 2000.

O espírito das roupas: a moda no século XIX. São Paulo: Companhia das Letras, 1987 (4 reimpressões); 2ª edição, 2009.

A ideia e o figurado. São Paulo: Duas Cidades/Editora 34, 2005.

Ensaios e resenhas

Apresentação do programa da peça *Dona Branca*, de Alfredo Mesquita, 1939.

"Poesia negra norte-americana", *Revista Acadêmica*, nº 59, Rio de Janeiro, jan. 1942.

"À margem do livro de Jean Valtin", *Clima*, nº 9, São Paulo, abr. 1942.

"*Og*, de Adalgisa Nery", *Clima*, nº 12, São Paulo, abr. 1943.

"*O lustre*, de Clarice Lispector", *O Estado de S. Paulo*, São Paulo, 14/7/1946. Republicada em *Remate de Males*, nº 9, Campinas, IEL-Unicamp, 1989.

"Dois poetas (sobre Manuel Bandeira e Carlos Drummond de Andrade)", *Revista Brasileira de Poesia*, nº 2, São Paulo, abr. 1948.

"Homenagem a Eduardo de Oliveira e Oliveira", *Novos Estudos Cebrap*, nº 1, São Paulo, dez. 1981. Republicado em separata do Instituto Moreira Salles, Casa da Cultura de Poços de Caldas, mai. 1995.

"Solilóquio da infância" [sobre *Espelho do Príncipe*, de Alberto da Costa e Silva], *Jornal de Resenhas*, nº 5, São Paulo, Folha de S. Paulo/Discurso Editorial/USP, 1995.

Ficção

"Week-end com Teresinha", *Clima*, nº 1, São Paulo, mai. 1941.

"Armando deu no macaco", *Clima*, nº 7, São Paulo, dez. 1941.

"Rosa pasmada", *Clima*, nº 12, São Paulo, abr. 1943.

Sobre a autora

"A visita" *in* "Suplemento Literário" de *O Estado de S. Paulo*, nº 71, São Paulo, 1/3/1958. Republicado na coleção Confete, São Paulo: Empório Cultural, 1991.

Tradução

Asmodée, de François Mauriac. Cotradução com Décio de Almeida Prado e Helena Gordo. [Inédito]

A dama das camélias, de Alexandre Dumas Filho. Prefácio de Alfredo Mesquita. Série Teatro Universal. São Paulo: Brasiliense, 1965; nova edição: Rio de Janeiro: Paz e Terra, 1996, Coleção Leitura.

Arte e sociedade, de Roger Bastide. São Paulo: Martins, 1945; 2ª edição revista e ampliada: São Paulo: Companhia Editora Nacional/Edusp, 1971; 3ª edição, Companhia Editora Nacional, 1979.

"A cantiga de amor de J. Alfred Prufrock", de T. S. Eliot, *in* João Roberto Faria, Vilma Arêas, Flávio Aguiar (orgs.), *Décio de Almeida Prado: um homem de teatro*. São Paulo: Edusp/Fapesp, 1997.

Este livro foi composto
em Adobe Garamond pela
Bracher & Malta, com CTP e
impressão da Edições Loyola
em papel Pólen Soft
80 g/m² da Cia. Suzano de
Papel e Celulose para a
Duas Cidades/Editora 34,
em novembro de 2009.